课程治理现代化丛书

张秋来 王琦 杨四耕 主编

王旭信 房蓓◎主编

阳光阅读的校本设计与特色创建

华东师范大学出版社

·上海·

图书在版编目（CIP）数据

阳光阅读的校本设计与特色创建/王旭信,房蓓主编. -- 上海：华东师范大学出版社,2024. -- (课程治理现代化丛书). -- ISBN 978 - 7 - 5760 - 5400 - 2

Ⅰ.G623.232

中国国家版本馆 CIP 数据核字第 2024WV5334 号

课程治理现代化丛书

阳光阅读的校本设计与特色创建

丛书主编　张秋来　王　琦　杨四耕
主　　编　王旭信　房　蓓
责任编辑　刘　佳
项目编辑　林青荻
特约审读　古小磊
责任校对　张　筝　时东明
装帧设计　卢晓红

出版发行　华东师范大学出版社
社　　址　上海市中山北路 3663 号　邮编 200062
网　　址　www.ecnupress.com.cn
电　　话　021 - 60821666　行政传真 021 - 62572105
客服电话　021 - 62865537　门市(邮购)电话 021 - 62869887
地　　址　上海市中山北路 3663 号华东师范大学校内先锋路口
网　　店　http://hdsdcbs.tmall.com

印 刷 者　上海商务联西印刷有限公司
开　　本　787 毫米×1092 毫米　1/16
印　　张　14.75
字　　数　165 千字
版　　次　2025 年 1 月第 1 版
印　　次　2025 年 1 月第 1 次
书　　号　ISBN 978 - 7 - 5760 - 5400 - 2
定　　价　54.00 元

出 版 人　王　焰

(如发现本版图书有印订质量问题,请寄回本社客服中心调换或电话 021 - 62865537 联系)

编委会

丛书总序

　　为了高水平推进区域课程治理现代化,深圳市坪山区立足"创新坪山、未来之城"的建设,唱响"深圳坪山,无限可能"的口号,相信每一所学校的力量,相信每一位教师的力量,相信每一个学生的力量,深化区域课程教学改革,推进课程治理机制创新,深化育人重点领域和关键环节改革,提升课程智治水平,转变育人方式,高水平推进深圳东部中心课程治理现代化。

　　坪山区确定了课程治理现代化的总体目标:完善课程治理机制,优化课程治理方式,创新课程治理载体,提升课程治理效能,形成国家主导、区域统筹、学校实施、社会参与和学生选择的课程治理新局面,开辟高水平推进区域课程治理现代化新赛道,争当深圳市课程治理现代化先行者,努力成为全面展现中国特色社会主义教育制度优越性的示范窗口和典型样板。在此基础上,形成了区域课程治理现代化的具体目标。

　　1. 完善课程治理机制。构建上下联动、问题倒逼、试点推广和协同推进等课程治理新机制,持续深化基础教育课程改革;广泛吸纳各种力量参与,通过由学校引导机制、师生参与机制、专家干预机制和社会力量融入机制等组成的复合型机制,促进课程资源高质量供给,有效达成课程改革的多重目标。

　　2. 优化课程治理方式。采用文化治理与依法治理相结合、内部治理与外部治理相结合、全面治理与专项治理相结合、横向治理与纵向治理相结合的多维课程治理方式,实现课程治理方式的优化组合。根据治理的问题难度、治理的主体组合和治理的过程情况,灵活采取一种或多种治理方式,实现课程治理最优化。

　　3. 创新课程治理载体。进一步厘清政府、社会、学校及教师的课程治理权限,强化课程治理的国家意志,把握课程政策走向,理解课程标准,设计课程计划,研制课程规划,优化课程设计,推进课程审议,落实课程研修,开展课程视导,寻求技术赋能,创建多元协同的课程治理共同体,不断创新课程治理载体。

4. 提升课程治理效能。培育一批深入实施新课程的先进学校,提升教师课程治理能力,促进学生个性全面发展;总结发现一批课程育人成效显著的典型案例,形成一套更加完善的,有时代特征、坪山特点、中国特色的课程治理制度体系,为率先实现高水平课程治理现代化提供坚实保障,奠定坪山区教育现代化的制度基石。

如何高水平推进区域课程治理现代化?深圳市坪山区把握以下几条原则。

一是坚持正确方向,强化课程治理的国家意志。课程治理是国家事权,要坚持正确方向,充分体现课程治理的国家意志,确保社会主义办学方向,坚持立德树人,服务国家战略需求,将社会主义核心价值观融入课程体系之中。

二是坚持问题导向,破解课程治理的系列难题。围绕着课程理念难更新、课程逻辑难理顺、课程实施难深入、课程资源难协调、课程研究难深化、课程治理体系不配套等突出问题,深化体制机制改革,着力破解课程治理的系列难题,助力学生健康成长。

三是坚持守正创新,把握课程治理的内在逻辑。加强学校课程顶层设计,总结课程改革成功经验,着眼于课程制度建设,坚持守正创新,鼓励各校深入探索、勇于创新、不断完善,把握课程治理的内在逻辑,持续激发学校课程治理活力,讲好坪山课程故事,传递中国课程话语。

四是坚持放管结合,构建课程治理的协同机制。处理好政府办学主体责任和学校办学主体地位之间的关系,遵循多元治理原则,明确政府、社会、学校和教师的治理权限,发挥自上而下与自下而上相结合的课程改革动力作用,坚持顶层设计与分步推进相结合的课程改革方法论,构建课程治理的协同机制,深化基础教育课程改革。

五是坚持有序推进,完善课程治理的路径选择。强化党委统筹、政府依托和各方参与间的协调配合,坚持渐进调适与全面深化相结合的课程治理路径选择,注重从实际出发,加强分类指导,因校制宜,积极稳妥推进,处理好改革、发展、稳定三者的关系,切实增强课程治理的针对性、协调性和有效性。

为高水平推进区域课程治理现代化,深圳市坪山区注重系统性,避免零打碎敲;注重渐进性,实现平稳过渡;注重协同性,实现点面结合,全面建设高品质课程体系。深圳市坪山区主要围绕以下六大任务推进区域课程治理现代化。

第一大任务:健全立德树人落实机制

1. 价值引领机制。以课程规划为抓手,建立健全德智体美劳全面发展的人才培养体系。在坚定理想信念、厚植爱国主义情怀、加强品德修养、增长知识见识、培养奋斗精神、增强综合素质上下功夫,建构坪山区"5T"课程目标观,着力培养有思想

（thinking）、有才干（talented）、有韧性（temper）、会合作（teamwork）、可信赖（trusty）的新时代坪山学子，使学生有理想、有本领、有担当，培养德智体美劳全面发展的社会主义建设者和接班人。

2. 系统衔接机制。完善中小幼一体化德育课程体系，大力培育和践行社会主义核心价值观，推进各学段纵向衔接、各学科横向融通、课内外深度融合。提高智育水平，培养关键能力，激发创新意识。完善体质健康教育，增强师生审美能力。加强劳动教育，完善家庭、学校、社会教育体系。实现不同学段、不同环境中的课程思政的前后贯通和优势互补。

3. 动力形成机制。以评价改革为纽带，通过设计和推进适用于政府、学校、社区和教师等不同主体的立德树人评价标准，探索多样化的适合师生需要的激励方式，增强不同教育主体立德树人的动力，不断激发课程育人的积极性、主动性和创造性。

4. 能力提升机制。以学科育人为重点，通过加深教师对学科课程哲学和育人价值的理解，通过对各学科课程目标、结构、内容、实施方法和评价要求的把握，发挥好立德树人主渠道的作用，不断提升课程育人能力。

5. 力量汇聚机制。以供给侧改革为统领，通过对人、财、物、时间、空间五大要素的优化整合与合理配置，构建社会支持、机构指导、协会自治、联盟推进、家校共育的合作体系，形成学校全面开放、家长深度参与、社会共同支持的力量汇聚机制，形成立德树人合力，不断提高课程育人成效。

第二大任务：建设高质量课程体系

高质量课程体系建设要突出课程育人属性，面向全体学生，因材施教，通过多主体协作、多资源统整、多场域协同，研制学校课程规划，优化学校课程结构，形成学校课程特色，满足学生多元发展需求。

1. 研制学校课程规划。坚持"一校一策"，把国家统一制定的育人"蓝图"细化为学校的个性化育人"施工图"。学校要立足实际，分析资源条件，确立学校课程哲学，厘定培养目标，细化课程目标，因校制宜规划学校整体课程，以育人方式和学习方式变革为重点，创造性设计课程实施方案，激活学校课程管理，提升课程的文化内涵，彰显课程的逻辑力量。

2. 优化学校课程结构。以促进学生个性全面发展为目标，设计刚需课程、普需课程和特需课程，高质量落实体现国家课程刚性要求的刚需课程，建设体现学生兴趣爱好的普需课程,设计基于学生个性发展的特需课程,将课程理念、原则要求转化为具体的育人实践活动,满足学生多样化发展需要。

3. 形成学校课程特色。学前教育阶段按照幼儿学习与发展五大领域的要求,注重共同课程与特色课程的全面建构;义务教育阶段确保全面落实国家课程,注重与地方课程和校本课程的统筹实施;普通高中在保证开齐开好必修课程的基础上,注重适应学生特长优势和发展需要,提供分层分类、丰富多样的选修课程,形成体现学校办学特色的课程育人体系。

第三大任务:开发高品质课程内容

积极回应社会发展的新要求和育人实践的新挑战,把握课程迭代发展要求,构建以国家课程为主体、地方课程和校本课程为重要拓展和有益补充的课程内容体系,促进课程资源的高质量供给。

1. 推动学科课程群建设。以学科课程标准为依据,立足学校实际,培育优势学科和特色学科,基于学生发展需求,从学科课程哲学、学科课程目标、学科课程框架、学科课程思路、学科课程实施和学科课程管理等方面研制学科课程群建设方案,推动学科课程群建设,形成学科教学特色,优化学科教学过程,落实学科核心素养,严格学科常规管理,抓实学科教研活动,促进学科教研组建设,打造一批特色学科建设示范学校,实现优质均衡发展。

2. 落实科学素养提升行动。立足科技发展前沿,深化科学教育改革,开齐开足科学课程,强化做中学、用中学、创中学,推进跨学科综合教学。加强科学教育实践活动,持续深入开展科普教育,激发青少年好奇心、想象力、探求欲,提升学生解决实际问题的能力,发展学生科学素养。继续推进 STREAM 课程、创客教育课程、大师进校园课程和人工智能课程,关注未来社会,传播未来思想,增强未来意识,建立未来观念,探索未来教育课程体系,增强课程摄入的主动性。

3. 推进综合素养课程建设。继续推进家校共育"燃"课程、阳光阅读"亮"课程、底色艺术"炫"课程、悦动体育"嗨"课程、劳动教育"润"课程和生涯教育"导"课程,积极融入时代潮流,充分彰显课程的时代内涵,提升学生的综合素养。

第四大任务:提升课程实施质量

立足课程标准,通过试点先行和示范引领机制,探索单元整体课程设计,推进教学方式深度变革,提高作业设计水平,着力解决课程改革重难点问题,全面提高课程实施质量。

1. 探索单元整体课程设计。聚焦核心素养培育,基于学科课程标准,以学科大概念为核心,从明确单元课程理念、分析单元课程情境、厘定单元课程目标、研发单元课程内容、激活单元课程实施和设计单元课程评价等方面入手,探索单元整体课程设计,实现标准要求与目标设计、课程设计与教学设计、内容设计与学习设计、任务设计与活动设计、教学设计与评价设计的有机统一,提升学科课程育人价值。

2. 推进教学方式深度变革。根据核心素养形成规律,依据学生学习发生的基本途径,在学习、交往、实践和反思的基础上,逐步把间接学习和直接学习,知识学习与问题解决,形式训练与任务完成,课堂学习与实践活动,课内外、校内外、家庭学校社会结合起来,多主体协同、多途径融合、多情境转换,课程实施路径与学生学习方式紧密结合,注重学科实践和跨学科学习,让学生通过亲身体验丰富学习的直接经验,促进经验之间的转化和融合。加强课程学习与综合实践、社会生活的联系,建立以学习为中心的课程连续体,丰富学生的学习情感态度,体验学习过程与方法,促进学生核心素养的形成。

3. 全面提高作业设计水平。在用好基础性作业的基础上,多维度引导教师提高作业设计水平,鼓励教师设计探究性作业和实践性作业,探索设计情境性跨学科综合作业;广泛开展优质作业设计展示交流,加强作业设计培训。

第五大任务:创新课程评价方式

课程评价是课程建设质量的根本保证,对高品质课程建设具有激励、监督和调控作用。

1. 课程发展的文本评价。系统考查学校课程规划、学校课程指南、学科课程群建设方案、跨学科课程创意设计、校本课程纲要、单元整体课程设计等课程文本是否齐备,查看相关内容要素是否完整、表述是否科学、设计是否规范。

2. 课程建设的主体评价。课程建设的主体评价主要包括校长、教师和学生。其中,评价校长的课程领导力,主要从价值理解力、逻辑建构力、目标厘定力、框架设计力、课程开发力、实施推进力、评价激励力和资源保障力角度进行;评价教师的课程执行力,最主要看教师对所教课程的理念理解度和目标达成度;评价学生的课程学习,最主要是看通过课程的学习,学生的行为模式和学业成绩的提升效果,即学校育人目标的达成度。此外,外部因素对于课程实施的影响,比如政府机构的支持力度,相关社会力量诸如社会团体、社区资源以及学生家长的支持和理解等,也是课程实施过程评价需关注的内容。

3. 课程实施的效果评价。从以下三个维度进行评价：一是学生的学习结果,包括学生在课程学习过程中的表现、学生对课程学习的态度、学生核心素养的培养、学生对不同学习方式的运用、学生对课程的满意程度;二是教师的专业发展,包括教师课程领导力的提升、教师参与课程设计能力的提升、教师进行评价能力的提升、教师共同体的成长、教师对课程方案的满意程度等;三是学校的发展成效,包括课程建设是否促进学校的发展、是否为学校发展带来新的契机,家长对学校课程的满意程度,课程评价结果对于学校课程发展的价值等。

第六大任务：提高课程智治水平

课程治理代现化是在信息化、数字化、智能化背景下,通过创新教育模式、优化课程体系、推进课程实施、加强课程管理,全面提升课程品质的过程。升级课程资源数据库,构建课程智治长效发展机制,全面提高课程智治水平,是课程治理代现化的重要任务。

1. 加快课程数字化转型。充分利用人工智能和大数据技术,建设泛在学习环境,推进课程数据库建设,实现课程供给的个性化精准服务和资源多元融合,推进课程数字化转型,发展终身学习体系。

2. 推进数字化赋能教学。充分利用数字化赋能基础教育,推动数字化在拓展教学时空、共享优质资源、优化课程内容与教学过程、优化学生学习方式、精准开展教学评价等方面广泛应用,基于大数据开展信息技术与教育教学的深度融合,推进个性化精准教学,促进教学更好地适应知识创新、素养形成发展等新要求,构建数字化背景下的新型教与学模式,助力提高教学效率和质量。

3. 建立课程反馈改进机制。完善课程管理规范体系,建立学习数据隐私保护机制。统筹推进课程数据无感采集、深度挖掘和开放共享,建立贯通的课程大数据归集和分析系统,形成课程反馈改进机制,为有效推进课程实施提供参考依据。

为了落实上述六大任务,深圳市坪山区变革传统教研方式,以问题为导向,在区域层面推进科研、教研、师训、信息四大研究部门贯通与融合,整合各类资源,建立健全协同研究机制。联合教科研机构、高校及培训、电教、装备等部门,充分发挥外部专业力量与内生力量的共同作用。探索课程备案与审议制度,强化专业引领,促进课程品质的整体提升。同时,构建课程督导机制,强化政府履行教育职责,提升政府对课程改革的保障能力,优化课程资源配置,优化区域课程改革环境。推进课程视导,落实课程专项督导制度,提升课程专项督导水平。引入第三方课程视导机制,合理运用视导结果,将结果作为资源配置的重要依据。

五年来,坪山区推进课程治理现代化取得了丰硕的成果,抢占了时代制高点,找准了理想落脚点,突出了现实结合点,把握了根本着力点,形成了常态落实点,积累了独具特色的坪山课程改革经验。

张秋来　王　琦　杨四耕

2024 年 6 月 7 日

目录 | contents

　　　　　　"馆藏＋"模式依托"馆藏"优势，通过"馆藏＋拓展""馆藏＋活动""馆藏＋全科"三个维度破解图书馆课程的开发密码。三个维度融会贯通、彼此渗透、交互影响，利用学校图书馆"天时地利人和"的自我优势开展阅读活动，实现阅读底色的生命赋能。

　　　　　　"VIP"攀阅模式围绕空间、群体、目标、策略、阶梯五个方面，系统性规划横（类型）纵（年级）两个维度的阅读阶梯，全方位营造读书条件，推动品质阅读，让书香溢满校园，让习惯伴随终生，助力学生全面发展。

第三章　　　　**玫瑰书房：用书香点燃阅读之光**　　　　33

　　"玫瑰书房"阅读模式通过创设馥郁芬芳的活动情境,建立阅读推广机制;通过创设芬芳弥漫的任务情境,促进阅读模式的运转;通过创设清香弥散的读写课程,巩固阅读模式成果;通过创设香气四溢的多媒体情境,更新阅读模式程序。在这里,玫瑰之美和阅读之香真实地融入师生的日常。

第四章　　　　**诗词大会：最是书香能致远**　　　　43

　　坪山中心小学秉承"幸福起点,美好回忆"的办学理念,重视书香建设,以诗词大会深化学生对中华优秀传统文化的认识与热爱,赏中华诗词,寻文化基因,品生活之美。以诗词竞赛的形式,鼓励学生习诗诵文,养才情,展才气,以诗为媒,以词为桥,传承千年文化之精髓。

登知识的高峰。

第八章　　　**三维书院：全链条协同育人的阅读模式**　　　89

　　"三维书院"整合多方资源，聚焦学生阅读素养的生成，致力于打造家校社协同育人视角下的阅读生态圈，为学生全链条、全方位、全天候地提供良好的阅读氛围、优质的阅读资源和适宜的阅读指导，使阅读真正成为生命成长的需要和习惯。

第九章　　　**森林书屋：群落阅读汇聚磅礴力量**　　　99

　　"森林书屋"旨在以亲近自然、开放包容、传统厚重的阅读环境为出发点，让孩子在富有乐趣、崇文崇礼的阅读活动中成长，领悟快乐阅读、全面进步的真谛。学校以生态育人特色为载体，让儿童在自然环境中亲密接触自然，通过自然感官的刺激诱发儿童独立思考。在广阔天地的滋养下，孩子的阅读世界也随之宽阔起来。

第十章　习阅轩：书香里的桃花源　109

"学以成人，积习成性"。"习阅轩"模式以优化校园阅读环境为核心目标，激发学生的阅读热情，系统培养阅读习惯，提升阅读质量。通过多样活动提升学生语文综合素养，促进全面发展，同时采用多元评价激发教学创新和潜能。

第十一章　"星彩+"阅读模式：让每一颗星星都绽放光彩　123

学校秉承"星彩教育"的核心理念，践行"让每一颗星星都绽放光彩"的育人理念，以创建"中华诗词教育试点学校"为契机，以中华优秀传统文化为载体，打造"星彩+"阅读模式，让学生成为阅读的主体，根植家国情怀，在学习中快乐成长。

第十二章　阅读田子坊：在儿童的心田里种诗　133

阅读犹如耕耘，收获的是未来。我校阅读课程结合传统诗教，促成现代与传统的结合与碰撞，打造阅读田子坊模式，让每个孩子的心田中种下诗意的种子。阅读田子坊模式分为耕耘四格"田"：扎实耕耘，打造阅读沃土环境；深耕细作，种满阅读诗意花田；心织笔耕，评价阅读勤耕少年；耕云播雨，绽放各类阅名之花。

逐光书苑通过建设阅读空间，开展亲子工作坊等活动，营造书香校园氛围；结合传统纸质书籍与现代数字资源，开展多样化的读书活动；通过游园阅读评价体系等搭建评价平台，指明阅读之光。

读书能够使人增长知识、开阔视野、陶冶情操、明白事理。"N+1"悦读模式是多维度、多层次的阅读活动模式，致力激发儿童爱上阅读，以经典之韵传承文化之魂，使浓浓书香萦绕校园每一个角落。

"阅读纵队"旨在培养学生的行思阅读观念。行思阅读，是一种实践性阅读，"行"是实践，"思"是思考；"行"是道路，"思"是方向；"行"是探索，"思"是理念；"行"是成长，"思"是理想。行与思又是合一的，用实践和思考表达对生活的敬畏。

分级阅读按照儿童的智力和心理发育程度为儿童提供科学的阅读计划，为不同孩子提供不同的读物，让梦想触手可及。分级阅读模式奏响"导读、自读、深读、展读"四部曲，让阅读之花绽放在校园的每一个角落。

"主题悦读"模式旨在给学生提供舒适、便捷的阅读环境和多样化的阅读资源，实现"悦纳自我"的精神追求。学校通过各年级分主题阅读的形式，以丰富的阅读活动培养学生的阅读兴趣，使"书香班级"与"书香家庭"的理念逐渐深入人心，共同构筑学校独特的校园文化风貌。

孵化阅读教学研究的温床

深圳市坪山区为面向未来社会发展培养创新型人才,超前规划区域"品质课程系列"建设框架,提升课程综合育人水平,制订了《坪山区"品质课程系列"建设方案》。阳光阅读"亮"课程是坪山区"品质课程系列"中普及性课程的重要组成部分。阅读对人的成长起着至关重要的作用,能启迪智慧、提升人格,如阳光之于树木、灯塔之于航船,因而坪山区将阅读课程命名为"亮"课程。

一 "亮"阅读的教育内涵

(一) 点亮核心素养,培植能力之树

余文森认为,阅读能力、思考能力和表达能力是学生的三大核心能力,正确的价值观、科学(先进)的思维方式和优秀(良好)的品格(品性)是学生的三大核心素养。[①] 而钟启泉则认为,在核心素养的语境下,应该透过"学科群"把握"学科素养"。就语言学科群来说,其主要是以"语言能力"(包括听、说、读、写)作为主要对象、旨在为儿童当下及未来的语言生活品质的提升而组织的教学内容的总体。[②] 两位学者从人的核心素养出发,都将阅读能力、思考能力和表达能力作为核心素养在学科领域的要求,可见阅读在人的核心素养培育中起到的作用不容小觑。

阅读是小学语文教学的主体之一,阅读教学和阅读活动在小学语文教学中占据重

[①] 余文森.核心素养的教学意义及其培育[J].今日教育,2016(3):11-14.
[②] 钟启泉.学科教学的发展及其课题:把握"学科素养"的一个视角[J].全球教育展望,2017,46(1):11-23,46.

要地位。小学语文核心素养的培养离不开阅读。阅读是儿童积累知识的宝库,通过阅读,孩子们可以接触到丰富多彩的知识和信息,从历史的长河到科学的奥秘,从文学的韵味到社会的百态,都可以在阅读中找到答案。这些知识不仅能够拓宽他们的视野,激发他们的好奇心和求知欲,更能够为他们未来的学习和生活提供丰富的素材和灵感。阅读是锻炼儿童思维能力的磨刀石。在阅读的过程中,孩子们需要理解、分析、归纳、推理,这无疑会锻炼他们的思维能力。同时,阅读中的各种故事情节和人物形象也会激发孩子们的想象力和创造力,使他们的思维更加活跃。阅读是提升儿童语言表达能力的助推器。通过阅读,孩子们可以接触到优美的语言、生动的描写、精妙的比喻,这些都会潜移默化地影响他们的语言表达。他们在阅读中学习如何用词准确、表达清晰,如何在语言中融入情感和思想,从而提升他们的语言表达能力。阅读是照亮儿童各项能力发展的明灯。无论是认知能力、思维能力还是创新能力,阅读都能够为儿童提供丰富的养分。通过阅读,孩子们可以接触到不同的思维方式以及解决问题的方法,从而培养他们的创新能力和解决问题的能力。同时,阅读也能够培养孩子们的自律性、合作精神和责任感等社会性能力,使他们在人际交往和社会适应方面更加得心应手。

(二) 擦亮人生底色,锻造闪亮品格

捧起一本书翻看,这看似简单的行为,实则蕴含着无尽的力量。对于儿童而言,阅读不仅仅是获取知识的方式,更是塑造他们人格的重要工具。正如朱永新教授所言:"一个人的精神发育史就是他的阅读史""一个民族的精神境界取决于这个民族的阅读水平"。①

潘新和教授提出的表现—存在论语文教育学认为:言语表现欲和创造欲是人类生命的"原欲"。语文知识与能力都是会随着时间的推移而减效或失效,唯有强盛的健康的言语生命意识,对言语的自我实现、言语人生、诗意人生的体验与追求,才是历久不衰、终生受用的。② 如果将言语表达视作是"生命"这棵树上结出的果实,那阅读就是提供养分的肥料,是人精神成长的外界来源。

书中的故事和人物往往蕴含着深刻的道德和价值观。当孩子们翻开书本的那一刻,他们便踏入了一个充满智慧和情感的世界。这些故事中的角色,无论是英勇的骑

---

① 朱永新. 我的阅读观[M]. 桂林:漓江出版社,2019:32,74.
② 曹明海. 语文教育观新建构[M]. 济南:山东人民出版社,2007:120.

士、善良的公主,还是聪明的侦探、坚韧的探险家,都以他们独特的方式向孩子们传递着正义、善良、勇敢和坚持等美好品质。通过阅读,孩子们可以潜移默化,从而让这些品质在他们的内心深处生根发芽。阅读犹如明灯,照亮了儿童品格塑造的道路。在这个充满诱惑和挑战的时代,孩子们需要一盏明灯来指引他们前行。而阅读正是这样一盏明灯,它引导孩子们认识世界、理解人生,帮助他们树立正确的价值观。通过阅读,孩子们可以学会尊重他人、关爱自然、追求真理,从而建立起积极健康的人生态度。这种态度将伴随他们一生,成为他们成长道路上最宝贵的财富。阅读还为儿童未来的成长奠定了良好的品格基础。在阅读的过程中,孩子们不仅学会了如何做人,更学会了如何与人相处。他们通过书中的故事和人物,理解了友谊、合作和分享的重要性,培养了同理心和责任感。这些品质将成为他们未来成功的关键,帮助他们在社会中立足、与他人建立良好的关系。

(三)传承文化亮色,照亮文化脉络

在人类文明的长河中,文化传承扮演着至关重要的角色。它如同一座桥梁,连接着过去与未来,让我们能够站在巨人的肩膀上继续前行。而阅读,正是传承文化亮色和照亮文化脉络的重要方式。

朱永新认为,阅读是最有效的文化传承。中华优秀传统文化流传至今,多数以文字的形式承载。如果没有人阅读、使用、交流,再先进的文明也只是一沓无人问津的废纸。文化不是在经典中存在,而是在阅读经典的过程中存在的。

原中国国家图书馆馆长韩永进曾有论述:"中华文明五千年来一脉相承、从未中断,一个重要的原因就是中华民族有用文字记载历史的优良传统。《尚书·多士》云,'惟殷先人,有册有典。'国有史,方有志,家有谱。从古老的甲骨卜辞、青铜铭文、碑铭石经,到书写在简帛、纸张上的书籍,中华民族在数千年的岁月里创造出浩如烟海的典籍。这些文字与典籍,镌刻着中华民族一脉相承的精神追求、精神特质、精神脉络,是中国之精神,民族之灵魂,是破解中华民族历经磨难而绵延发展的精神密码,蕴含着中华民族的历史记忆、思想智慧和知识体系。"中华优秀传统文化精粹之一的诗歌,也是在口耳相传中获得了最初的生命力。"断竹,续竹;飞土,逐宍。"在劳动中传播的《弹歌》,便是中国古代诗歌最早的样式。

阅读经典著作和传统文化作品,是儿童深入了解民族文化精髓和特色的有效途径。这些作品往往承载着民族的历史记忆、智慧结晶和审美追求,通过阅读,孩子们可

以领略到中华优秀传统文化的博大精深,感受到其中蕴含的深刻哲理和美好情感。这不仅有助于培养他们的文化自信和归属感,还能为他们的成长奠定坚实的文化基础。

阅读如同明灯,照亮了文化的脉络和传承之路。在阅读的过程中,孩子们可以跨越时空的界限,与古代文化对话,感受传统文化的魅力。他们可以通过阅读了解古代先贤的思想智慧、文学艺术、科技成就等,从而更加深刻地理解传统文化的内涵和价值。这种跨时空的对话,不仅有助于孩子们拓宽视野、增长见识,还能激发他们的创造力和创新精神,为文化的传承和发展注入新的活力。

阅读还能帮助孩子们建立正确的文化价值观。在阅读经典著作和传统文化作品的过程中,孩子们会接触到各种人物形象、故事情节和道德观念。这些元素会对他们的价值观产生潜移默化的影响,引导他们形成积极向上、健康向善的文化观念。这些文化价值观将成为孩子们人生道路上的指南针,引导他们走向更加美好的未来。

二 "亮"阅读的育人价值

蔡元培先生曾在出任北大校长后提出了一个著名的观点:"教育的目的是育人而非制器。"教育的本质是育人,旨在帮助学生锻造人格,使之成为实现精神上的独立自主的个体以及具备在社会上独立解决问题能力的成熟的人。在这一层面上,阅读的育人价值是更为深远的。

(一)相互作用:阅读与儿童成长的良性循环

阅读,对于儿童来说,如同打开了一扇通向广阔世界的大门。当文字在眼前跳动,故事在脑海中展开,知识和智慧的光芒便在孩子们的心中闪耀。这种光亮不仅照亮了他们的思维,更引领他们走向更加明亮的未来。

阅读为儿童带来了丰富的知识。从科普读物到经典名著,从自然科学到人文社科,每一本书都如同一个智慧的宝库,为孩子们提供了无尽的探索空间。在这个过程中,孩子们不仅学到了书本上的知识,更学会了如何思考、如何判断、如何创新。这种内在的成长使得他们的思维更加活跃,视野更加开阔。

阅读也锻炼了儿童的思维能力。在阅读过程中,孩子们需要不断地理解、分析、推理和判断。这些思维活动不仅提高了他们的阅读能力,更培养了他们的逻辑思维、批判性思维和创造性思维。这种成长使得孩子们在面对问题时能够更加灵活、更加深入地进行思考。

而这种成长又反过来增强了孩子们通过阅读获取更多信息的能力。随着思维能力的提升,孩子们的阅读水平也在不断提高。他们能够更加深入地理解书中的内容,更加准确地把握作者的观点和意图。这种能力的提升使得他们能够在阅读中获得更多的知识和智慧,从而进一步促进他们的内在成长。

此外,阅读还能够激发儿童的想象力和创造力。在阅读中,孩子们可以跟随作者的笔触进入一个个奇妙的世界,与书中的人物共同经历一段段精彩的冒险。这种体验不仅能够满足孩子们的好奇心和求知欲,更能够激发他们的想象力和创造力。这种能力对于孩子们的成长至关重要,因为它能够帮助他们在未来的学习和生活中更加富有创意和创新精神。

(二)内外映照:阅读为儿童带来知识与心灵的双重滋养

每个人的成长归根结底来源于两种力量:由内而外的自我觉醒和由外及内的外界推动。而阅读就承担着将两种力量凝而为一的双向调节作用。阅读不仅是我们获取外界信息、知识的重要渠道,更是我们与内心世界沟通的桥梁。特别是对于成长中的儿童而言,阅读所给予的光亮如同阳光一般,照亮了他们的外在世界与内在心灵,促使他们在成长的道路上稳步前行。

首先,阅读照亮了儿童的外在世界。通过阅读,孩子们能够接触到更为广阔的知识领域,了解到不同地域、不同文化、不同历史背景下的各种事物。这种对周围事物的清晰认知,不仅丰富了他们的知识储备,更激发了他们对未知世界的好奇心与探索欲。比如,通过阅读科普类书籍,孩子们可以了解到地球的构造、生命的起源、宇宙的奥秘等自然科学知识;通过阅读文学作品,他们则可以领略到不同时代、不同地域的风土人情、文化传统和人文精神。这种知识的积累,无疑为孩子们的未来打下了坚实的基础。

其次,阅读还能照亮儿童的内心世界,使他们的情感、价值观、人格特质等得到升华。在阅读的过程中,孩子们会不自觉地与书中的角色产生共鸣,体会到各种情感的波动与变化。这种情感的体验,不仅能够帮助他们更好地理解自己与他人,更能够培养他们的同理心与情感表达能力。同时,通过阅读,孩子们还能够接触到各种正面的价值观,如诚实、善良、勇敢、尊重等,从而在日常生活中将其不断践行并内化为自己的行为准则。

(三) 持续动力：阅读为儿童成长提供可持续支撑

在漫漫人生的旅途中，阅读如同一盏明灯，为儿童照亮前行的道路。这盏灯的光芒并非短暂而闪烁，而是持久而稳定，随着阅读的深度与广度的拓展，它的亮度不断增强，为儿童的成长提供源源不断的动力。

阅读所带来的光亮，首先体现在知识的积累上。儿童通过阅读，能够接触到丰富多样的信息，从自然科学到人文历史，从文学艺术到哲学思想，无所不包。这些知识的积累点亮了儿童心智的灯塔，让他们在知识的海洋中畅游，不断扩展自己的视野和认知。

随着阅读的深入，这种光亮还体现在思维能力的提升上。阅读让儿童学会思考，学会质疑，学会从多个角度看待问题。他们在阅读的过程中，不仅获得了知识，更培养了批判性思维和创新能力。这种思维能力的提升，使得儿童在面对问题时能够更加灵活和深入地思考，为他们的未来发展奠定了坚实的基础。

阅读所带来的光亮还表现在情感的滋养上。通过阅读，儿童能够感受到作者的情感世界，体验到不同的人生百态。这种情感的滋养，让儿童的心灵变得更加丰富和敏感，有助于培养他们的同情心和同理心，使他们更加懂得关爱他人，更加珍惜生命中的每一刻。

这种持续的光亮使得儿童能够在成长的道路上不断前行，不断超越自我。阅读让儿童拥有了探索未知的勇气和力量，让他们在面对困难和挑战时能够保持坚定的信念和决心。这种勇气和力量，是儿童成长道路上最宝贵的财富，将伴随他们一生。

以上三种育人价值并非独立运作，在每一阶段的成长过程中，阅读对人的塑造过程是彼此作用、融合共生的，既有内在和外在的互通，也有纵向上的拔节生长，更有引而不发的潜在能量。总而言之，阅读对人生的"点亮"伴随终身。

三 "亮阅读"的推进路径

阳光阅读"亮"课程的区域推进涉及五个环节，彼此作用，不可分割，包括：以培训和活动提升师生阅读，以此作为区域性阅读活动平台的支撑；常态化的区域活动，是孵化阅读教学研究的温床；教师阅读教学研究的成果，有效推动校本课程的开发建设；在校本课程的推动下，形成区域性阅读的广泛影响力，能促进阅读文化环境的优化；环境进一步滋养师生的阅读素养。五个环节形成回环，共同推进阳光阅读"亮"课程的建设。

（一）立足师生阅读能力提升

阳光阅读"亮"课程以立德树人为总目标，以课程标准为主要依据，弘扬社会主义核心价值观，传承中华优秀传统文化，旨在培养社会主义建设者和接班人。本课程以阅读教学和阅读活动为依托，通过丰富学生阅读内容与主题，创新阅读方式与方法，激发学生阅读兴趣，养成学生良好的阅读习惯，丰富学生的文化底蕴，培养学生的道德情操、审美情趣和综合素养，引导学生理解世界多元文明，促进学生和谐健康发展，使学生学思结合、知行结合、读写结合、文理贯通，推进全素养教育。

（二）依托区域阅读活动平台

坪山区教科院以阅读主体多元化、阅读内容系统化、阅读方式多样化、阅读项目特色化、阅读评价科学化为原则，进行全区阳光阅读课程整体设计，以活动推动课程开展。在活动设计上体现四个"结合"：基础共读和个性化阅读相结合，阅读理解与创作表达相结合，主题阅读和学科教学相结合，阅读活动与育人活动相结合。三年来，共组织各类区级活动91项，兼顾不同主体、不同形式，综合开展。

为提升课程执行者即教师的专业基础与能力，坪山区邀请了时任深圳市小学语文教研员的赵志祥老师，以绘本阅读为例，分析儿童阅读行为，分享阅读教学经验；邀请了三叶草故事家族创始人之一李迪作学生阅读推广讲座，为老师们分享如何科学深入地推进校园阅读工作；组织开展了"读书月"传统文化阅读专题培训与"探索童话的奥秘——童话阅读推广"阅读专题培训；组织开展了针对民办学校老师进行的"阅读—表达"迁移的经验分享。

（三）催化阅读专题教学研究

为了深入实施阳光阅读策略，坪山区教科院正式申报了"小学语文区域普及性阅读课程建设的实践与探索"课题。本课题以小学语文的学科特性为出发点，致力于从区域层面整体推进全员参与的大阅读课程体系建设。针对大阅读课程体系的建设，课题进行了深入的实践性研究，旨在促进阅读课程与国家课程的有机结合，推动学校特色阅读体系的不断完善和切实落实，同时提升阅读课程教学的质量与水平。在研究过程中，课题充分把握小学语文的学科特点，发挥其在人文性和工具性方面的优势，鼓励学生通过阅读优秀的文学作品，拓宽知识视野，丰富语言积累，提高审美鉴赏能力，并培养良好的阅读习惯和兴趣。在区域层面推进全员参与的大阅读课程体系建设，调动学校、教师、学生和家长等多方力量,形成合力,共同推动阅读课程的普及与发展。同时,加强教师的阅读培训和指导,提升教师的阅读素养和教学能力,为阅读课程的实施提供坚实保障。在促进阅读课程与国家课程相融合方面,我们将把阅读课程纳入国家课程体系,使之成为国家课程的重要组成部分。倡导跨学科阅读,鼓励教师在其他学科教学中融入阅读元素,通过多样化的教学方式和手段,让学生在阅读中感受知识的魅力,提高学习效果。

(四) 助力阅读文化环境搭建

坪山区成为行政区之前,学校图书馆建设相对滞后。2016 年在对学生课外阅读调研中发现,学生对学校图书馆认同度不高,主要表现在:图书种类太少,图书质量不高,图书馆阅读环境较差。

环境对儿童阅读的影响巨大。在学校环境中,学校图书馆承担的阅读推广作用尤为重要,但在以往的阅读指导中,普遍存在对场馆资源利用不足的问题。阳光阅读"亮"课程系列活动之"我最喜爱的课外书"别出心裁,将比赛场地设置在不同学校的图书馆内,乘着区域性大型比赛的东风,吸引学生走进自己学校的图书馆,体现场馆对于阅读普及的积极意义。

通过这几年的活动影响和集中建设,坪山区各个学校的图书馆已经成为学校最美丽、最舒适的地方。阅读环境宽敞明亮、设计优雅、馆内书目齐全。有的学校图书馆还定期开展读书会以及阅读课程活动。一系列的阳光阅读活动带动了校园阅读和家庭阅读的热潮,引起了社会对阅读的关注。近年来,坪山区通过城市书院、社区图书馆、流动图书馆、校园图书馆共建等形式,不断满足学生、家长、市民优质阅读的需求。坪山区图书馆分别与科源实验学校共建汤坑社区分馆,与坪山外国语学校共建金沙社区分馆,与坪山外国语学校文源校区共建竹坑社区分馆,与东纵小学共建沙坐社区分馆,与深圳高级中学(集团)东校区小学初中部共建田头社区分馆。这些改变有力地促进了坪山区阅读型、学习型社会建设。坪山实验学校图书馆、科源实验学校图书馆(汤坑社区图书馆)先后获评深圳市最美校园图书馆。

良好的活动氛围吸引众多名家走进校园,有力带动校园内的阅读氛围。科源实验学校先后承办多场区域性阅读交流活动。著名作家毕飞宇走进位于坪山区的深圳实验学校高中园,和学生共同交流"人生需要一堂'文学大课'",注入人文活力。

（五）推动校本阅读课程建设

各学校根据自身特点和长期形成的阅读习惯、阅读资源,积极开展校园阳光阅读行动,营造浓郁的校园读书氛围,用书香启迪智慧、熏陶灵魂,开展不同层面的阅读活动如下。

每日开展晨诵、午读活动:晨诵,让学生与朝阳共舞,用朗诵诗歌开启一天的学习;午读,让学生在惬意的午间时光,阅读他们喜爱的优秀童书。每个班级的图书角都配有符合学生年龄特点的优秀图书,并且定期更换,学生在午间可以自由阅读自己喜欢的图书。

每周开展图书馆课程:学校统筹安排语文教师每周带学生到图书馆开展丰富多彩的读书活动。教师会培养学生使用图书馆的基本素养,教学生如何查找图书、如何整理图书、如何打造温馨的图书角等。学生在书的海洋中挑选自己喜欢的书籍,达成沉浸式阅读。

每月开展班级读书会:学校语文教师通过阅读书籍的推荐指引,组织班级每月共读一本书,学生边读边做好阅读笔记,月末开展形式多样的班级读书会,班级同学在读书会中分享精彩片段、读书体会与收获,讨论疑难困惑,读别人的故事,照亮自己的人生。有条件的学校还可以开展"诗词大会"活动,引导学生背诵诗词、热爱诗词,品味诗词之美,让经典诗词浸润心灵。

倡导家庭读书会、家庭朗诵会:由学校发布倡议,倡导开展家庭读书会、家庭朗诵会。家庭读书会不是认字会,也不是故事会。读书会是一个讨论会,包括亲子之间、孩子之间就同一个话题的讨论和家长之间的育儿讨论。在家庭朗诵会中,家校共育,开口即美,孩子们和家长一起努力,共同成长,用声音朗读出父子、父女之爱,母子、母女之爱……为孩子种下一颗爱朗读的种子。

第一章

"馆藏+"：赋能生命底色的"阅芽"

　　"馆藏＋"模式依托"馆藏"优势，通过"馆藏＋拓展""馆藏＋活动""馆藏＋全科"三个维度破解图书馆课程的开发密码。三个维度融会贯通、彼此渗透、交互影响，利用学校图书馆"天时地利人和"的自我优势开展阅读活动，实现阅读底色的生命赋能。

深圳市坪山区科源实验学校（下文亦称"科源"）由汤坑小学改扩建而成，2022 年 7 月更为现名。学校以清新、活泼、现代化的风格构造丰富、立体、集约的现代校园，以"十字轴"为规划结构，打造立体复合的街院式校园，呈现了庄重且有文化内涵的轴线空间。图书馆位于轴线中心，展现了以书香润校园的理念。

21 世纪是阅读的世纪，自 2014 年起，至 2024 年，"全民阅读"这个关键词连续十一次被写入政府工作报告，原国家教育委员会副主任、国家总督学柳斌说过："一个不重视阅读的学生，是一个没有发展的学生；一个不重视阅读的家庭，是一个平庸的家庭；一个不重视阅读的学校，是一个乏味的应试的学校；一个不重视阅读的民族，是一个没有希望的民族。"《义务教育语文课程标准（2022 年版）》中提到："利用图书馆、网络搜集自己需要的信息和资料，帮助阅读。"科源实验学校图书馆作为阅读基地，将"幸福阅芽"课程依托在图书馆建构上，以阅读熏养"书香底色"，为儿童打好阅读习惯与精神底色，为学校打好课程和文化底色；以阅读"赋能生命"，让学生实现阅读"量"的积累，"质"的跃升，形成了"馆藏＋"阅读课程模式。

一　"馆藏＋"模式的背景与意义

（一）始于发展

阅读有助于培养拥有"四个自信"的孩子。加快建设高质量教育，为实现中华民族伟大复兴提供源源不断的人才和智力支撑，是每个学校的发展方向。而每个学生素养的发展，也是学校的主要教育目的。

（二）始于课标

教育正逐步走向"素养时代"，2022 年 4 月，教育部印发新修订的义务教育课程方案和语文等 16 个课程标准。新修订的义务教育课程方案和课程标准以习近平新时代中国特色社会主义思想为指导,落实立德树人根本任务,强调育人为本,依据"有理想、有本领、有担当"的时代新人培养要求,明确了义务教育阶段的培养目标。其中,2022年版语文课标指出:"义务教育语文课程培养的核心素养,是学生在积极的语文实践活动中积累、建构并在真实的语言运用情境中表现出来的,是文化自信和语言运用、思维能力、审美创造的综合体现。"同时,与2011年版课标对比,2022年版语文课标将"整本书阅读"列入标准中,并明确了目标、方法和要求。由此可见,课标对于学生的阅读要求变得精准化、高品质化。

(三)始于办学

科源实验学校立足高质量发展,学校秉承着前身汤坑小学的幸福教育理念,人文氛围浓厚,学科结构合理,力求将学校打造成科技创新、教书育人的主阵地,将学生培养成朝气蓬勃、阳光活力的科源学子。学校致力于探索"双减"背景下优质高效的基础课程建设,构建横向融合、纵向贯通的九年一贯的引领性课程、普及性课程、个性化课程体系。科源作为有历史底蕴与高质量发展条件的学校,立足育人,致力教育,与时俱进。

(四)始于阅读

阅读能力也有阶段性的成长历程,《新编语文课程与教学论》中对阅读能力做出了详细的分阶:纵向维度包括阅读感知力、阅读理解力、阅读鉴赏力、阅读迁移力以及阅读创造力;横向维度包括阅读选择力、阅读思考力、阅读想象力、阅读记忆力以及阅读时效力。两个维度彼此联系,通过阅读活动的自然进程,不断发展。科源实验学校响应深圳市"读书月"的活动精神,将落实阳光阅读"亮"课程任务目标、发展学生阅读素养作为当前课程建设与教学工作的重点之一,以期在精准系统的规划下,培育学生具有时代性和发展性的阅读素养。

(五)始于馆藏

积极推动图书馆与学校课程的深度融合对全面深化课程改革有重要影响。2017年中共中央办公厅、国务院办公厅在印发的《关于实施中华优秀传统文化传承发展工程的意见》中强调了图书馆在传承中华优秀传统文化中的作用。而在2021年广东省教育装备中心对1 904所中小学的调查中,数据显示,3.36%的学校没有图书馆但有建设计划,近 3% 的学校没有图书馆计划或图书馆被另作他用。而自 2003 年教育部《中学图书馆(室)规程》发布至 2022 年,还有超过 900 所图书馆采用手写登记,约有 60% 的学校没有图书的检索系统,可见图书馆建设的质与量很需要被重视。同时,科源实验学校图书馆作为学校扩建后的功能区,发挥其馆藏智库的新力量是它当前的发展重点。

二 "馆藏+" 模式的实践操作

"让图书馆成为生活的一部分"是科源实验学校图书馆的办馆理念,科源实验学校图书馆致力于用氛围带动阅读,用活动鼓励阅读,用创新拓展阅读,让图书馆融入师生生活的方方面面,让书香浸润校园的每个角落。

从汤小到科源,"馆藏+"幸福阅芽模式的演变经历了"阅读手册""幸福阅芽"'馆藏+'幸福阅芽"三个阶段,通过几年来的实践,科源实验学校立足馆藏优势,开发阅读发展区,使"馆藏+"在学习、探究、实践、总结中得到了软支撑,逐步烙下阅读个性化的校本模式。

当然,科源实验学校的硬件优势也是"馆藏+"模式开展的重要基础:2021 年,图书馆藏书 54 646 册,2022 年新增 2 万多册,同时用心搭建模拟联合国议事厅、校史馆、儿童绘本屋、VR 体验中心、阅读长梯、党史馆、朗读亭、班级图书角等,打造覆盖整个校园的大范围阅读空间,创设不局限于图书馆区域的书香校园阅读环境。图书馆突出以人为本的空间理念,陈设、布局、照明、色彩使用等符合各个年龄段学生的审美,通过图书馆馆舍内部环境的优化,使图书馆空间功能从资源收藏向美学引导转变。可以说,聚焦时代、美学、文化与创新的氛围感图书馆是"馆藏+"模式的亮点之一。

远至先哲,便有道:"故不登高山,不知天之高也;不临深溪,不知地之厚也;不闻先王之遗言,不知学问之大也。"今日,人们更是有深刻的共识,那就是:阅读宝贵!一个爱阅读的民族,才是有希望的。阅读从孩子抓起,更是一个民族智慧的选择。科源"馆藏+"幸福阅芽课程通过"馆藏+拓展""馆藏+活动""馆藏+全科"三个维度打开图书馆课程的开发密码,秉持三维度融会贯通、彼此渗透、交互影响的思维,通过利用学校图书馆"天时地利人和"的自我优势开展阅读活动,实现阅读底色的生命赋能。

季羡林说:"书能给人以知识,给人以智慧,给人以快乐,给人以希望。"陈继儒说:"闭门即是深山,读书随处净土。"人民网相关报道也提到:"读书是门槛最低的高贵。"将阅读作为拓展课程进行开展,既能为基础课程补充养分,又能体现"生活语文"的理念。为打开图书馆这一丰富资源库的大门,极大范围地让学生在优养环境中纵享阅读,科源采用"馆藏+拓展"的方式,配合语文课堂教学需求及"幸福阅芽"课程的研发,设置阅读"课程表"和"专属卡",多方式推广阅读,关注幼小中三段过渡。

学校通过建立阅读"课程表",让阅读有看得见的成长。"幸福阅芽"课程以班级为单位,要求每班每周至少有1节阅读课,确保能满足每学期10课时+X课时,建立不同主题的阅读支架,有必要的情况下,配合活动进行可视化的验收展现。

学校还设置阅读"专属卡",围绕阅读从"阅芽"启蒙—"阅芽"成长—"阅芽"之花—"阅芽"果实的四阶段建立各年级的阅读主体,贴合学生学情和最近发展区,具体可观地将阅读过程进行指标化的描述。

学校还根据课标要求,为不同年级设置了阅读课堂的不同拓展主题。根据课标对第一学段的"喜欢阅读,感受阅读的乐趣"及"尝试阅读整本书"的要求,一年级以"故事"为主题,二年级以"绘本"为主题;根据课标"阅读整本书,初步理解主要内容"和"能复述叙事性作品的大意,初步感受作品中生动的形象和优美的语言"的要求,三年级以"童话"为主题,四年级以"好书"为主题;根据课标"受到优秀作品的感染和激励,向往和追求美好的理想"的要求,五年级以"国学"为主题,六年级以"诗词"为主题;根据初中学习进程以及课标中"了解诗词、散文、小说、戏剧等文学样式""对课文内容和表达有自己的心得,能提出自己的看法,并能与他人合作,共同探讨、分析、解决疑难问题"和"阅读简单的议论文"等要求,七年级以"散文"为主题,八年级以"经典"为主题,九年级以"思辨"为主题。通过实施阶梯式主题阅读,让阅读从课题变成生活。

除了采用阅读课堂的一个拓展主题来延伸学生阅读思维广度外,学校在设置学科社团时也参照规划,相应性地设置拓展性社团,将文学"趣"味融入学生校园生活中,让阅读习惯潜移默化地在肥沃的课程土壤中成长。近两年,学校语文科组根据"馆藏+"幸福阅芽的课程规划及各学段学生发展特点,设立了如"乐乐绘本屋""小配音员""我是公园设计师""观蚕""走近新时代的爱豆""最强语文大脑""唱古诗"等社团,拓展学科,开发绿色发展区,让学生识"趣"而学(具体规划内容见图1-1)。

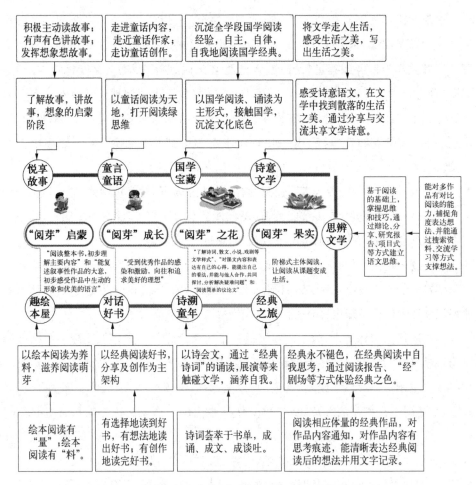

积极主动读故事；有声有色讲故事；发挥想象想故事。

走进童话内容，走近童话作家；走访童话创作。

沉淀全学段国学阅读经验，自主，自律，自我地阅读国学经典。

将文学走入生活，感受生活之美，写出生活之美。

了解故事，讲故事，想象的启蒙阶段

以童话阅读为天地，打开阅读绿思维

以国学阅读、诵读为主形式，接触国学，沉淀文化底色

感受诗意语文，在文学中找到散落的生活之美。通过分享与交流共享文学诗意。

悦享故事　童言童语　国学宝藏　诗意文学

基于阅读的基础上，掌握思维和技巧，通过辩论、分享、研究报告、项目式等方式建立语文思维。

能对多作品有对比阅读的能力，捕捉角度表达想法，并能通过搜索资料、交流学习等方式支撑想法。

"阅芽"启蒙　"阅芽"成长　"阅芽"之花　"阅芽"果实

思辨文学

"阅读整本书，初步理解主要内容"和"能复述叙事性作品的大意，初步感受作品中生动的形象和优美的语言"

"受到优秀作品的感染和激励，向往和追求美好的理想"

"了解诗词、散文、小说、戏剧等文学样式，"对课文内容和表达有自己的心得，能提出自己的看法，并能与他人合作，共同探讨，分析解决疑难问题"和"阅读简单的议论文"

阶梯式主体阅读，让阅读从课题变成生活

趣绘本屋　对话好书　诗溯童年　经典之旅

以绘本阅读为养料，滋养阅读萌芽

以经典阅读好书，分享及创作为主架构

以诗会文，通过"经典诗词"的诵读，展演等来触碰文学，涵养自我。

经典永不褪色，在经典阅读中自我思考，通过阅读报告、"经"剧场等方式体验经典之色。

绘本阅读有"量"；绘本阅读有"料"。

有选择地读到好书，有想法地读出好书；有创作地读完好书。

诗词荟萃于书单，成诵、成文、成谈吐。

阅读相应体量的经典作品，对作品内容通知，对作品内容有思考痕迹，能清晰表达经典阅读后的想法并用文字记录。

图 1-1　科源实验学校"馆藏＋拓展"幸福阅芽课程规划

(一)"馆藏＋拓展"

1. 阅读推广

阅读推广又可以称为阅读促进,在现代的图书馆——特别是公共图书馆——是一项重要的活动内容,其旨在通过各种活动宣传图书、促进阅读。阅读推广的重要意义在于保障阅读机会的公平、推动终身学习、消除阅读信息鸿沟,从而为个人发展提供助力。为此,"馆藏＋拓展"幸福阅芽课程开发人力与资源库,糅合时代特征,以教师"领读者"活动、师生"阅读分享"沙龙、"名著遇上电影"放映会等方式开展推广之旅。

阅读推广不仅意在拓展阅读,还希望阅读能够成为学生思维的触发器。在建立"课程表"的同时,"馆藏＋拓展"阅读推广活动还将目光投射到人身上,发挥教师的生

命力,让教师以"领读者"身份步入学生视野,建立"馆藏＋"绿色资源库。从书里走向书外,从一篇文章走向一本书,从一本书走向一类书……在阅读推广下,学生大方地拿出课堂所学,投入到拓展课堂中(见图1-2)。

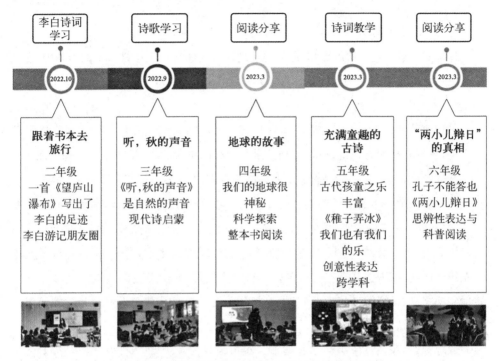

图1-2 科源实验学校"馆藏＋拓展"阅芽推广活动

2. "趣幼小中"

学校关注到一年级和七年级学生过渡期发展的需求。尤其是面对一年级学生,课程以"绘本阅读""故事大王""玩具学习""课本里的手工""素养游园会"等多感官方式让学生投入阅读体验中。以"素养游园会"为例,一二年级孩子在游园中开发自我,在做中学,在玩中学。

为衔接幼小中,学校精准开发课程,搭建使其阅读过渡的桥梁,开展"趣幼小中"相关活动。3到6岁是为幼儿后续学习和终身发展奠基的重要阶段,也是为幼儿做好入学准备的关键阶段。而12—14岁既是学生身心发展迈入新阶段的关键时期,又是学生思维、三观养成的突围期。《3—6岁儿童学习与发展指南》着重强调要充分认识生活和游戏对幼儿成长的教育价值,严禁"拔苗助长"式的超前教育和强化训练,指南中还强调成人不应该用一把"尺子"衡量所有幼儿。

因此,学校打开图书馆资源库,打造衔接性阅读,对标两个关键期,全面规划幼儿阅读活动,直接接触幼儿园,直接联结中小学部,开展同主题下针对不同年龄特征的活动。比如利用图书馆绘本馆资源,学生自由阅读绘本书籍,并交流阅读体会。

(二)"馆藏+活动"

如果阅读是一场内修的旅程,那活动就是外显的修行。在丰富多彩的活动中,学生能够直面阅读画面,走进书本世界。本维度主要包括"品牌活动"和"走出围墙"两个板块。

1. 品牌活动

科源实验学校延续汤坑小学的幸福教育理念,立足幸福,开发品质,以每年读书月为契机,开展有科源特色的、以培养阅读素养为目标的、展现"国风少年"气质的活动。

开展年度活动,让阅读被标识。科源实验学校的文学节每年开展一次,根据不同的读书主题开设特色文学节活动。比如2019年文学节开展了诗词阅读朗诵的集体展演活动;2021年以"星辰大海"为主题开展了讲故事、书法家作品展、读书作品创作、缤纷游园会等活动;2022年则是以"摆渡经典,摇橹文学"为主题,通过书写经典,开展诗词系统阅读活动、展演活动等方式进行。殊"途"同归,文学节活动的开展旨在让学生接触经典文学,提高阅读能力,培育民族文化情操,这样的年度活动已成为学校展现自身"阅读力"的品牌项目。

以赛促读,找到竞争中的自我效能。在市区各级读书活动的指导和支持下,"馆藏+"幸福阅芽课程结合本校特色,也曾开展了"我最喜爱的课外书""故事大王""跟着课本与旅行"诗词展演、"阅读作品"创作大赛、"阅读随笔大赛"等校级比赛。这些比赛旨在激发学生阅读兴趣,引导阅读技巧生成,实现阅读交流,提高阅读自我效能。

2. 走出围墙

除了"嵌进去"的活动,学校还开展了各项"引进来"和"走出去"的活动。"引进来"的活动包括与社区、家长合作的感受方言特色的"一方之言"交流课,与区图书馆合作的"大家书房"讲座等;"走出去"的活动包括各类征文竞赛、演讲比赛、项目式学习等。各个"走出围墙"的阅读活动内外兼修,贯通生活圈,学校旨在让学生在围墙内外孵化阅读果实,从而优化阅读生态。

(三)"馆藏+全科"

《义务教育语文课程标准(2022年版)》中独立列出了"跨学科学习"的要求:"引导

学生在语文实践活动中,联结课堂内外、学校内外、拓宽语文学习和运用的领域,围绕学科学习、社会生活中有意义的话题,开展阅读、梳理、探究交流等活动……"并对各学段的跨学科学习内容进行了细致的阐述。所以"馆藏＋"幸福阅芽课程的开展充分利用语文的大包容性以及各学科的学科优势,挖掘学间的交互效果,建立合作开发机制,实现课程资源的共建和共享,从而使课程内容多元化,优化阅读体系。

跨学科是现代科学发展的主要趋势,站在语文学科阅读培育的基点上,科源实验学校将多学科与语文进行融合,找到学科融合的触元,放大学科之间的交点,在《跨学科主题式习作实践研究》的课题指引下,指导学生进行学科融合型的阅读活动。比如与音乐舞蹈学科融合的自填词集体舞,与历史学科融合的"百年中国"党史学习,与英语学科融合的模拟联合国活动,与政治学科融合的辩论赛,与劳动学科融合的造纸体验等。

综上所述,"馆藏＋"幸福阅芽课程便是在这样动静结合、深浅起伏、内外交融的实践中逐渐成形。在整个阅读生态的系统构建下,"馆藏＋"模式的幸福阅芽课程形成了相应的活动体系(见图1－3)。

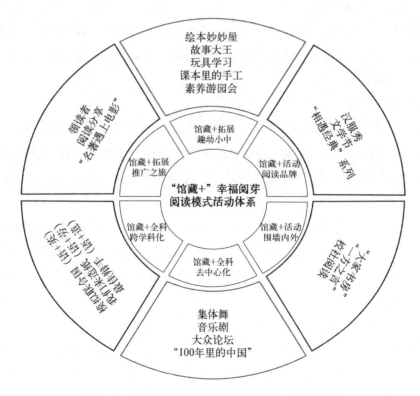

图1－3 科源实验学校"馆藏＋"阅读模式活动体系

三　"馆藏+"模式的实践案例

中国长征二号F遥十三运载火箭上太空的热点,点燃了学生们探索星空的热情。我校打开阅读视界,乘2021年11月"读书月"之风,开展以"星辰启梦,诗与远方"为主题的文学"追梦"之旅。语文科组组织了科源实验学校全体学生参与本次活动。活动旨在探究语文综合性学习活动的驱动效果,提升学生的阅读主动性,激发他们追寻梦想的热情。

(一) 案例目标

本案例以培养学生的语文学习内驱动为旨趣,通过阅读学习、自主探究、动手协作、活动开展等方式提高学生的语文综合能力素质,进而引导学生对语文学习有新的思维、新的合作探究方式、新的学习方式。

1. 打造"书香校园"

通过校文学节各项综合性活动,鼓励班级内合作、班际合作,举办各类阅读活动,提升学校文化品位,以校园文化影响和引领师生,以活动评价载体为支撑,创建学习型学校,培育"爱阅读,常阅读,会阅读"的优良校风。

2. 提升师生文学素养

通过活动,使校园师生形成正确的阅读教学观,养成阅读习惯。在此基础上,让学生在亲历阅读的过程中实现多重对话,初步构建集字词句积累、阅读理解、情感体验、口头表达、书面表达等为一体的语文发展体系,让师生文学素养在活动中不断成长。

3. 促进学生终身发展

活动培养学生爱读书、勤读书、读好书的良好习惯,通过丰富的实践活动激发学生学习语文的内驱力。通过阅读、游园、国学学习等活动,让学生拓宽视野,亲近母语,陶冶情操,提升学生读、绘、讲、写、演的综合素养,丰厚语文积累,促进学生智力的发展,为终身学习奠定基础。

4. 倡导书香家风

引导学生、家长、教师共同参与,让学生把阅读带进家庭,推进"书香家庭"建设,构建学习型家庭,保持学校教育和家庭教育的连续性,促进学生健康成长,养成尚教重读的优良家风。

(二)实施过程

1. 识别学情、明确要求

(1)驱动问题导入。语文作为一门重要学科,历来都备受重视,语文的教学研究也从未停止过。近年来,为了创新教育形式,国家与地方都采用了各种方式来引导语言文字、经典文学的学习热,例如陆续推出《朗读者》《见字如面》《中国诗词大会》《典籍里的中国》《跟着书本去旅行》等节目。但本校学生关注度不高,对于语文学习的认知仍停留在单调的读、写、背之中,缺乏主动学习、创新学习的想法和习惯。

(2)明确活动要求。因活动涉及1—6年级学生,学生年龄与发展差异大,所以部分活动采用分学段方式进行。具体到活动要求层面,学校制订了活动清单,其中包括九个"一",并要求学生采取家庭交流记录的方式开展九个"一"的活动,记录并撰写自己的活动体会。具体要求如下:第一,能够参与"阅芽"和"相遇经典"对应的各项活动,完成活动清单;第二,完成阅读活动,完成以"我与书籍"为主题的阅读作品创作;第三,参与游园活动,完成集章卡,并有所得。

2. 制订方案、组建团队

制订详细活动方案,覆盖全面的活动安排(见表1-1)。

表1-1 文学节活动安排

序号	活 动	时 间	评价方式/注意事项
1	第十届文学节开幕式	11月15日升旗仪式	1. 诗词诵读与讲解颁奖 2. 发放语文"九个一"清单
2	"阅芽"阅读系列活动一:"读好一本书"	11月17日—11月26日	读后感评比:一等奖3名,二等奖5名,三等奖10名
3	"相遇经典"书法比赛与展览	11月18日阅读课	各年级一等奖5名,二等奖8名,三等奖10名(书法章)
4	"阅芽"阅读系列活动二:讲好故事	11月22日视频评比	一等奖3名,二等奖5名,其余同学获三等奖
5	"相遇经典"国学诵读	11月25日阅读课	各年级评选2个班级获一等奖,其余班级获二等奖
6	"诗与远方,星辰启梦"文学节游园会	12月1日	艺体中心学段性活动

序号	活　　动	时　　间	评价方式/注意事项
7	"阅芽"阅读系列活动三："分享一本书"	12月2日阅读课	回收语文"九个一"文学节活动打卡清单
8	第十届文学节闭幕	12月6日升旗仪式	颁奖

(三) 项目实施步骤

第一阶段：启动文学节活动。在进行前期准备工作时，科源实验学校的语文科组用了两周时间进行策划，以备课组为单位，以学段为团队，根据学生学情和发展特点，规划文学节活动。11月15日在全校升旗仪式上开展启动仪式。启动典礼中，由校诗词诵读队伍进行开场表演，然后由学生代表进行演讲，之后是区阳光阅读活动参赛学生的颁奖仪式。学生在视听体验中，为积极参与本月语文文学节活动作好准备。

第二阶段："阅芽"系列活动。活动以"书"为桥梁，开展"阅芽"系列活动，学生读好一本书，讲好一个故事，写好一篇文章，分享一本书，坚实地在实践中体验阅读的内化过程。

第三阶段："相遇经典"系列活动。与"经典"对话，进行书法比赛和国学诵读活动。"相遇经典"书法比赛以个人为单位参赛，分年级分内容开展现场竞赛，"相遇经典"国学诵读以班级为单位进行集体评比。"比"是形式，参与才是浸润的过程。

第四阶段："诗与远方，星辰启梦"游园会。从听说读写等方面设计多元化的游戏，分时段、年段开展现场游园活动，学生可以拿到自己的集章卡，参加各项活动，收获印章，根据自己收集的印章兑奖，最后撰写一篇小随笔。

第五阶段：活动闭幕，生成评价。在长达一个多月的案例实践中，学生参与率达100%，根据学生的语文课堂情况，学生得到阅读指导与学习启发。在活动尾声，我们将评价落实到位，举行相应活动的颁奖典礼，让学生的内驱力可视化，以辅助学生语文学习。

(四) 案例反思和实施成效

在结束第四阶段后，教师组织并指导学生完成反思记录，以便学生将活动内化，发展自我效能；也便于教师能够可感地挖掘学生阅读思维，并指导之后的阅读教学。

"鱼乘于水,鸟乘于风,草木乘于时。"乘着区"品质课程"之力、校课改之风、2022年新课标之慧,科源实验学校"馆藏+"幸福阅芽课程踏歌而行,一路潜跃。

"活"——多样活动,灵活培养:在课程引导下,学校的阅读活动成了学生的生活印记。文学节活动以讲故事、诵读、游园等形式贯穿全过程,使学生从做中学,在活动过程中逐渐收获阅读习惯和心性。

"细"——辅导细致,慢工细活:语文科组老师务实负责,指导学生参与阅读活动与课堂阅读学习,细致地培养学生的日常阅读习惯,在欢腾热闹的氛围中让学生获得学习净土,培育成长之芽。

"深"——深化素养,深入过程:学生在每个阅读学习阶段逐渐形成素养,在各类比赛中自信大方,谈吐有深度。我校师生在深圳市"读书月"活动、区"阳光阅读"活动上有突出表现,据不完全统计,师生共获省、市、区级奖项 62 人次,其中市级奖项 8 人次,区级奖项 54 人次。本次文学节语文实践活动更是以校为单位,奖项近千,多而不乏,用成就感和满足感激发学生语文学习驱动力,使用清单、集章卡等可视化的方式让学生清晰地感知到学习进度。

"远"——有了这番综合实践活动的经验,学校期末的一二年级综合评价亦是采用游园方式进行阶段性评价,让学生"趣"学习,以辅助建立新的评价方式。

四 "馆藏+"模式的实践成效

阅读是有重量的精神运动,本本经典,纵贯古今,横跨中外,书中充满了智者的箴言,指引着真善美的方向,能让生命壮硕而蓬勃,崔嵬而璀璨。科源实验学校以新课标为主抓力,以创新实践为主动力,坚持高质量发展。

(一)书香校园,助力阅读,成就底色

"馆藏+"幸福阅芽课程作为科源课程产物,为语文学科的阅读教学提供了更多可能性,在与时俱进的教育教学工作中,打开馆门,构建思维,迈开步伐,实现发展。对于学生而言,"阅读"成为一种生活、一种童年、一种青春,在"馆藏+"幸福阅芽课程下,学生化身书法家,变成创作家,成为小辩手,化为小使者……尝试去动手、动脑、动笔。在持续地尝试与体验中,培养阅读嗅觉,品尝阅读滋味,填充阅读底色。

(二)打开馆藏基地,开发潜能,赋能生命

图书馆不仅是储存知识的地方,更应是灵魂休憩之地。图书馆不应再只有冰冷的陈列书架,而是要以智能化管理为辅助,以丰富的阅读活动为动轴。"馆藏+"幸福阅芽课程打开了馆藏基地的阅读智库,有的孩子在"汉服秀"中找到自己的自信,感受到身穿汉服的民族自豪感;有的孩子在"诗词诵读讲解"中品味经典,感受文学魅力;有的孩子在"大家书房"中找到创作新方法,感受创作的新可能;有的孩子在"跟着书本去旅行——造纸术"中感受四大发明的历史价值,发现自己的探索能力……书页因为翻动而飞翔,知识因为飞翔而流淌。在课程中,孩子们为自己的生活打开新思路,找到绿色阅读的生命体验感。

读书学习,是人一生中一场永不停歇的旅途。无惧挑战,科源实验学校积极响应新时代"全民终身学习"的召唤,将继续推动"馆藏+"模式的实践、探索与创新,发挥图书馆"文化之肺"的铸魂育人的作用,积极推动校园文化建设,让每位学生的真善美和创造力通过阅读而不断蔓延,汇集成浩瀚的海洋。力求浓浓书香飘溢在校园的每个角落,努力谱写科源实验学校人文建设新篇章。

(撰稿人:深圳市坪山区科源实验学校　吴玲玲　吴娟娟　赖文学)

第二章

"VIP"攀阅：为大器人生奠基

　　"VIP"攀阅模式围绕空间、群体、目标、策略、阶梯五个方面，系统性规划横（类型）纵（年级）两个维度的阅读阶梯，全方位营造读书条件，推动品质阅读，让书香溢满校园，让习惯伴随终生，助力学生全面发展。

深圳市坪山区坪山实验学校创校于2010年,诞生在人文与自然资源丰富、发展潜力巨大的坪山中心区,是为满足全区人民对优质教育的需求,高标准设计、高质量建设的一所现代化九年一贯制公办学校。学校分北、南、东三个校区,总占地面积近9万平方米,总建筑面积18.1万平方米,图书馆藏书25万册,现有在校生7 200多人,教职工500多人。学校遵循"适性扬才,为大器人生奠基"的办学理念,致力于培养德智体美劳全面发展的"麒麟少年,品质公民,大气中国人",推出了"三维度七书院"的"优才课程200+"课程体系,围绕学科主题、场馆文化,不断优化,形成序列,九年融通,以高品质的课程全面提升学生素养。

书是人类进步的阶梯,学校自开办以来就非常重视学生阅读兴趣的激发、阅读习惯的养成、阅读方法的掌握、阅读能力的提升以及阅读视野的拓展,不断探索普及阅读、深度阅读、个性化阅读的校园路径,提炼形成了"VIP"攀阅模式,以课堂为主阵地,以校园"麒麟读书节"等形式为重要载体,创设多样的("V":various)阅读活动,激发学生兴趣;落实语文核心素养阅读能力要求,点燃("I":ignite)照亮学生阅读之路的火把;尊重学生阅读爱好,引领学生迈上个性化("P":personal)阅读之路。"VIP"攀阅模式已成为支撑全校阅读推广的核心模式,是学校课程体系重要支撑之一。该模式已取得良好成效,学校先后获评2020年广东省书香校园、2021年深圳中小学最美校园图书馆、2022年广东省中小学最美阅读空间;2021年学校五年级学生曾同学全年借阅文献达2572册次,刷新深圳个人年度借阅量历史纪录。

一　"VIP"攀阅模式的背景和意义

自古以来,我国都是一个重视读书的国家。当今社会,全民阅读工作深入推进,全社会都参与到阅读中来,爱读书、读好书、善读书的氛围越来越浓厚。2023年3月,教育部等八部门印发《全国青少年学生读书行动实施方案》,进一步明确了学校要"有针对性地组织丰富多彩、主题鲜明的读书月、读书周、读书节活动,着力打造富有吸引力、影响力的青少年学生读书品牌项目"①。坪山实验学校立志打造区域标杆学校,始终努力落实中央精神,贯彻"唯有书香能致远"理念,将每个学生都看作学校的"重要人物",努力搭建阅读平台和阶梯,助力学生成长。

(一)面向未来社会

当前世界正经历百年未有之大变局,新一轮科技、产业变革正在加速推动全球经济、文化、教育等领域发生深刻变化,人工智能、新一代信息技术、大数据等科技发展对未来人才素质提出新的要求。无论是《义务教育课程方案(2022 年版)》提出的"培养学生适应未来发展的正确价值观、必备品格和关键能力"②,还是教育界广泛认同的"21 世纪核心素养 5C 模型"③,都为中小学育人目标提供了指引。在信息社会,一个人最关键的能力是"信息素养",信息素养里最关键的是阅读、分析和判断的能力。学校作为为党育人、为国育才的主阵地,为促进学生提升阅读素养、掌握阅读方法、养成阅读习惯义不容辞。

(二)融合课程规划

《义务教育语文课程标准(2022 年版)》强化了正确价值观、必备品格和关键能力的培养要求,明确提出"倡导少做题、多读书、好读书、读好书、读整本书,注重阅读引导,培养读书兴趣,提高阅读品位"的课程理念,构建了"实用性阅读与交流""文学阅读与创意表达""思辨性阅读与表达"三大发展型任务群和"整本书阅读""跨学科学习"两大拓展型任务群④,对阅读能力提出了更综合、更精准、更具层次的要求。坪山区实施"区域品质课程",打造阳光阅读"亮"课程,为学校阅读推广提供支持。学校深入构建高品质课程体系,以课程深化阅读,以阅读支撑课程,深入落实各级课程规划,纳入校级课程系统,进行整体推进。

① 中华人民共和国教育部.教育部等八部门关于印发《全国青少年学生读书行动实施方案的通知》[EB/OL].(2023 - 03 - 27)[2024 - 03 - 15].https://www.moe.gov.cn/srcsite/Ao6/s7053/202303/t20230328_1053070.html.
② 中华人民共和国教育部.义务教育课程方案(2022 年版)[S].北京:北京师范大学出版社,2022:2.
③ 大卫·罗斯.致辞:从"4C"到"5C"——祝贺"21 世纪核心素养 5C 模型"发布[J].华东师范大学学报(教育科学版),2020,38(2):19.
④ 中华人民共和国教育部.义务教育语文课程标准(2022 年版)[S].北京:北京师范大学出版社,2022:3,20.

(三) 弘扬城市精神

深圳作为改革开放的窗口,不仅创造了举世瞩目的经济奇迹,还实现了文化的崛起,2013年被联合国教科文组织授予"全球全民阅读典范城市"。深圳在居民阅读率、阅读量、阅读时长、数字化阅读等指标上,长期高于全国平均水平。截至2021年,深圳的人均购书量连续31年全国第一。坪山作为崛起于深圳东部的新城区,大力推进的公共文化设施建设让文化的触角得以延伸到城区的角角落落,无论是坪山图书馆、坪山城市书房,还是各街道的特色阅读空间,都彰显着"坪山人爱读书、爱书人聚坪山"的文化氛围。坪山实验学校作为深圳东部、坪山中心的区域标杆学校,努力将城市精神融入办学实践,积极响应"深圳读书月"等品牌活动,打造弘扬城市精神的重要文化阵地。

(四) 服务学校发展

自创校以来,学校经历了多次变化,经过2018年、2019年开办新校区,2022年创建教育集团后,一跃成为下辖三校五区的教育集团:以坪山实验学校为核心校,集团下辖坪山实验学校、锦龙小学和科悦实验小学。集团内各校区通过建立优质资源共享机制,实现校区资源共享、优势互补,整合统筹集团优质教育资源,推动集团内各成员校同步、优质、均衡、特色发展。作为核心校,学校将深入探索"坪实模式",为集团发展肩负更多责任,包括"VIP"攀阅模式推广等各方面工作。

二 "VIP"攀阅模式理念解读与规划

阅读是一项终身事业,阅读一本本书,如同翻越一座座高峰,既锻炼了攀登者的攀登能力,又让攀登者能够领略高峰另一边的风景,感受另一种意想不到的人生风味。在校园里,学生不断地学习知识、发展思维、拓宽认知,各方面的成长都具有一定的跨越性。"VIP"攀阅模式根据学生的发展规律和特点,参照翻山越岭的过程,按学段设定阅读进阶目标,设置不同阅读内容,让学生步步攀登、"阅"攀"阅"勇,在"攀阅"中涵养品行、启迪智慧、健康成长、全面发展。

(一) "VIP"攀阅模式理念

围绕"攀阅"之路,学校始终坚持"把学生放在心上"理念,将学生作为学校最重要的贵宾,打造了"VIP"攀阅模式,力图构建以学生为主体的因材施教、因地制宜的阅读活动体系,带动学生的全面发展。"VIP"源于20世纪80年代,意思是重要人物、要员或贵宾等。将VIP的概念引入阅读活动中,不仅彰显了阅读在教育教学中的重要地位,更是为了突出学生这一阅读主体在活动中的特殊地位。"V"是"various",原意为多样的,指以学生为出发点,根据一至六年级不同学段学生的年龄特点,结合教学内容和生活实际设置不同的阅读主题,围绕主题规划开展丰富多样的活动,构建具有趣味性、挑战性的阅读体系,让学生在"攀阅"路上享受读书乐趣。"I"是"ignite",原意为点燃、激起,指围绕语文课程标准核心素养,充分利用统编版教材等基础资源,立足语文课堂,针对不同学段提供阶梯式阅读方法指导,推动课程内容、学生生活、语文实践的多元整合,积累阅读经验,养成阅读习惯,点燃阅读火把,照亮学生"攀阅"之路。"P"是"personal",原意为个性的,指在活动和课程的基础上,推进跨学科、全领域、个性化阅读,拓宽学生阅读视野,尊重学生阅读爱好,围绕学生学业兴趣、性格特质等个性特点,指导学生选择阅读书目,制订阅读计划,探索阅读方式,提炼阅读策略,丰富阅读体验,开辟个性化"攀阅"之路(见图2-1)。

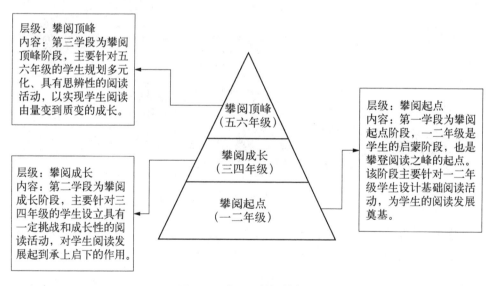

图2-1 "VIP"攀阅模式图

(二)"VIP"攀阅模式体系

"VIP"攀阅模式具有纵横交错的阅读支撑体系,在攀阅起点、攀阅成长和攀阅顶峰三个层级上,都有"V""I""P"三个维度的阅读目标和阅读体系,适应学生身心发展和认知特点,助力阅读提升。

　　攀阅起点层级主要侧重阅读的基础和趣味性。"V"方面通过规划汉字书写大赛、亲子论坛、小书圣游园以及百家讲坛四大经典活动,以陪伴阅读、优雅书写、趣味游园以及家长榜样来全方位激发学生的阅读兴趣,培养学生良好的阅读习惯。"I"方面主要在于指导学生体会读书的快乐,"读书真快乐"注重介绍"阅读方式"和"阅读途径";"读读童谣儿歌"注重感受童谣的韵律与节奏,在反复诵读中培养语感;"读读童话故事"注重感受童话的想象,树立正确的判断;"读读儿童故事"注重感受儿童的生活与愿望,播下真善美的种子。"P"方面主要是让学生初步探索感受到自己的阅读兴趣,了解自己的阅读爱好。"数学绘本故事""科学家的故事我来讲述"等活动,覆盖了这个层级的主要学科。"小小讲书人"中讲故事或者口头推荐自己最爱的书等口头表达形式也符合学生特点。"读书小明星"评选,可以让学生对自己的个人阅读史形成初步的概念(见图2-2)。

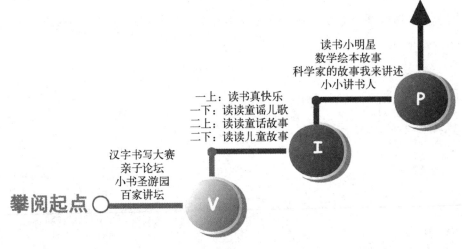

图2-2　"VIP"攀阅模式攀阅起点活动图

　　攀阅成长层级主要侧重阅读的过程性和体验感,"V"方面在"攀阅起点"的基础上设计了"作家进校园""图书漂流""我的阅读成长史"以及"百科展览"四项精品活动,通过进阶性的专家引领、图书交换和阅读过程体验、跨学科阅读融合来鼓励学生拓展阅读渠道,寻找、总结阅读方法,拓宽阅读视野。"I"方面的方法目标主要是指导学生感受作品传达的真善美,用自己喜欢的方式讲述故事大意,讲述英雄模范的动人故事,学习书中蕴含的中华智慧,口头或书面分享自己获得的启示;"经典童话"注重感受中外经典童话,体会名家语言魅力;"寓言故事"注重感受中外经典寓言,小故事背后蕴含大道理;"神话故事"注重感受中外神话的魅力,体悟人民愿望与追求;"科普读物"注重广泛阅读,爱上科学。"P"方面主要是继续拓宽阅读视野,丰富阅读体验,让学生进一步强化自己的阅读爱好。英语配音、课本剧表演、现场写作等活动,可以推动学生对阅读策略的思考,反思自己的阅读方式,提升综合阅读能力,为探索个性化阅读奠定良好基础(见图2-3)。

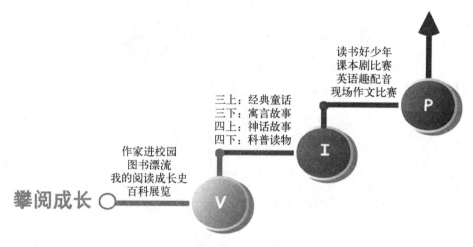

图2-3 "VIP"攀阅模式攀阅成长活动图

攀阅顶峰层级是实现量变到质变的阶段,更强调阅读的深入体验以及由读到写的转化。"V"方面打造了"经典相伴,快乐阅读""谁是故事大王比赛""随笔征文""说文解字微视频大赛"四大亮点活动,力求通过听、说、读、写的相互作用,深化学生的阅读理解,引导学生阅读习惯的持续养成,最后实现阅读的阶梯化成长。"I"方面则重在指导学生学习梳理作品的基本内容,针对作品中感兴趣的话题展开交流,梳理、反思小学阶段的阅读生活,运用口头或书面方式,与同学分享自己整本书阅读的经历、体会和阅读方法。"民间故事"注重感受民间故事的魅力,学习预测故事走向的方法,体会人类美好的愿望;"古典名著"注重了解古代章回体小说的特点,学会对长文进行提炼与概括;"儿童小说"注重了解不同时期儿童的成长故事,感受性格各异的儿童人物形象;"世界名著"注重感受小说中的曲折情节。"P"方面主要是进一步提升学生对于阅读成果的个性化、系统性输出能力。书香班级、书香家庭的评选,能提升学生思考阅读的社会意义,从而反思自身阅读内容、习惯、方式。插画比赛、乐器设计等活动,融合了艺术元素,进一步拓宽了学生阅读空间,增加了个性化阅读的可能性(见图2-4)。

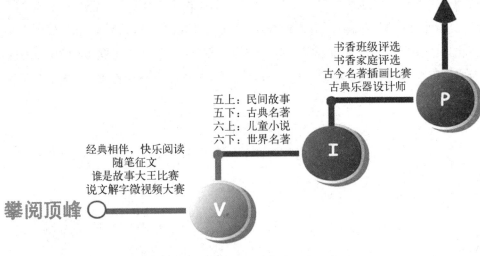

图 2-4 "VIP"攀阅模式攀阅顶峰活动图

三 "VIP"攀阅模式的实践操作

为了支撑并落实"VIP"攀阅模式,学校经过十三年的摸索和实践,围绕在哪读、谁来读、读什么、怎么读、读得怎么样五个维度,开拓了创设"主馆＋群星"的"攀阅"空间、塑造"师生＋家长"的"攀阅"群体、积累"推荐＋自选"的"攀阅"目标、开发"各段＋全科"的"攀阅"策略、搭建"讲说＋写画"的"攀阅"阶梯五条路径,构筑师生家长"攀阅"平台,提供广阔的展示空间,让读书深入人心,让阅读成为习惯,让书香溢满校园。

(一)创设"主馆＋群星"的"攀阅"空间

学校图书馆获评"广东省最美图书馆",拥有丰富的馆藏书籍,学校充分发挥馆藏优势,打造辐射全校的大面积、集中式阅读场所。目前,学校三大校区各有一座独立图书馆,总面积达 2 300 多平方米,馆内藏书丰富,共分为五大类,二十二小类,涵盖哲学、科学、体育、艺术等,纸质书籍总量达 30 万册,生均藏书量超过 40 册,为师生开展集中阅读教学和活动提供便利条件。

同时,学校充分挖掘其他场馆、连廊、朗读亭、班级图书角等场所,抓住小角落,营造大氛围,让学生处处可读书、处处有书读。例如,学校拥有全国首家校园汉字博物馆、日新科技博物馆、美术馆等,为创造新的阅读空间和阅读模式提供思路,丰富了学生的阅读学习体验。师生合力打造星光书屋,在班主任老师的带领下,孩子们精心布置教室,把班级变成了熠熠生光的小书屋。班级的书架上,放满了同学们珍藏的书籍。在校园图书漂流活动中,大家拿上自己最喜爱的书和同学交流,不但要交换阅读,还要再给彼此写几句读书感想、推荐语录。一本本经典名著就这样漂流起来,传到了更多同学手中,丰富了更多人的阅读之旅。

(二) 塑造"师生+家长"的"攀阅"群体

学校作为育人主阵地,理应为深化全民阅读有所作为。阅读不仅是学生的事情,也是老师、家长的事情。学校发挥读书节引领作用,激发学生、教师、家长阅读兴趣,通过阅读深化家校合作,展示师生精神风貌,形成全校全员阅读的浓厚氛围。

教师方面,小学语文科组里举行过"麒麟杯"小学语文教师朗诵语文课本篇目比赛。她们通过朗诵豪迈激昂的《七律·长征》、清丽淡雅的《白鹭》以及活泼童趣的《在牛肚子里旅行》等作品,表现了扎实的专业功底。读书节开幕式上,教师代表集体表演古典诗词"飞花令",展现了中国古典诗词之美、之趣,为学生起了带头示范作用。另外还有教师悦读沙龙,每一位教师积极参加,自选一本书阅读,撰写读后感。读书内容或心得尽可能贴近自己的实际教学或生活实际,力求内容丰富,形式创新。学校收集各个学科教师的阅读成果,选出部分优秀的作为读书节阅读典范作品,或者根据阅读成果选出部分教师代表作为"最美读书人"。

阅读,不仅需要有书香的校园,更需要有书香的家庭。学校坚持家校共育理念,努力创造条件,让家长和孩子一起享受阅读,养成阅读的习惯。开展"书香家庭"评选,发挥学校在家校共读中的引领作用。组织"亲子论坛"活动,倡导家庭成员交流读后感,让父母孩子共读一本书,每天探讨关于这本书的一个问题,简单记录交流过程,读完之后形成一份关于本书的交流记录。同时,学校还有把家长请进教室的"悦读讲座"。每班的家长代表受邀进班举办讲座,为孩子们带来新鲜、丰富的课外百科知识。有的家长根据学生年龄特点,分别带来了亲子绘本剧表演《白雪公主大战女巫》、名著品读讲座《活着》等活动;有的家长结合职业特长为同学们介绍高尔夫运动等专业知识;还有的家长分享自己的成长故事和阅读经验,提醒大家以史为鉴,以书为友,用心读书。悦读讲座中的每一位受邀家长都用心准备,分享的内容极具启发性,让孩子们受益匪浅,真正实现了"生活悦读化"。

(三) 积累"推荐＋自选"的"攀阅"目标

诚如冰心所言："读书好,多读书,读好书。"学生不但要多读书,还要读真正的好书,这才算是享受阅读的乐趣。因此,学校一般会有推荐阅读书目,但是同时也会允许学生根据自己的阅读兴趣自主选择阅读书目。为引导学生认真选书、学会选书,各个学年段还进一步开展了好书评选活动,希望选出经典书籍供同学们参考阅读。老师们充分发挥学生的自主性,把每个班级收获推荐语录最多的书籍挑选出来,发文到学校的微信公众号,让学生、老师和家长一起来投票。最终,每个年段只有十本书籍被评为年度好书,真是名副其实的百里挑一(见表2-1)。

表2-1 第十一届"麒麟读书节"小学年度十大好书评选结果

年 级	书 名	推 荐 人
攀阅起点: 一二年级	《中华成语故事》	二(6)班程同学
	《我爸爸》	二(8)班刘同学
	《楼上的外婆和楼下的外婆》	二(17)班谢同学
	《为什么我家狗总爱啃臭袜子?》	一(17)班闵同学
	《小王子》	二(2)班王同学
	《恐龙时代》	二(18)班章同学
	《天气》	一(9)班覃同学
	《窗边的小豆豆》	二(7)班麦同学
	《米小圈上学记》	二(14)班周同学
	《最强最酷的机器人》	一(5)班方同学
攀阅成长: 三四年级	《彼得·潘》	四(2)班谢同学
	《稻草人》	三(4)班李同学
	《长袜子皮皮》	四(12)班梁同学
	《原来我是最棒的》	四(11)班郑同学
	《月球监狱》	四(9)班陈同学

年　　级	书　　名	推　荐　人
攀阅成长： 三四年级	《福尔摩斯》	三(2)班吴同学
	《文化名人速读》	三(13)班余同学
	《草房子》	四(4)班刘同学
	《草原上的小木屋》	三(11)班钟同学
	《汤姆·索亚历险记》	三(8)班梁同学
攀阅顶峰： 五六年级	《秘密花园》	六(8)班胡同学
	《哈利波特》	五(1)班廖同学
	《海底两万里》	五(2)班龚同学
	《这就是二十四节气·夏》	五(5)班李同学
	《铁路边的孩子们》	六(9)班林同学
	《西游记》	六(3)班叶同学
	《牧羊神豹》	六(1)班邱同学
	《笑猫日记》	五(11)班姜同学
	《匈奴与我》	六(5)班魏同学
	《不上补习班的第一名》	六(10)班杨同学

(四) 开发"各段＋全科"的"攀阅"策略

　　学校紧密结合新课标提出的更综合、更精准、更具层次的阅读能力要求,统筹全校各学段、多学科,开发阅读策略,让学生在实践中提升阅读素养,在阅读中感受生活的美好。

　　为了提升学生的思辨阅读能力,学校开展了"智多星"辩论赛和"我与深圳共成长"小记者采访活动。辩论赛深受同学欢迎,他们积极报名推选辩论队,在老师的组织下抽取辩题和正反方。一周紧张准备之后,双方辩手在赛场上你来我往、侃侃而谈,虽针锋相对却又不失风度,互相尊重。其后开展的采访活动继续由学生担任主角,他们围绕"我与深圳共成长"的主题设计风格不同的采访卡,对身边的亲友进行简单采访并在结束后合影留念。活动不仅促使学生了解辩论、采访的基本知识,在实践中学习二者的技巧,也锻炼了同学们的团队合作能力,提升了他们的学科素养、综合素养。

学校还结合城市发展,探索"阅读+行走",以深圳这座城市为对象,展开了丰富的阅读实践活动。例如结合生情设计了手抄报制作比赛和历史知识竞赛,引导学生查阅深圳的城市发展史——从小渔村到大都市,一座座高楼拔地而起,一条条地铁渐次开通……满载深圳记忆的手抄报和极富新意的知识竞赛,使学生认识了祖国改革开放与深圳高速发展的历程,提升了历史素养与家国情怀。举办"城市科技大赏"活动,引导学生阅读深圳建市以来科技成果的相关资料,从中找到自己感兴趣的项目进行数据分析、综合处理,再用图文结合的方式制作成介绍卡,并形成榜单。最后,这份坪实学子定制的排行榜上,电焰灶、水下无人机、无人驾驶公交车等各种高端科技多不胜数。不仅制作者了解了深圳几十年来的科技成果,榜单展出后,所有观展的师生也见识了深圳这座科技之城的魅力。

例如英语阅读表达方面,学校组织学生由课内走向课外,进行"幸福打卡",鼓励学生到自己喜欢的深圳景点,现场用英语介绍该景点并录制宣传视频。在家长的陪伴下,全校学子身着校服,走入深圳各个景点播撒幸福,学校共收到学生作品近千份。这样把书本知识灵活运用到生活中,不仅锻炼了学生的英语口语表达能力,也能让他们更关注身边的美景,感受生活的美好,做一个热爱生活、积极向上的人。后期,将优秀作品以班级展播和学校大屏幕滚动播放的方式,也进一步扩大了活动辐射面。同学们纷纷表示,这些活动不仅让自己真实地体验到了"用"英语的乐趣和满满的成就感,更在观看其他优秀作品时,发现了自身进步的空间。

学校还创新思路,组织学生旅行地图创作比赛,让学生在地图上行走,阅读世界美景。活动具体内容是让学生阅读《世界地图》《全球最美的100个地方》《孤独星球:世界》等相关书籍后,充分发挥自主创作能力和绘画能力,设计一份既科学合理又丰富多彩的旅行地图。学生的优秀作品在学校一经展示,立刻吸引了无数学生驻足欣赏。大家跟着一起看见了一个色彩缤纷的大千世界,发现了一个地大物博的美丽中国。

(五) 搭建"讲说+写画"的"攀阅"阶梯

围绕阅读,学校组织开展系列比赛和展示活动,包括讲说类的"谁是故事大王""说文解字视频录制""拥抱春天朗诵比赛"等和写画类的汉字书写比赛、现场作文比赛、我为名著画插图等,以活动促进阅读,让阅读成果在活动中展示。

例如第四季"谁是故事大王"的比赛,声势浩大的全校初赛激发了孩子们对讲故事的热爱,而后,他们在层层进阶的比赛中开阔视野、锻炼自己、赢得荣誉。最终,在这场全市范围的大型讲故事比赛里,学校数名选手斩获佳绩,四年级的刘同学更是当选为深圳市 2020 年"故事大王"。

除了口头表达,学校同时注重书面表达形式,举办了"以你我之手,书汉字之魂"的汉字书写大赛。坪实一千多名学子同台竞技,作品以硬笔书法为主,有的清新婉约、有的刚劲有力、有的飘逸风雅,尽显麒麟学子多元之风、坪实包容之气。书面表达的形式不仅有写字,还有画画。学校开展插画作品创作活动,其目的就是激活阅读中的美育力量。活动中,学生用直观具体的视觉图形,呈现他们对文本的理解,再现名著语言传达的画面美。孩子们的插画内容涉猎极广,有的以绘本为参考,涂绘丰富多彩的场景;有的以传统故事为依托,描绘故事中不同主角的高光时刻;还有的通过分格漫画的形式揭示故事主线⋯⋯通过书籍插画的创作,学生的阅读兴趣愈加浓厚,读后思考也愈发深刻。图文结合,相得益彰。

为了充分展示比赛活动中产生的许多阅读典范作品,学校精心设计了"书香人间"展览,把不同学科的优秀作品分别展示在不同的校区和班级,供同学们观看学习。北校区的插画作品展、科技大赏展,东校区的亲子论坛作品展、旅行地图展以及南校区的深圳 40 年历史展都各有千秋,让观看的老师和同学大饱眼福。此外,故事大王的参赛视频、幸福打卡的英语介绍视频等都在学校大屏幕流动播放着,读书氛围愈加浓厚。

四　"VIP"攀阅模式的实践案例

2022 年 12 月 2 日,我校开展"谁是故事大王"学校读书节系列活动。本次活动主要以讲故事比赛的方式展开,比赛分为两个专场,小学部三四年级在小阶梯教室举办小中场,五六年级则在大阶梯教室举办小高场,四个年级共同讲述经典故事,体会故事的魅力与美好。

(一)案例目标

"V":激发学生阅读兴趣。本次"寻找故事大王"主题活动通过综合实践的方式,一改以往单一的教学模式,增加了教学的趣味性和多样性,能够改变学生对于传统语文阅读教学的原有看法,摆脱传统单一的教学,让学生在活动中真正地体会到语文阅读的魅力,通过亲身的感受和体验,爱上阅读,养成阅读的良好习惯。

"I":提升学生语文素养。通过阅读教学,能够加强对于基础知识的学习和巩固,让学生能够在阅读和讲述故事的过程中加深对于基础知识的理解和记忆。此外,故事的阅读和讲述,能够锻炼学生的语文基本能力。在阅读故事的过程中,学生的理解能力能够得到更好的锻炼;而在讲述故事的过程中,能够兼顾学生表达能力的培养;学生在演讲、分享和交流的过程中,会学习到更多的知识,全面提升自身的语文素养和能力。

"P":促进学生个性发展。读书,不仅仅能够提升学生的语文能力和语文素养,更重要的是学生能够在书中感受到丰富多彩的人生,见识到不同的世界,这对于学生思维的开拓和发展、眼界的提高,以及其他能力的发展有非常重要的意义。学生在读书的过程中,也在进行着自我观念的塑造和培养,学生会通过阅读,不断地认识自我,完成自我的提升,促进自身的个性发展。

(二) 实施过程

本次实践活动,旨在通过活动提升学生的语文素养,打造更加浓厚的学习氛围,因此以经典故事演讲比赛的方式切入十分合适。同时,近年来,社会各界更加关注传统文化以及经典文化的传承与发展,通过讲述经典故事,能够让学生更好地了解中国的传统文化,并学习传统文化中所蕴含的优良品德和精神。活动主要分为以下四个阶段。

(1)立标准规矩,寻故事大王。本次活动的策划和开展,取得了广泛的关注,因此为了使活动能够顺利、完美地进行下去,就要有更加严格、明确的活动要求。参赛学生要求衣着整洁,仪态端庄大方,举止自然、得体,体现朝气蓬勃的风貌;上下场致意,答谢。演讲时声音洪亮,口齿清晰,普通话标准,语速适当,表达流畅。讲究意境技巧,动作恰当,富有感情。演讲的故事内容紧扣主题,主题鲜明、深刻,格调积极向上,语言自然流畅,富有真情实感。

(2)不负春光好,与君共读书。在本阶段,为了能够让全员参与本次实践活动,同时选出更加符合要求的优秀的选手,学校安排在各班级内部进行海选。老师在此阶段以班级为单位,帮助学生进行故事准备,开展演讲比赛,并通过最终的评比选出一名优秀演讲者,这名学生必须符合活动规定的明确标准并且具备一定的讲述故事的能力和良好的语言表达能力，能够在完整地讲述故事的基础上吸引听众的注意力，激发起听众的好奇心，带领听众一起走进故事，了解经典。

（3）一处书香地，满城读书人。在前一阶段班级海选过程中选出的优秀者参与本阶段的校园决选。校园决赛在校园内举行，将面向社会，比赛期间"谁是故事大王·第四季"组委会将根据情况安排摄像师以及记者在现场进行采访报道。本次大赛进行期间，学校安排老师担任本次决赛的评委，从参赛的优秀学生中选出5名，参与深圳市的复赛，并在结束后提交复赛名单。

（4）经典永流传，故事不褪色。本次活动主题是"寻找故事大王"，在最终的决赛中，我们也发现了很多优秀的小朋友，他们具有极高的语文素养，能够生动地、清晰地、富有感情地讲述我们耳熟能详的经典故事，带领我们走进故事的世界，领略故事的精彩。本次活动具有深层次的意义，一方面能够培养学生的综合能力，养成爱好阅读的好习惯，最终实现全面发展；另一方面在于弘扬中华优秀传统文化。我们中华民族的文化有上下五千年的历史，很多的经典故事不仅仅是一个故事那么简单，其中蕴含了中华民族多年的精神、品质、饱经沧桑的历史以及民族崛起的震撼，而对于经典的延续和传承，还是要从学生做起。学生是祖国的未来，是民族的希望，更应当是中华民族文化的传承者、发扬者和创新者。

（三）总结反思

通过开展本次活动，学生收获了无数的经验和成长，主要有以下三点总结反思。

第一，我们要清楚认识到实践活动对于教学的重要意义，在当前的教育环境和教育理念下，唯有将综合性的实践活动融入教学的过程中，才能更好地实现德智体美劳全面发展的教学目标，才能更好地锻炼学生，提升学生的学科素质和综合素养，培养学生的各方面能力，促进学生的全面发展。因此，在之后的教学活动中，要更加集思广益，不断创新综合实践活动形式，丰富实践活动的内容，促进教育教学的完善和发展。

第二，综合性实践活动的一个最大的优势就是学生是活动的主体和核心，而教师则转变为指导者和引导者，这种转变打破了传统教育教师主导的局限，让学生有更多的时间、空间和机会去进行思考、实践和探究，使学生的能力更多地被开发、锻炼和培养，有助于学生的发展。

第三，阅读对于一个人的影响不是一时的，而是终身受益的，我们从书中得到的知识，会改变我们的思维、观点和看法，我们从书中能感受到的是千千万万个人的人生、社会百态以及世界的各个面向,在这个过程中,我们的思维不断地拓展,眼界不断地拓宽,我们看待事情的态度也会随之而变,这会让我们拥有一个更加开阔、美好的人生。而本次活动,在培养学生阅读兴趣的同时,也面向社会,影响更多人喜欢上阅读,从而提升全民的素质和文化水平,助力打造文化强国目标的实现。

五　"VIP"攀阅模式成效评估与推广

书,是人类共同的精神财富,是人类进步的阶梯。书,是哺育心灵的母乳,是启迪智慧的钥匙。阅读是人与书的亲密互动,是一场跨越时空的精神和生命之旅。坪山实验学校以新课标为支点,以阅读创新实践为杠杆,以校园场馆为据点,创建了"以点带面"的高品质"亮"阅读系列活动。

(一) 与时俱进,让阅读教学扎根

《全国青少年学生读书行动实施方案》提倡学校要"有针对性地组织丰富多彩、主题鲜明的读书月、读书周、读书节活动,着力打造富有吸引力、影响力的青少年学生读书品牌项目"。坪山实验学校与时俱进,创建了"VIP"攀阅模式,为学生搭建了更广阔的阅读舞台,为语文阅读教学提供了更多可开拓的路径。"主馆+群星"的"攀阅"空间为语文阅读教学创造了真实可感的教学情境,"推荐+自选"的"攀阅"目标以及"各段+全科"的"攀阅"策略支撑,为语文阅读教学目标在语文课堂中的落实提供了物质和精神支撑,"讲说+写画"的"攀阅"阶梯为语文教学提供了展示的舞台。以各个精品阅读活动为支点,找到语文阅读教学的突破口,构建切实可行、行之有效的整体阅读教学课程体系,实现语文教学中语言、思维、审美与文化的融会贯通,让阅读教学以一种创新的形式真正扎根在语文教育教学活动中。

(二) 以德树人,促学生能力发展

教育根本上是实现学生全面发展的活动,它从来都不应拘泥于某种固定的形式。坪山实验学校"以点带面"的阅读模式,始终从学生出发,在"立德树人"理念的指引下创新阅读活动形式,通过书写、创作、朗诵、演讲、辩论以及游园等系列活动,让学生接近阅读、感受阅读、主动阅读、深入阅读,让阅读融入学生的生活。学生在活动中仿佛一个"万能"的人,他不仅是小读者,还是小作家、小书法家、小演说家、小演员……阅读

在这种模式下成为学生的一种体验、一段经历。"行是知之始",学生在各个阶段的阅读活动中逐渐积累语言知识,获得语言审美,形成语文素养。书籍就像一双灵动的翅膀,学生通过阅读活动插上翅膀飞翔,找到了自己,也体悟到了生命的多彩。

(三) 以现实为鉴,助课程砥砺前行

学校创立至今,已结合实际开展了十三届麒麟读书节,经过不断的阅读实践探索,形成了"以点带面"、群星璀璨的阅读局面。当然,随着"互联网+"时代的到来,也意味着创新、推广阅读面临更新、更大的挑战。应通过何种形式将现有活动进行精简、整合,构建更有效、适用性范围更广的课程体系;应以怎样的方式和路径让精细化的阅读活动更长久地推行下去;应以怎样的方法让最新的信息技术与阅读活动、阅读教学相得益彰,这些都是时代洪流下,我们继续有效推行阅读模式和经验要解决的关键问题。参考其他城市地区的阅读推广经验,学校开展全局规划、按照层级精简活动,构建更专业、经典、系统的阅读活动体系,并且将管理的主体多元化,实现教学与阅读活动有效融合。

所谓"学海无涯",阅读学习应在脚踏实地的同时也仰望星空。坪山实验学校将用一路走来的科学经验武装自身,将反思所得化为利剑,勇敢踏上时代的阅读教学战场,积极投入"全民读书"的潮流之中,积极推动校园阅读建设,发挥学校场馆的资源优势,力图通过多系列的阅读活动让学生手捧经典、热爱阅读,让书香流淌心间、溢满校园,在"悦读"中闪耀着每位"麒麟少年"独一无二的光芒,汇成坪山实验学校求实奋进、守正创新的璀璨星空。

(撰稿人:深圳市坪山区坪山实验学校　于英宏　林柳东　周姗姗)

第三章

玫瑰书房： 用书香点燃阅读之光

　　"玫瑰书房"阅读模式通过创设馥郁芬芳的活动情境,建立阅读推广机制;通过创设芬芳弥漫的任务情境,促进阅读模式的运转;通过创设清香弥散的读写课程,巩固阅读模式成果;通过创设香气四溢的多媒体情境,更新阅读模式程序。在这里,玫瑰之美和阅读之香真实地融入师生的日常。

深圳市坪山区六联小学创建于 1958 年,至今已有 60 余年历史。学校以多层次的围合空间、空中连廊联系不同组团、半围合式的教学空间,营造出高效、集约的书院式校园。学校图书馆,一排排满满的书架,一本本优秀的书籍,犹如一朵朵芬芳的玫瑰散发着致远的书香,吸引着孩子们渴求知识的目光。

为了让心灵沐浴书香,为了鼓励全校师生以书为友,让读书活动成为日常习惯,学校结合深圳市坪山区阳光阅读"亮"课程的活动,形成"玫瑰书房:用书香点燃阅读之光"的阅读模式。

一 "玫瑰书房"的背景与意义

恰如玫瑰的留香,在读书活动中,你有一种思想,我有一种思想,彼此交流后我们就有了两种思想。一朵美丽的玫瑰改变了一个人的人生,这样美好的"玫瑰效应"发生在知识改变人生的每一瞬间。一本好书如一朵美丽的玫瑰带给学生芬芳,学生沐浴着书的芳香成长。

(一)源于课程改革,体现课改之香

部编版中小学语文教材总主编温儒敏先生提出:"激发和培养读书兴趣,是语文教学的'牛鼻子'。老师们使用新教材,要研究如何把'教读''自读'和'课外阅读'三者结合起来,融为一体,千方百计激发学生读书的兴趣"。新课程标准中重点强调"文化自信"这一核心素养的培养,提出"减负提质"在于倡导少做题,多读书,好读书,读好书。而指导小学生有效阅读的一个重要途径,就是将课外阅读课程化。我们六联小学紧跟课改的步伐,把阅读放在了语文教学的重要位置。我校"玫瑰书房:用书香点燃阅读之光"的阅读模式正是贯彻课改,让校园散发"玫瑰书香"的重要举措。

（二）源于六联理念，散发幸福之香

六联小学坚持"推动幸福教育为核心，实现师生共同幸福发展"的办学思路以及"以人为本、互联共融、幸福成长、和谐发展"的办学理念，引导师生成为幸福快乐的人。因此，"玫瑰书房：用书香点燃阅读之光"的阅读模式，就成了学校落实"做幸福快乐的人"教育理念的重要手段之一。以提高教育质量为导向，六联小学在全面实施素质教育的同时，特别重视书香校园的建设。学校以图书馆作为阅读主基地，以班级图书角为副基地，打造书香校园、书香班级，塑造内涵丰富、特色鲜明的校园文化，让学生在充满书香的校园里享受阅读，在愉快的阅读中获得幸福感。

（三）源于六联特色，展现特色之香

六联小学坚持"特色立校"的基本策略，重视对学校品牌的打造。六联小学从2007年10月开始就借深圳读书月的东风，全面开展了创建"书香校园"的系列活动，如：每周星期五定为"阅读日"，采用"持续默读"的方法开展阅读活动；开展"一本换百本"的图书漂流式阅读活动；开展"阅读之星满校园"读书交流活动；开展"师生同读一本书""与父母共读一本好书"活动；开展"阅读小学士、阅读小硕士、阅读小博士"读书笔记评比活动；开展寒暑假读书笔记竞赛；举办读书推荐卡、编写读书文摘手抄报以及个性化书签设计的比赛等，六联小学也因此被评为深圳市"书香校园"。

二 "玫瑰书房"的实践操作

六联小学以玫瑰书房为平台，通过创设馥郁芬芳的活动情境，建立阅读推广机制；通过创设芬芳弥漫的任务情境，促进阅读模式的运转；通过创设清香弥散的读写课程，巩固阅读模式成果；通过创设香气四溢的多媒体情境，更新阅读模式程序。孩子们在玫瑰书房中感受着阅读的乐趣和知识的芬芳，玫瑰之美和阅读之香真实地融入师生的日常。

（一）创设馥郁芬芳的活动情境

在玫瑰书房中，六联小学通过创设馥郁芬芳的活动情境让阅读变得更有趣，学生在浸入式的活动情境中感受"玫瑰书香"，在熏陶中"腹有诗书气自华"。

设立阅读日和阅读月。学校设定每周五为全校阅读日，学生在这一天，利用早读和第六节阅读课时间,或静心阅读,或以班级(年级)为单位开展读书活动。同时每个年级设立阅读月,掀起读书的热潮,养成博览群书的好习惯,使学校上下充满浓浓的"玫瑰书香"之气,营造良好的校园文化氛围。

举办文学节。为使学生关注经典文学作品,从中形成自己的思考,巩固学习文学作品的方法,并探索适合自己的文学学习方法,六联小学每年于4月举办文学节,组织文学经典共读,进行文学书籍交换,丰富各班藏书量,评选优秀文学经典主题手抄报、读后感,引导老师、学生一同参与读书活动,营造良好的读书氛围,推动书香学校、书香班级的建设。

作家进校园。通过开展作家进校园活动,树立文学榜样,激发师生读书兴趣。如曾邀请儿童文学作家"刷刷老师"来学校举办讲座《给孤独一个爱的拥抱》,并举办了为期3—5天的书展阅读活动,学生表现出极大热情。

以赛促读。为在课堂之外落实"玫瑰书房"阅读模式,学校组织了"六联好声音"讲故事比赛、"六联演说家"演讲比赛。同时在区教科研中心的要求和指导下,开展"漫步诗园"诗配画比赛、主题阅读比赛、"故事大王"学生讲故事比赛、朗读比赛等富有趣味性的阅读比赛。

(二) 创设芬芳弥漫的任务情境

新课标提出课程内容以"学习任务群"的形式组织与呈现,倡导设计语文学习任务要围绕特定学习主题,确定具有内在逻辑关联的语文实践活动。同样,在阅读教学中,学校依据维果斯基的"最近发展区"理念,为"玫瑰种子"——学生创设最近发展区生长空间,设计芬芳弥漫的任务情境。

任务情境包括要求学生每周背熟一首诗(词),坚持诵读新课标中推荐的古诗文经典诵读内容,低年段学生能背诵30首以上,默写10首;中年段学生能背诵50首以上,默写20首;高年段学生能背诵70首以上,默写30首。班干部利用每天课前组织学生朗读,在不知不觉中熟读成诵。并为每个年级制定推荐书目清单,提供一定的具体阅读要求,低年级一学期课外阅读不少于20本,中年级不少于40本,高年级则不少于40本。学生做好"读书记录",积极撰写读书心得,争取在各级刊物发表。在多层次的任务情境中,"玫瑰种子"们自由生长,触碰自己的"最近发展区",让书香内化为自己的馥郁芳香。

（三）创设清香弥散的课程情境

课程是学生发展最重要的滋养。坪山区品质课程建设系列政策文件为六联小学创设阅读特色课程提供了广阔的时空环境。"玫瑰书房"大有乾坤，踏入这个清香弥散的课程情境，你将看到六联小学组织语文科组开发"书海拾贝""快乐朗诵家""做最棒的自己""快乐研旅新坪山"等一系列具有学校特色，并有清晰理念和逻辑的校本课程，满足学生多样化需求，唤醒学生的生命活力，激发学生的无限潜能。

如《书海拾贝》是我校"教育质量提升三年行动工程"中打造的具有针对性的语文主题阅读课程。《书海拾贝》校本课程重在阅读的读前引导、读中指导、读后评价。在课程中，分别设定了以学生和家庭为阅读主体的评价方案，通过各项评价指标，明确学生的读书数量。在数量指标之上，同时明确学生需要掌握和运用的程度。这样，教师在面对庞大的学生群体时，将更有效地把握学生阅读情况，及时调整阅读指导方案。

再如《快乐研旅新坪山》是涉及语文、综合实践、美术、道法、地理等多门学科的跨学科融合课程。此课程以"教育无围墙，学习无边界"为基本设计理念，充分发挥跨学科思维，把培养和提升学生的综合素养作为重要课程目标。课程设计分为"研学笔记""旅行随想""景点评价"等六大板块，从自然景观、人文景观及历史景观三大方面为学生提供研旅参考，真正落实"读万卷书，行万里路"的思想理念。

（四）创设香气四溢的多媒体情境

犹如培育玫瑰种子撒播的肥料，创设香气四溢的多媒体情境，适时适度地借助多媒体设计阅读情境，能激发学生新的阅读增长点，能为学生提供鲜活的阅读和交流平台，使他们深入了解语文的魅力和多样性。

六联小学藏书73 775册，现已创建智慧图书馆、校园书吧、班级图书角等智慧型特色阅读空间。校园电子屏幕每天更新读书格言，并在校园网站上创建"玫瑰书香乐园"网页，引入优质阅读资源，构建多元化读书网络，让学生随时随地畅游书海。

"一米阅读"APP线上主题阅读。我校引进"语文主题学习"系列课程，结合《语文主题学习丛书》和"一米阅读"APP开展"整本书"阅读和主题阅读模式。在教师指导下，学生可以选择纸质书《语文主题学习丛书》，也可以选择"一米阅读"APP中的电子书拓展阅读量，深化、量化课外阅读，通过游戏闯关、思维导图与同学进行开放性讨论。

"听见时代"APP助力学生听读。借助"听见时代"APP和智能音箱为学生的反复听读提供内容和渠道。在阅读方面，充分利用"听见时代"APP上"中华吟诵""中外名著""经典诗文"等八大基本模块和"成语故事""漫步唐诗""科学故事"等特色模块进行周(月)听书计划和碎片时间熏听,与纸质阅读形成互补。

"悦叮网"线上海量阅读。"悦叮网"通过读一本好书、写一篇优秀读后感、请一批名家进校园、建设一批特色阅读空间、打造一批书香校园等系列线上读书活动搭建"互联网+"新形态阅读方式。各班语文老师组织学生登录悦叮网开展分级阅读、阅读测评与指导、经典美文诵读写、名校长推荐阅读、中小学生最喜爱阅读图书线上评选等线上线下结合的读书活动。

六联小学玫瑰书房的实践建立了完整的阅读机制。在馥郁芬芳的活动情境中,孩子们开始了阅读之旅,通过创设芬芳弥漫的任务情境,他们更加深入地了解了阅读模式的运转,并在清香弥散的读写课程中巩固了阅读模式的成果。同时,通过创设香气四溢的多媒体情境,孩子们的阅读模式也得到了更新。玫瑰之美和阅读之香真实地融入进师生的日常,让阅读成为生活的一部分,更内化为"玫瑰种子"们自己的香气。

三 "玫瑰书房"的实践案例

2022年,时值4·23世界读书日,为引导和鼓励学生走进图书馆,与书为友,六联小学语文科组在3月10日至4月30日举办了以"玫瑰书房·浸润书香"为主题的阳光阅读月系列活动,每个年级自主设计子主题进行个性化阅读活动。本文以四年级阅读活动为案例进行成果展示。

四年级阅读活动的子主题是"玫瑰书房·好书伴成长"。活动目的有三:一是营造良好的读书氛围,多渠道引导四年级学生多读书、读好书,有效提升学生的文化素质;二是为四年级学生搭建一个读书、感悟、交流的互动平台,让学生以各种形式表达自己的读书见解,促进同学们相互学习;三是以"读书月"活动为载体掀起读书的热潮,养成博览群书的好习惯,使学校上下散发浓浓的书香之气,启动阅读的"玫瑰效应",让一本书点燃阅读之光,让"玫瑰种子"向阳而生。

活动的实施分为启动、实施、总结展示3个阶段。在下文中实施与总结展示将结合在一起进行阐述。

(一) 启动阶段,开启玫瑰书房

玫瑰书房门扉开启,各项安排有条不紊。学校教务处下发开展读书月的通知,组织开展广泛的阅读活动,四年级备课组根据实际情况和通知要求,组织学生参与读书月活动;科信办在学校大屏幕轮播宣传视频,拍摄活动现场的精彩瞬间;后勤处布置横幅、海报,让宣传标语点缀校园;四年级各班语文老师通知、动员学生,布置主题黑板报和美化教室图书角。

(二) 实施与总结展示,熏染玫瑰书香

这一阶段共有 5 个阅读活动情境,具体如下。

活动一:"书海拾贝"师生共读活动。四年级将活动场地设在学校一楼书吧和阅读室,老师们提前组织学生布置展板、标语,准备好共读的书籍。学生采取讲演、表演、朗诵等形式介绍共读内容。组织形式既可以是小组汇报也可以是个人展示,不少小组还邀请了老师加入"战队",活动现场热闹非凡。

根据汇报人数、组团方式,具体的活动步骤包含以下五个方面:选择一人单独展示(每人控制在 2 分钟以内),该生需要说清楚书籍题目、作者、出版社,分享形式可以是情景表演或朗诵印象深刻的句子,并分享原因;选择二人组展示(每人控制在 4 分钟以内),那么两位同学需要说清楚书籍题目、作者、出版社,分享形式可以采取情景表演或朗读;选择四人组展示(每组控制在 4 分钟以内),主要发言人介绍书籍题目、作者、出版社,分享形式则为 1 人分享原因,2 人朗读;选择七人组展示(每组控制在 5 分钟以内),主要发言人介绍书籍题目、作者、出版社,分享形式采取 1 人分享原因,其余人朗读或情景表演。最后,根据同学们的推荐和分享,组与组之间、老师与学生之间互换书籍阅读。玫瑰学子蓓蕾初开,多种多样的表演形式以及组团分享的方式让学生的天性得到释放,一场阅读活动燃起了孩子们的阅读热情。

活动二:"作家进校园"讲座活动。本次讲座主题是"给孤独一个爱的拥抱"。活动开始之前,我们提前将签售作品摆放到活动现场,使得活动过程中刷刷老师与学生的互动能够顺利进行,为孩子们争取到了更多与作家面对面交流的时间。活动伊始,主持人介绍了刷刷老师的背景及作品内容,学生对作家有了初步认识后更加激发了学生对作家创作历程的好奇心。活动时间为 1 小时左右,其中刷刷老师讲座内容为 30 分钟,与师生提问互动 15 分钟,现场签售 10 分钟,合照留影 5 分钟。

讲座结束后,四年级举办了为期 5 天的书展阅读活动,将读书热推向高潮。在图书馆、走廊边、草坪上……我们看到了孩子们捧着书,或一人品书香,或三五成群趣谈收获,阅读的"玫瑰效应"让每个孩子变得更加美好。作家进校园,不仅仅是一次阅读

的宣传推广，更是一个循循善诱的过程，启发孩子们对阅读产生兴趣，在交谈分享中感受到阅读之美。

活动三："爱阅读，爱分享"读书交流活动。学生在教室或在家里进行阅读与分享活动，让阅读随时随处发生。学生在早读课或课前三分钟上创造性地复述读书内容、分享阅读感受，有的孩子采取了演读的方式，有的孩子倾向于辩论的形式……在家里，有的孩子把故事讲给大人听，有的孩子邀请大人和自己一起读，有的孩子创建了自己的读书频道……"玫瑰种子"们各有各的绽放方式。"爱阅读，爱分享"读书交流活动是接地气的，是融入生活中的，是串联家与校的藤蔓。

活动四："阅读之星"评比活动。为培养学生的阅读素养，指导学生习得有效阅读的方式方法，并且养成写读书笔记的好习惯，学校每学期都开展"阅读之星"评比活动。学生每周定期完成读书笔记，每学期评比两次，每次评出校级阅读小博士1名，阅读小硕士2名，阅读小学士3名，并将优秀读书笔记进行展览。每学期的"阅读之星"评选活动都会成为学校的重磅头条，学生们热烈讨论、大胆竞猜，相互举荐或毛遂自荐。读书笔记展板前挤满了学生，三五成群评论着上榜的是哪个班的、谁的笔记写得多又好、谁的字好看，到处是玫瑰学子争奇斗艳的热闹场景！

活动五："朗读者"展示活动。为丰富深圳读书月、坪山区校园文学节内涵，推进"玫瑰书房·好书伴成长"主题活动，四年级组织了"朗读者"展示活动。活动以弘扬优秀传统文化、传递正能量为主旨，朗读内容要求是中华优秀经典诗词作品，学生以诵读的方式演绎，每人不超过五分钟。一场活动便是一次成长的拔节，六联"玫瑰种子"们化身"朗读者"，用诵读传承文化，用声音表达自我。

四 "玫瑰书房"的实践成效

1. 玫瑰种子，启迪智慧之香

六联"玫瑰种子"们在"玫瑰书房"阅读模式中收获了广泛的知识，培养了阅读的兴趣爱好，具备了良好的阅读习惯和思维能力。他们乐于探索，勇于创新，全面发展，在竞赛中勇展六联"玫瑰种子"的风采，如在深圳市校园十佳文学少年评选、深圳市深港澳中小学生读书随笔征文和深圳读书月"经典诗词进校园"比赛等各类型活动中，均有同学获得一、二等奖的好成绩；多位同学的文章在《红树林·都市少儿》杂志上发表。此外，学生也做起了小小"科研员"，他们申报深圳市中小学生探究性课题16个，约160

人次参与研究,主题涉及孩子们对六联小学"阅读日"、网络微作文写作、新建坪山图书馆对亲子关系影响的调查,也有对汉字对称性和家务能力的项目研究,获得领导和家长的一致好评。

"玫瑰种子"苗壮成长,六联学子根据个人兴趣自由选择"书海拾贝""每日一练""快乐朗诵家""做最棒的自己""快乐研旅新坪山"等具有学校特色的校本课程,满足孩子们的多样化需求,唤醒成长活力,激发学生的无限潜能。

2. 玫瑰教师,绽放科研之芳

科研引领是语文教师进行专业成长的有效路径,也是推动"玫瑰书房"研究不断深化的动力。近五年,我校语文教师参与校级课题 11 个、区级课题 7 个、市级课题 1 个,涉及 108 人次。主题涉及提升教师专业素养、"厚朴(hope & help)"课堂教学模式研究、无围墙校本课程建设、网络作文写作与教学、训练口语交际能力、思维导图、表演式阅读教学法等。通过课题研究,教师的课程开发意识与能力也得到很大提升,并尝试开发一系列校本课程。其中"网络习作""书海拾贝"获坪山区校本类课程一等奖。"学生综合素养评价改革案例——以校本课程'快乐研旅新坪山'的开发与实施为例"获"坪山区中小学教育教学评价改革案例"评比二等奖,阅读素养和科研能力提升实现了相辅相成。

3. 玫瑰校园,彰显特色之美

"玫瑰书房"作为校园的核心阅读模式,为学生提供了良好的学习环境和资源,整个校园充满着活力和创造力,彰显出办学特色和教育品质。在第十二届广东省中小学"暑假读一本好书"活动中,学校荣获深圳市优秀组织单位;在第五届深圳教育改革创新评选中,学校被评为"深圳市年度阅读典范学校"。六联小学藏书 73 775 册,丰富的藏书让每个孩子都能染一身"玫瑰书香",校园内积极营造严肃活泼的阅读氛围,积极探索在信息化时代下的阅读习惯和阅读方式,努力创建"玫瑰书香·阳光阅读校园",让阅读成为师生最日常的生活方式,注重培养学生的人文素养。通过开设师生共读课,积极创设浓郁的阅读氛围;开展多彩的主题阅读活动,努力推动书香校园的不断发展;开展作家进校园、古诗考级、读书小神童竞赛等活动,激发学生阅读的兴趣。明确各年段学生的阅读量,保证了充足的阅读时间,逐步形成了富有特色的课外读书活动机制。

"玫瑰效应"不止于此。在阅读的基础上,学校深入开展校本课程活动,拼贴画、尤克里里弹唱、小小朗诵家等校本课程深受学生的好评。在 2019—2022 学年,在各类竞赛中获奖的学生达数百人次。我校六（1）中队荣获 2018—2019 年度"广东省少先队先进中队"称号，六联小学少先队大队荣获 2018—2019 年度"深圳市少先队红旗大队"。谭同学的"小学生睡眠状况调查研究——以深圳坪山六联小学为例"团队研究项目在 2019 年 12 月深圳市中小学生探究性课题优秀成果奖评选活动中获一等奖。罗同学、谭同学等的学生小课题在 2021 年获得市级二等奖。董同学撰写的文章《保护动物爱护家园》在 2019 年《红树林·都市少儿》第 7—8 期上发表。王同学、官同学等在 2021 年广东省"暑假读一本好书"征文大赛中获得二、三等奖的好成绩。赖同学、曹同学等在 2022 年深港澳中小学生读书随笔征文活动中获得市级二、三等奖。各级各类奖项不胜枚举，我们看到六联"玫瑰种子"们个性发展，向阳而生，茁壮成长。

走进玫瑰书房，拥抱文字的力量。六联小学"玫瑰书房"阅读模式的实践，不仅为孩子们创造了更加美好的阅读环境，提高了孩子们的阅读能力，更让他们在阅读中获得了更多的乐趣和启发，阅读之芬芳将永远弥漫在孩子们的生活中。愿每个六联"玫瑰种子"都能在这里开启智慧之门，绽放自己的光芒；愿每一个玫瑰教师都能在这里不断成长，为学生们点亮前行的道路。

（撰稿人：深圳市坪山区六联小学　陈少青　郭丽萌　刘秀玲）

第四章

诗词大会：最是书香能致远

坪山中心小学秉承"幸福起点，美好回忆"的办学理念，重视书香建设，以诗词大会深化学生对中华优秀传统文化的认识与热爱，赏中华诗词，寻文化基因，品生活之美。以诗词竞赛的形式，鼓励学生习诗诵文，养才情，展才气，以诗为媒，以词为桥，传承千年文化之精髓。

深圳市坪山区坪山中心小学创办于 1917 年,是深圳市最早的省一级学校之一,也是著名的东江纵队司令员曾生将军的母校。许多老一辈坪山人都曾在这接受启蒙教育,以此为起点,走向五湖四海。百年长河中,学校一步一个脚印踏实前行,在历史的沙滩上留下了一个又一个鲜活的足迹,积淀了丰厚的文化底蕴,树立了良好的办学声誉。学校以"儒者气度,少年精神"的教风引领教师发展,培养"身心健、品行美、学能智"的坪小学子。

诗词大会是学校读书节系列活动之一,诗书自有雅正意,阅文阅心方致远。学校通过诗词大会带动我校更多的学生去品析诗词之美,重温经典文化,领略中华诗词的文化精髓。而学生在背诵诗歌的过程中,理解诗歌的内涵、作者的情感和思想,以及诗歌的写作技巧等,潜移默化中提高了学生的阅读能力。

一 诗词大会的背景与意义

我校长期以来极为重视书香学风的建设。为进一步激发学生读书热情,使师生养成多读书、读好书、会读书的习惯,引导学生产生学习、积累古诗词的兴趣,更新知识,发展智力,开阔视野,弘扬我国民族文化,提高学生欣赏品位、审美情趣,特此开展诗词大会。

(一)社会背景

中华优秀传统文化积淀着中华民族最深沉的精神追求,代表着中华民族独特的精神标识,而古诗词就是中华优秀传统文化的重要组成部分。因此,通过古诗词进一步把中华民族优秀文化基因和红色基因植入青少年儿童的心田便显得尤为重要,我校遵从中华优秀传统文化和革命传统进中小学课程教材的基本原则、总体目标、主要内容、载体形式、学段和学科要求等,作了统筹设计和科学安排,强调素养导向、系统规划和全科覆盖。《义务教育课程方案和课程标准(2022 年版)》(以下简称新课标)已开始实施,值得注意的是,相较以往,新课标以核心素养为导向,凸显中华优秀传统文化教育在所有学科学习中的重要作用。语文新课标提出:"激发和培养学生热爱祖国语文的思想感情,引导学生语言积累。"这要求学校从古代的优秀传统文化,到社会主义先进文化,不断引导学生感受中华文化的博大精深以及民族自信。

(二) 文化背景

诗词是中国从古至今流传万代的文学艺术,也是流淌在中国人血液里的文化基因。作为"广东省诗歌教育示范学校""广东省书香校园",我校非常重视中国的传统文化,力求让学生在学习语文知识的同时,也要欣赏诗词这一中华文化之瑰宝。为此,我们学校每年都会举办意义非凡的诗词大会,来带领同学们感受诗词的魅力。学习诗词不仅能陶冶人的情操、丰富人的精神世界,同时还能学到很多有关历史、地理及文化方面的各类知识,让学生终身受益无穷。

(三) 意义非凡

诗词是文学宝库中的瑰宝,是语言的精华,是智慧的结晶。诗词大会以"赏中华诗词、寻文化基因、品生活之美"为基本宗旨,力求通过对诗词知识的比拼及赏析,带动全校学生重温那些曾经学过的古诗词,分享诗词之美,感受诗词之趣,从古人的智慧和情怀中汲取营养,涵养心灵。学校希望通过活动丰富学生的课余生活,促进学校的学风建设;增强同学们的文学知识;活跃学校的中国经典文化气氛,提高同学们的人文素养,推进学生们的语文素质,也为爱好古诗的孩子们提供一个展示自己能力的平台。在此基础上,进一步在全校形成一种富有诗词浪漫氛围的学习环境,增强学生对中国传统文学形式的了解、认知,令其积极主动地学习中国传统文学知识,引导同学们全面发展,不断提升自己。此外,学生参加诗词大会还可以增强语言文字能力和提高审美水平,并且在学习和欣赏不同类型的诗歌和文学作品的过程中还可以发现自己的兴趣和爱好所在。与此同时,诗词大会也为学生展示才华和创意提供了平台。

二 诗词大会的实践操作

诗词是中华文化中的一颗璀璨的明珠,是五千年中华文明的积淀,代代吟诵,源远流长。学校通过诗词大闯关、诗词大会等活动引导学生积累诗词,进而让学生在诗词海洋中感受中华文化的博大精深,增强民族自信。

(一)诗词大闯关活动,引导学生积累诗词

在诗词大会活动前期,语文教师借助"诗词大王来闯关"闯关卡,开展诗词大闯关活动,引导学生积累诗词。具体操作为:学校设计制作了精美的诗词闯关卡发放给每一位学生,闯关内容皆来自《小学生必背古诗75首》《小学生喜欢的80首诗》,分为7关,古诗背诵难度以及古诗数量逐级递升。关卡中的每一首诗设置星级评价,具体为:基本能背诵,一颗星;能背诵,二颗星;熟练背诵,三颗星。每班语文教师利用诗词闯关卡组织班级学生在班级内开展诗词大闯关活动,引导学生积极背诵诗词,然后到指定的诗词背诵考查员处挑战,挑战成功者获得相应的奖励。

诗词大闯关活动具有挑战性、趣味性,激发了学生背诵诗词的热情,提升了学生诗词积累量,使诗词之风吹遍校园各个角落,也吹进了学生的心田。

(二)诗词大会活动,在比拼中展示诗词积累成果

通过诗词大闯关活动,全体学生的诗词积累量都有所增加,诗词积累量丰富的学生也涌现了出来。进入读书月,学校进一步开展诗词大会活动,在比拼中展示诗词积累成果,进一步激励学生积累诗词,也让学生在活动中感受诗词之美。

学校诗词大会分为年级团体竞赛、年级个人竞赛、全校个人总决赛三项赛事。

第一项是年级团体竞赛,分年级举行,各年级各班派出代表参与年级场比拼,赛事比拼分四轮:必答题、抢答题、"粉丝团"抢答题、选答题,最后按得分评出一、二、三等奖。

团体赛操作细则如下。

(1)题型数量与分数:必答题每班5题,每题10分,各班要回答的题号由赛前抽签决定。抢答题共25题,每题10分。"粉丝团"抢答题共20题(简单题,难度不会太大),每题10分。选答题(可选可不选)有三个分值:20分题共N题、30分题共N题、40分题共N题(N表示班级个数),每个分值的题目每班最多有一次选择机会,也可不选(也就是20分题每班可选一题也可不选,30分、40分题同理)。

(2)计分办法:各班初始分为100分。必答题,回答正确加10分,回答错误不得分也不扣分;抢答题,回答正确加10分,回答错误扣10分,未能按时答题扣10分;"粉

丝团"抢答题的分值算法和班级抢答题的算法一样,每班派一位"粉丝团"代表到台上按抢答器,按到后则由本班"粉丝团"举手发言,进行回答,如回答错误将扣 10 分,未能按时答题扣 10 分。如本班"粉丝团"学生按到抢答器后未能回答出问题则重新继续抢答。选答题答对则得相应的分数,答错则扣相应的分数。

(3) 场外求助规则:当各班答题团在回答必答题和选答题时(抢答题除外)可向班上的"粉丝团"求助,求助机会每班仅限 2 次。每次求助时间不得超过 60 秒,超时答题无效。

第二项是年级个人竞赛,各班派出在诗词闯关活动中表现优异的一名学生参与年级比拼,赛事比拼分三轮:必答题、飞花令、抢答题,最后按得分评出一、二、三等奖。

个人竞赛操作细则如下。

(1) 选派年级代表 2—3 人担任记分员,为比赛选手打分。

(2) 比赛分三个环节,以必答题、飞花令、抢答题的形式呈现。每位选手初始分为 100 分。① 选择题:每位选手 2 题,回答正确加 10 分,回答错误不扣分。② 飞花令:每位选手 1 题,限时 1 分钟,回答正确加 50 分,回答错误不扣分。③ 抢答题:共 10 道,回答正确加 10 分,回答错误扣 10 分,未能按时答题扣 10 分。

第三项是全校个人总决赛,各年级个人比拼赛第一名参与全校个人总决赛,采取晋级赛制,每环节淘汰选手。赛事比拼分三个环节:第一环节为必答题和飞花令,第二环节为抢答题,第三个环节为冠亚军角逐赛,最后按得分评出优秀选手、诗词大王冠亚季军。

全校总决赛操作细则如下。第一环节是必答题和飞花令,每题限时 30 秒,必答题答对加 30 分,答错不扣分;飞花令两两对决,赢的一方加 50 分,这个环节分数较高的 5 位选手晋级下一轮。第二环节是 10 道抢答题;当主持人读完题目后,再抢答,答对加 10 分,答错扣 10 分,分数较高的两位选手,晋级第三轮,分数排名第三位的选手获季军。第三个环节是冠亚军角逐赛,在规定时间内,随机挑选诗题,完整背诵相应古诗更多的选手胜出。

(三) 构建课程体系,挖掘文化内涵,助力诗词大会

诗词大会以活动为抓手,在特定时间段内激活全校学生诵诗背诗的兴趣与动力,全校学生的诗词积累量都得到了提升,竞赛中的题目也引导学生更深入地品味诗词。为了帮助学生更好地挖掘诗词的文化内涵,学校在构建校本课程体系时,开设诗社课

程,旨在通过诗歌教育引导学生修身立德,传承中华优秀传统文化。学生们通过诗社课程的学习,不仅爱上了诗歌,还掌握了古诗词吟诵和创作的方法,让诗歌真正融入了自己的生活,走进了自己的内心。

诗社课上,为了更好地激发学生读诗,诵诗的兴趣,让诗歌教学的每一个环节都能令学生感受到诗歌应有的灵动与诗意,课程教师进行了诗歌教学策略的探索与实践。此外,老师们还开展课题研究,刘丰怡老师主持的"小学语文中段古诗词群文阅读教学策略研究"在区级专项课题中立项,并已结题。诸多课题的研究促进了教师们对古诗教学的专业成长。

学校也用心用情挖掘诗教传统文化,通过诗教培育有道德情操的学生。基于强化学生社会主义核心价值观教育的目标定位,学校在诗教中将其育人功能放在首要位置,始终注重对诗歌诗词中蕴含的中华优秀传统文化和哲理的挖掘,选准诗教育人切入点和重点,注意对不同学段的层次安排和内在贯通,使之既符合学生的身心特点、认知规律,又有利于核心价值观的落细、落实。学校始终注重以经典养德,塑造学生健全人格。比如通过"谁知盘中餐,粒粒皆辛苦",教育低年学生爱惜粮食;用"黑发不知勤学早,白首方悔读书迟",启发学生重视当下学习;用"千磨万击还坚劲,任尔东西南北风",教育中高年级学生要立场坚定、品格坚毅;用"人生自古谁无死,留取丹心照汗青"激发学生立报国之志,树爱国情怀;用"自信人生二百年,会当水击三千里"激励学生有勇于拼搏的壮志豪情。通过长期坚持不懈地教育熏陶,助推学生成为有道德情怀的时代新人。

三　诗词大会的实践案例

我校自 2019 年起开始组织举办诗词大会,现已举办到第四届,每一届诗词大会都在总结前届经验的基础上不断完善。诗词大会增强了学生对中国传统文学形式的了解、认知,令其积极主动地学习中国传统文学知识,引导同学们全面发展。一场诗词大会分以下三个阶段。

(一)第一阶段:前期准备,多点宣传以下几项工作。

(1)出题组工作。诗词大会前一个月,由各年级备课组长组成的出题组负责设计竞赛需要的各类题目,要求题目质量高,题目难度适中。题目内容比例为:《小学生必背古诗 70 首》占 50%;《小学生喜欢的 80 首诗》占 10%;已学的课本诗词占 20%;诗歌常识(如作者信息、创作背景、思想情感、诗歌出处等)占 20%。题目类型分为选择题(可单选或多选)、问答题、填空题、判断题、背诵古诗,具体内容包括"点字成诗""解字""解句""解篇""飞花令""古诗填空""古诗连线""吟诗作对""说修辞"等。其后制作课件,课件的设计逻辑是每道题等学生回答完之后都要出示答案,第一部分必答题要以每班一题的形式来轮流回答,忌让一个班一下子回答五道必答题,而让其他班级等待时间过长,从而影响活动气氛。

(2)抽签定序。各年级组提前抽签,抽签号即为班级答题号和答题台号,例如六(1)班抽中 5 号签,那么六(1)就答必答题的 5 号题,六(1)班也就站在 5 号答题台。以此类推,抽签号也是个人竞赛中每班学生的序号。

(3)多点宣传。诗词大会前一个月,学校通过广播站播放诗词大会活动宣传稿,并在多处张贴诗词大会海报等宣传方式,营造浓厚的活动氛围。

(二)第二阶段:活动阶段,诗词比拼。具体包括以下几个注意事项。

(1)活动时长。诗词大会活动时长为三天,每年级场半天。

(2)竞赛项目。活动共分为三项:团体竞赛以班级为单位,年级内进行评比;个人竞赛由每班选派一名代表,年级内进行评比;校级个人总决赛由三至六年级个人赛的冠亚季军进行角逐。

(3)详细的竞赛规则可见前文。

(三)第三阶段:评比表彰,总结反思。激烈的比拼尘埃落定,选手们一路披荆斩棘,战果累累。学校举行颁奖仪式,激励获奖选手与获奖班级,也鼓励全体学生继续积累诗词,争做下一个诗词大王。每届诗词大会后,语文科组也会集中反思活动过程中出现的问题,找出解决方法,以便在下一届诗词大会改进。

雅言传承文明,经典浸润人生。悠悠五千年,创造出了"大漠孤烟直,长河落日圆"的壮观景象,培养出了"人生自古谁无死,留取丹心照汗青"的爱国之心。几千年的经典文化,朗朗上口,意味深长。第四届诗词大会带动我校更多的学生去品析诗词之美,重温经典文化,领略中华诗词的文化精髓,弘扬了中华优秀传统文化。

四　诗词大会的评价与成效

流云墨色,诗韵绵长。学校诗词大会注重文化交流、传承,通过游戏、竞赛的形式,调动学生诵读诗书的兴趣,弘扬中华优秀传统文化,提升学生文学修养,丰富审美体悟,让学生自信展翅、才情盛开,同时也丰富校园文化生活,打造诗书校园,以书香、诗韵浸润童心,启迪智慧。

(一) 诗词大会的评价

学校鼓励学生进行诗书诵读与积累,强调对学生学习活动的评价。学校注重评价主体多元化,学生本人、同学、家长、教师都可以成为评价的主体,促成学生自评、师生点评、生生互评、家校共评等评价形式;学校提倡评价方式多样化,注重过程性评价,每个学生可以找老师、同学、家长背诵古诗,并让这些评价主体对他进行星级评价。除此类传统的等级、评语评价之外,学校还以成果分享、作品展览等方式进行评价,如一年一度的诗词大会以游戏的形式进行公开性评价,它也是学生最喜爱的活动,受到了家长的一致好评;学校还讲究评价手段灵活化,充分考虑学生的差异性,通过不同层面的评价方式来激励学生,发挥优势,全面发展。

学校在注重评价主体多元化、评价方式多样化、评价手段灵活化的同时,鼓励学生以活动感言的形式,形成自我评价。

蝉联两届校园诗词大会冠军的李同学说:"我从小就喜欢中国传统文化,喜欢写硬笔书法和背诵古诗词。最开始妈妈要我背诵《三字经》《千字文》和《笠翁对韵》。进入小学后,刚好坪小在举行'必背古诗七十首'活动,我每周都去语文老师那里背诵三首到五首古诗。我背古诗的时候首先会了解诗人所处的朝代、时代背景,以及诗人的性格和人生经历,并把这些内容以图文形式做成笔记,接着再了解这首古诗的意思后才进行背诵。古诗词为我打开了一扇大门,在这里我认识了诗仙李白、诗圣杜甫、诗魔白居易、诗佛王维、诗鬼李贺和诗豪刘禹锡,还有初唐四杰、唐宋八大家等。他们不仅非常有才华,而且都是很有趣的人。我最喜欢的诗人是刘禹锡,我非常欣赏他乐观和豁达的人生态度,他是我遇到困难挫折时的榜样。"

2023年度坪山区诗词大会冠军耿同学说:"在今年3月初的时候,老师就告诉我们马上要举办校园诗词大会,这是我期待已久的比赛。自从去年看了高年级同学的精彩对决后,我便暗下决心,今年的诗词大会我一定要参加。所以,我的目标和步骤是:第一步要通过班级海选;第二步通过年级选拔;第三步参加总决赛。于是,我每天利用睡觉前30分钟背诵并复习3首诗,上学路上、放学路上,爸爸会对我咋天背的诗进行抽查、提问。经过充分的准备,5月4日我终于顺利通过班级和年级选拔,进入学校的总决赛。准备决赛时,我除了吃饭睡觉外都在背古诗,脑子里几乎全是'飞花令'。苦心人，天不负，我最终获得了学校总决赛的第三名。可是我并不满足，打算好好准备，明年再来。正巧，暑假里有坪山区的诗词大会，我毫不犹豫地报名了，之前为校级比赛作的准备，这次全派上用场了，经过多轮比拼，我最终获得了坪山区诗词大赛的冠军，这太让我激动了，我还会继续努力的。"

（二）诗词大会的成效

近几年，我校以诗词大会为契机，坚持"以诗育人，阅读点亮生活"的理念，在全校开展诗歌诵读活动，让学生在品味诗歌中提升文化素养，在创作诗歌中书写童心童趣。最是书香能致远，诗歌的传诵以及文化的熏陶，对学生、老师、学校发展都产生了积极且深远的影响。

1. 学生发展

"随风潜入夜，润物细无声。"在中华传统诗文的熏陶下，学生耳濡目染，深切地感受到了中华文化的魅力。以诗会友，以诗达意，学生开始在交流中借用诗句，在创作中运用诗句，在生活中以诗人的人格魅力鞭策自己。诗词大会的开展，不仅调动了学生学习古诗文的兴趣，激发了其对文学的热爱，也提升了学生的学习能力，增强了其自我展示、表达的自信，还使其在获得审美享受的同时提高文化品位，提升文学素养。

近两年来，我校学生在各级比赛中的成绩喜人，共计获得相关市级奖项 335 项，区级奖项 13 项，这与学生平日里诗书的熏陶密不可分。其中，三年级的耿同学在高手云集的坪山区第一届诗词大会中层层晋级，最终拔得头筹。坪山区"我最爱的课外书"比赛获奖 5 人次，坪山区小学师生经典诗词吟诵、朗诵比赛获奖 3 项，坪山区规范汉字书写大赛获奖 5 人次，深圳市青少年文学盛典征文 332 人次，深圳市特区成立 40 周年中小学生征文大赛获奖 2 人次，深圳市读书月"2022 年深港澳中小学生读书随笔征文活动"获奖 1 人次。

2. 教师发展

成人达己，成己为人。学校诗词大会从筹备到落地，离不开老师们的不懈钻研，而这也正是教学相长的过程。教师海量阅读，沉淀文学底蕴，传授学生知识，博观而约取，将丰富的文学知识进行凝练，以最简洁明了的方式传授给学生，通过诗词大会等游戏、比赛的形式呈现给学生。诗词大会背后的题库体量庞大，根据学生的年龄、认知水平等的差异，分层设计比赛题目，非一日之功。也正是如此，使得教师的诗书涵养、诗教素养得到提升，也使得教师们在各级各类诗教比赛中获得佳绩。

近两年来，学校师生共计获得相关省级奖项 2 项，市级奖项 22 项，区级奖项 30 项。其中，坪山区小学师生"经典诗词进校园"诗教论文获奖 10 人次，坪山区中华经典诵读大赛教师硬笔获奖 1 人次，坪山区中华经典诵读大赛教师诗词讲解获奖 1 人次，坪山区文学节小学师生经典诗词吟诵比赛获奖 1 人次，坪山区小学语文教师朗读课文比赛获奖 6 人次，坪山区语文教学能力大赛获奖 6 人次，坪山区整本书阅读优秀教学设计获奖 2 人次，坪山区整本书阅读优秀论文获奖 1 人次，坪山区阅读教学优秀实施方案获奖 2 项，深圳市文学盛典征文获奖 2 人次，教师指导学生参加深圳市文学盛典征文获奖 19 人次，深圳市小学师生经典诗文吟诵比赛获奖 1 人次，广东省优秀整本书阅读论文评比获奖 1 人次，广东省岭南大阅读联盟科研成果案例获奖 1 人次。

3. 学校发展

诗词大会是学校读书节系列活动之一，是学校书香学风建设的重要一环。诗词大会的举办，有助于丰富校园文化氛围，充实学生校园文化生活，促成"新学园"诗书校园的形成。以文化人，以诗会促诗教，学校诗词大会已成为坪山区校园诗教活动品牌，受到广大家长和社会各界的认可，一定程度上提升了学校的办学声誉与知名度。与此同时，学校诗词大会的方案设计获坪山区优秀实施案例，学校在全国文学盛典 2022 年度系列深圳市文创大赛中被评为"中华文化文学创新示范校"。

诗书自有雅正意，阅文阅心方致远。诗词大会，带动更多的学生去品析诗词之美，重温经典文化，领略中华诗词的文化精髓。读书月活动带动学生去主动阅读，感受阅读的乐趣，让浓郁的书香充盈校园的每一个角落。让书香伴随梦想起飞，用书籍开启智慧，让智慧点亮人生。

（撰稿人：深圳市坪山区坪山中心小学　朱宇萍　陈　敏　陈婷婷）

第五章

阅读同心圆：构筑学生阅读底色

同心圆阅读模式是一种以海量书籍为圆心，以国学经典诵读、校内阅读活动和信息技术赋能阅读圆为三环，将阅读环境、活动、家庭、技术等四大元素进行有机整合，从而构建传统国学经典与当代著作阅读、学校与家庭阅读、纸质与互联网阅读全面发展的学生阅读模式。

深圳市坪山区同心外国语学校(以下简称坪外)成立于2014年,从办学伊始就致力于培养有渊博学识、审美修养、远大志向、强健体魄的学生。坪外的培养目标是在学生人生初期立足中华民族传统文化,在每一个学生的生命中构筑阅读底色,使他们拥有广泛的阅读兴趣、较高的语言文字审美能力和表达能力。坪外经过多年阅读探索,形成了同心圆阅读模式。

一 阅读同心圆模式的背景与意义

21世纪阅读的载体、内容、方式发生了天翻地覆的变化,国家、社会越来越意识到阅读对学生、家庭、民族的重要作用。因此,为对标时代对人才阅读能力的要求,紧随《义务教育语文课程标准(2022年版)》(以下简称语文新课标)在丰富多样的语文实践活动中培养学生阅读素养的表达要求,贯彻学校培养目标,同心圆阅读模式致力于让学生在小学阶段形成良好的阅读兴趣,为学生的生命和人格构筑阅读底色。

(一) 贯彻国家的人才培养战略

朱永新在《阅读与中国教育改造》的演讲中呼吁"真正的阅读要从儿童开始"。他说:"一个人的精神发育史,就是他的阅读史。""一个民族的精神境界,取决于这个民族的阅读水平。"一个书香充盈的城市必然是美丽的城市,让阅读成为我们的生活方式,让阅读成为教育的主要内容,让阅读成为我们的国家战略!

(二) 响应课程标准对阅读的规定

语文新课标提出:"要重视培养学生广泛的阅读兴趣,扩大阅读面,增加阅读量,提高阅读品位。""九年课外阅读总量应在400万字以上,其中1—6年级不少于145万字。"但目前的小学阶段课内精读、略读的文章只有300多篇,少于40万字。如果小学生只阅读语文书上的课文,其阅读量将远远低于课标对阅读的要求,更无法形成独立阅读能力和良好的文学鉴赏表达能力。

(三) 根植于学校的培养目标

坪外特别重视学生的课外阅读,将小学生的阅读目标从 145 万字提升到 400 万字,一方面是为配合统编教材内对大量课外阅读的需求,另一方面是为学生初中三年的阅读及终身阅读奠定良好的基础。

(四) 信息技术赋能阅读教学

21 世纪是信息化时代,信息技术的发展使得阅读的时间、空间不再局限于课堂、教室、图书馆,也使得阅读测评的方式变得更加方便与快捷,能做到随时随地测评,既环保又省时、省人力。因此坪外引进阅读榜——青少年阅读大数据测评平台,为学生课外阅读数量和质量的量化、可视化提供了可能。

二 阅读同心圆模式的实践操作

课外阅读是语文课堂教学的延伸和补充,语文教学的宝贵经验中最重要的一条就是"多读"。苏联教育家苏霍姆林斯基也曾说过:"让学生变聪明的方法,不是补课,不是增加作业量,而是阅读,阅读,再阅读。"经常阅读,可以开阔人的视野,丰富人的文化底蕴,对学生写作能力的提高、阅读水平的发展有着极大的促进作用。

(一) 阅读同心圆模式理念解读

坪外开发的阅读同心圆模式是一种以海量书籍为圆心,以国学经典诵读、校内阅读活动和信息技术赋能阅读为三环,将学生的环境、活动、家庭、技术等四大基本元素进行有机整合,旨在促进学生传统国学经典与当代著作阅读、学校与家庭阅读、纸质与互联网阅读全面发展的模式(详见图 5-1)。它借助于同心圆理论的空间结构模式,将书籍阅读与学校课程开发相结合,通过书籍阅读激发学生的学习兴趣和想象力,使他们感受文学语言和形象的独特魅力,获得个性化的审美体验,提高对语言文字、文学作品的审美品位。

在阅读同心圆模式中,海量书籍是圆心,是激发学生阅读兴趣和想象力的关键。学校所藏书籍的内容和形式适合小学生的年龄和认知特点,能够引发学生的情感共鸣

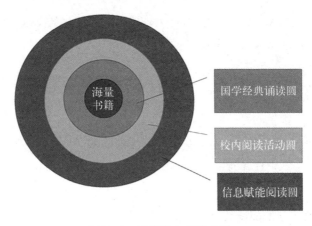

图 5-1　阅读同心圆模式图

和思考,其辐射半径范围为本校师生的阅读课和课后阅读,为学生大量阅读提供了现实的物质基础。三环是指国学经典诵读圆、校内阅读活动圆和信息技术赋能阅读圆。国学经典诵读圆以中国古代优秀古诗文国学经典为诵读材料,引导学生感受古代诗文的文学美和艺术美,其辐射半径包括自《诗经》以来的经典诗文著作,为我校学生从小注入一颗"中国芯";校内阅读活动圆指举行形式多样的阅读讲座、比赛,辐射半径为提高学生课内外的认知和情感发展;信息技术赋能阅读圆指通过提供阅读榜测评平台的方式,引导学生在课后主动阅读,积极答题,使得阅读过程可视化,其辐射半径从纸质延伸到网络,实现学生阅读测评方式的巨大变革。

在阅读同心圆模式中,学校环境、课程活动、家庭阅读、信息技术这四大课程开发的基本元素是相互有机整合的。环境是构建学生阅读底色的基础,为学生提供良好的学习环境和氛围;活动是激发学生阅读的核心,通过多样化的活动促进学生的阅读兴趣;家庭是学生课外阅读的重要辅助,通过带领家长读书的方式提高学生的课后阅读兴趣;信息技术是学生阅读的必要手段,通过系统化的量化方式精准记录学生的个人阅读档案,提高学生的知识和技能。

(二) 阅读同心圆模式的实施路径

1. 以优质藏书圆为中心

坪外图书馆作为深圳市坪山区图书馆分馆,经过不懈发展,坪外已创立"图书馆＋班级图书角"的馆藏模式,藏书上万册,优质藏书涵盖文学、历史、科技、天文、地理、心理等数十个门类,馆内还有许多优秀绘本和古今中外名家的经典作品,极大地满足了不同学段、不同兴趣、不同性别学生的阅读需求。图书分馆存放：蒲公英图书馆专供一二年级小学生使用，主要收纳绘本及带拼音的图书；四叶草图书馆供三到六年级学生使用，帮助学生实现图像阅读到文字阅读的过渡衔接；常青藤图书馆主要收纳中外经典及当代著作，供七到九年级学生使用，拓宽阅读视野。

优质藏书的阅读安排也做到时间上的分层级设计。

课上即阅读。为了让学生更好地在图书馆阅读，我校建立诚信借还书登记制度并投入使用，学生自主借书，自觉还书，给学生自由的借阅环境。诚信借书登记本每个月整理一次，由图书馆管理员录入电脑系统。每个班级的学生，一个月在图书馆上登记借书和还书的次数都会折换成相应的分数，记录在案。

课间可阅读。我校专门在各个班级教室后安置了四排一米长的书架，书架上的书籍由各班每月到图书馆更换，所陈列书籍供学生自由取阅，保证学生目之所及有图书、触手可及能阅读。

课后能阅读。图书馆闭馆时间从 17:00 延长到 19:30。学生放学时间为 16:20，部分由于家长无法及时接送留在学校的学生，可进入图书馆安静地阅读，此举为学生打造了一个自由开放且时间足够长的图书馆，有利于培养学生阅读的好习惯。

2. 以国学诵读圆为基调

坪外开发国学经典诵读课程（以下简称课程），在坪山外国语集团三所学校开展，供将近三千人使用。课程旨在促使小学生积极接触和传承中华优秀传统文化，汲取民族精神的丰富营养，培养多读经典、勤记优秀诗文的良好习惯，陶冶情操，激发民族自信心和自豪感，为小学生终身发展奠基。

课程设计的内容分"优秀诗文""国学经典著作"两大板块。在"优秀诗文"板块中，从诗歌源头《诗经》开始，选编古诗共计 310 首，其中必背古诗 270 首，选背古诗 40 首，背诵字数总计约 1.5 万字。这些古诗包括了统编版小学语文教材古诗词 114 首、初中语文教材古诗词 68 首、权威古诗选本甄选课外优秀古诗词 128 首。在"国学经典著作"板块中，古文选编甄选初中语文教材必背古文 17 篇、叙事诗 1 篇，以及《古文观止》中的优秀古文 4 篇，背诵总字数达 5 千余字。国学经典著作选编遵循从易到难的原则，内容包括统编语文教材的国学精华内容及权威出版社出版的国学读本，从引导学生了解行为规范、识字认字、了解音韵到涉猎诸子百家著作的理念来编辑。国学经典著作背诵总字数达 8 千余字。综上，课程设计的"优秀诗文""国学经典著作"板块背诵量累计 3 万字，涵盖各朝代优秀的古诗词、古文、国学经典著作，涉及文化、历史、哲学各个领域内容，为学生文化底蕴筑基。

3. 以校内阅读活动圆为基础

学校通过举办系列读书活动，如阅读推广人进校园、作者进校园、校园特色阅读活动等，为学生提供新颖的阅读赏析课，点燃学生的阅读激情。每年 4 月 23 日的读书节，坪外各年级举办丰富多样的阅读竞赛，让学生多形式参与阅读，多角度提升阅读质量。坪外还开创家长阅读课模式，以教师带领家长阅读指导亲子阅读的相关书籍为主，让家长学会开展家庭亲子阅读。

4. 以信息技术圆为保障

坪外引入阅读榜项目作为阅读测评技术手段。阅读榜由深圳少年儿童图书馆与深圳阅读榜文化科技发展有限公司联合推出，致力于搭建专业的线上阅读测评平台，利用互联网软件开发技术，采集青少年学生阅读大数据，第一时间分析并掌握该群体的阅读数量、兴趣及能力。目前，平台已迭代更新到第四版，深圳近百所小学入驻，拥有近 10 万名学生实名参与线上互动，并且拥有一支由少儿馆馆长、加拿大双语教学作家、著名小学校长及高校教师、报社编委等组成强大的专家团队，共同精心打造五千多道专业知识题目。学生可使用电脑、手机、平板、智能终端上的浏览器登录阅读榜平台，输入账号密码后可进行阅读能力测评、读后感编写、与其他读者互动的相关操作。老师、学校管理员同样可使用联网设备登录阅读榜平台，实时查看学生的阅读完成情况，审批学生的在线书评。

三 阅读同心圆模式的实践案例

坪外阅读同心圆模式的实践，通过国学诵读，培养学生多读经典、勤记诗文的良好习惯，培养文化自信，为学生的阅读底色添加中华优秀传统文化的基因；通过形式多样的校内阅读活动和阅读榜平台，培养学生在阅读方面你比我超的阅读兴趣，为学生的阅读底色增添动力；通过教师带动班级家长成立家长读书会，培养学生在家庭中沉浸于浓厚的阅读氛围，为学生的阅读底色增加家庭阅读的色彩。阅读同心圆模式的实践案例如下。

（一）国学经典诵读圆为学生底色阅读注入中华基因

1. 精心编写国学经典课程诵读材料

国学经典诵读课程精心设计《国学经典诵读丛书》，各年级内容详见表 5-1。

表 5 - 1 国学经典诵读课程内容设计

年级/册	古 诗 词	古　文	国学经典著作
一年级/第一册	50 首	无	《弟子规》节选
二年级/第二册	50 首	3 篇	《三字经》节选
三年级/第三册	60 首	5 篇	《千字文》节选
四年级/第四册	60 首	5 篇	《笠翁对韵》节选
五年级/第五册	50 首	5 篇	诸子百家精选片段
六年级/第六册	40 首	4 篇	《论语》节选

除了编写诵读书籍外,老师们还将诵读内容制作成早读 ppt 及跟读视频,辅助学生开展诵读。

2. 日常化开展国学经典诵读活动

(1)"早读晚诵"国学经典,抓住记忆黄金期开展诵读。语文早读时间,学生们手捧诵读册,借助 PPT 或者音视频,在早读管理员的引导下有序开展诵读。语文老师会在早读课进行讲解和抽查背诵,加强学生的诵读效果,并在每天晚上布置诵读作业。学生根据参考艾宾浩斯遗忘曲线所设计的"国学经典诵读"计划表进行诵读,做到人人熟读国学经典并且能够背诵的程度。

(2)"课前三分钟"诵读国学经典,巩固晨读效果。每天语文课前三分钟,在上课铃响起后,班干部带领全班同学一起诵读国学经典,教师也及时进行正音、指导朗诵节奏。

(3)寒暑假诵读国学经典,重在巩固学生晨读晚诵的习惯。寒暑假期间,每周语文老师利用《寒/暑假学习续航表》,安排学生每日诵读的篇目,学生寒暑假居家学习时进行诵读练习,并通过上传录音或者视频的方式让老师检查居家诵读情况。

3. 多方式开发国学经典课程评价方式

国学经典的诵读检测采用多种方式进行,包括日常检测、竞赛检测和背诵检测。

(1)日常检测。"晨读晚诵""课前三分钟"时,语文老师可根据孩子诵读的情况进行日常抽查,或同伴之间进行诵读检查。"寒暑假"居家诵读时,语文老师可以让学生录视频或者音频上传到钉钉群作业栏目中,老师随机抽查学生的诵读情况,及时正音、评价,并通过钉钉作业反馈给家长。

（2）竞赛检测。为传承中华优秀传统文化,深入挖掘中华经典诗词中所蕴含的民族正气、爱国精神、道德情怀和艺术魅力,引领诗词教育发展,学校每年举办坪外小学生经典诗词绘画、朗诵、讲解大赛(详见表5-2)。

表5-2 各年级国学比赛学年安排表

学期	赛 事	时间	参与班级	参与形式	负责人	评价形式
秋季学期	古诗绘画创意比赛	10月	一二年级	自愿报名	语文老师	颁发奖状
	经典诗词诵读比赛	10月	三四年级	自愿报名	语文老师	颁发奖状
	经典诗词讲解比赛	10月	五六年级	自愿报名	语文老师	颁发奖状
	"寻找最美诵读者"活动	11月	一到六年级	自愿报名	语文老师	颁发证书
春季学期	小学生国学经典书法比赛	4月	一二年级	自愿报名	语文老师	颁发奖状
	"寻找最美诵读者"活动	5月	一到六年级	自愿报名	语文老师	颁发证书
	国学知识竞赛	6月	三到六年级	全班参加	语文老师	颁发奖状

（3）背诵检测。测评内容为《古诗文国学经典诵读丛书》中各年级所要求学习的优秀诗文。测评流程有以下三个环节。

第一环节,小组齐背。评测班级语文教师按照学号将学生分为6人一组。评委核对学生姓名后,随机抽取一首古诗、一首现代诗及一篇古文,小组齐背。（一年级没有古文,用古诗代替。）

第二环节,个人背诵。每位学生单独进行考核,评委随机抽取一首古诗或一篇古文,要求该生背诵。评委依据评分标准当场打分,随后由课程设计团队进行核对,确认无误后公布,并将考评结果汇总上报教学处。学生评定结果分为两档:达标(100—80分)、不达标(79分以下)。不达标等级学生另安排时间重新考核。各班如果考核

100％通过,直接评定为"诗韵班"。

第三环节,颁发证书。测评结束后的期末,对测评分数达标的同学颁发达标证书;对测评分数不达标的同学,下发《致家长的一封信》,请家长监督孩子日常养成良好的诵读习惯,再接再厉。

国学经典诵读课程实施效果明显,学生诵读量、积累量增加,在课堂上遇到诗词和经典名著内容学习时能很快融会贯通。

(二) 校内阅读活动圆为学生底色阅读增添持续动力

坪外每年举办丰富多彩的阅读节活动,现以 2019 年悦读节为例。

1. 活动目的

第一,以深圳读书月活动为契机,激发学生读书的兴趣,养成博览群书的好习惯,营造良好的读书氛围,为营造书香校园奠定基础。

第二,在校园内营造一种"诗声琅琅,书香满校园"的良好氛围,使阅读真正成为学生的自觉行动和生活需要。

第三,积极倡导"我与好书同行"的思想,努力践行"我读书,我快乐,我成长"的理念,帮助学生养成良好的读书习惯,多读书,读好书,好读书,提高读写能力,夯实文化底蕴,陶冶情操,促进学生知识更新、思维活跃、个性和谐发展。

第四,通过开展读书活动,引导老师,家长一同参与读书活动,营造良好的读书氛围,推行阅读型班级,阅读型学校,阅读型家庭的建设。

2. 活动过程

(1) 活动筹备:10 月 27 日—11 月 08 日。

召开小学部语文老师全体会议,统一思想,布置任务,明确要求。各年级语文教师集思广益,提供适合本年级的读书活动形式。学科主任负责做好开展"四个一"的宣传。制定坪山区同心外国语学校悦读节各年级活动实施方案。

(2) 活动实施:11 月 11 日—11 月 30 日。

11 月 4 日,安排悦读节开幕式活动。安排一次悦读节班会课,进行一次各年级读书口号座谈活动。让学生在活动中畅所欲言,谈读书的益处,共享读书的快乐。届时校园电视台实时直播悦读节开幕大会,校领导宣布悦读节开幕,小学语文学科主任介绍各年级读书竞赛活动。

11 月 11 日,各班利用班会宣传发动各年级读书活动。通过活动营造书香班级的良好氛围,为学校悦读节活动吹响冲锋号。

11月12日—11月30日,以班级为单位读书,语文教师充分利用阅读课时间进行读书指导,了解学生的读书情况。指导学生制定好适合自己的阅读计划,选择适合自己的书目阅读;指导学生如何进行精读、泛读;介绍读书笔记的几种方法等。在课余时间,鼓励学生与家长进行亲子共读,增进知识与沟通。

系列阅读活动陆续开展,"作家进校园"和读书竞赛活动过程如下。

2019年2月27日下午,深圳市阅读推广人协会秘书长、深圳市全民阅读推广人邓媛姿老师走进校园,为我校三(5)班学生带来一节有趣的阅读课《夏洛的网》。小学部全体语文教师前来二楼图书馆观摩学习。课后讲座中,老师们就阅读课开展中产生的疑惑与邓老师交流,同时也对邓老师本次的阅读课授课方式赞不绝口,称赞其能够在一节课中将孩子们引入书中奇妙的情节,激发孩子对书籍的阅读欲望。

2019年10月22日,阅读主题校园活动《我是寻宝王》知识挑战赛在我校簕杜鹃报告厅举行,小学部全体三年级同学们参加活动。

2019年11月22日下午15:30—16:30,深圳市首批官方认证阅读推广人申霁虹老师莅临我校腾渊体育馆,为小学部全体五年级学生开展"阳光阅读,重溯经典之乐读《西游记》"讲座,通过讲述《西游记》中的经典故事的构思方式,与现场学生热情互动,让学生们在讲座中领悟了经典名著的精华和魅力。

2019年11月27日,深圳市文艺名家"驻校计划"专家王芳莅临我校腾渊体育馆,为小学部全体六年级学生开展"阳光阅读,重溯经典之解读《呼兰河传》"活动,王老师以远方的文学和足底的生活两个方面,对萧红的生平和写作艺术开展深入浅出的剖析,让六年级的学生们在读完《呼兰河传》的同时,对作品背后的创作有了更高层次的理解。

(3)活动总结表彰:12月9日—12月13日。组织评选书香班级、阅读小明星、书香教师等奖项。

(三)家校阅读活动为学生底色阅读拓展外延

坪外致力打造家庭阅读系列活动,2019年由林锦钿老师带领第一批家长开展了首次阅读活动。同年9月,家庭阅读正式纳入学校阅读体系,每一位阅读课教师不但要承担阅读课上推广阅读的任务,还需承担家庭阅读推广的任务。接下来以《朗读手册》家长读书会活动方案为例。

1. 成立家校阅读阵营

家庭阅读是一个重要但经常被忽略的环节。2020年6月2日,坪外邢向钊校长召开一二年级教师家庭阅读推广会议,亲自解读家庭阅读推广的意义,向教师们推荐《朗读手册》这本书,并进一步成立家校阅读阵营。家庭阅读的加入,让学生实现了在校阅读和家庭阅读衔接,增加了学生的阅读时间,扩大了阅读量,也营造了一个良好的家庭氛围,维护了亲子关系。

2. 制定家校阅读阵营的目标与形式

一、二年级家长阅读美国吉姆·崔利斯撰写的《朗读手册》。同时,家校阅读阵营通过组织读书活动,带领班级所有家长每个月共同读完一本书,让所有家长认识到亲子阅读的重要性,为后续的亲子阅读活动作铺垫。

3. 确定家校阅读阵营的开展形式

各班将家长分为几个读书小组,每组人数尽量均等,每组各选一个小组长。小组长负责按照书的章节页数平均划分内容,分配每周及每日阅读计划。家校阅读阵营的开展采用线上茶话会的形式,每个工作日的晚上20:00—20:45,家长在群内发言、分享心得,并对相关题目进行抢答。每组的小组长轮流主持茶话会,负责抢答题,并负责当天的计分。

4. 制定家校阅读阵营计分规则及奖励机制

各班级成立线上读书分享会,设立分组比拼规则和最终奖品,调动家长阅读的积极性。设立奖励机制,如奖状、班级活动入场券等。家长们分小组开展阅读竞答,各组的活跃度与决战得分汇总成各组总分。具体如下:(1)每人每天发言一条读书心得加1分,同一人多条发言不累计,同一家庭视为同一人,从而督促所有组员参与发言。(2)每人每次抢答问题成功加1分。(3)发言与抢答问题可累计加分。例如,同一人当天发言多条心得共计1分;同一人当天既发言心得,又抢答问题成功1次,共加2分;同一人当天抢答问题成功2次加2分。(4)可不定时增设彩蛋环节,彩蛋环节发言者也加1分。决战在一个月阅读结束后进行,组织形式为多题抢答或者考试。

(四)信息赋能阅读圆为学生阅读成效提供可视化平台

我校2019年2月引进阅读榜项目。阅读榜系统管理员登录后能查看全校阅读情况分析报告,实时监测全校阅读开展情况。

阅读课和阅读活动后,学生用个人账号登录阅读榜进行题目测评、发表读后感,以及与其他同学互动。每生每学年要完成必读书目和选读书目的测评。阅读榜能够智能分析出学生测评的质量，记录学生测评的数据。一本书阅读测评完毕后，教师可以登录阅读榜查看学生测评情况，测评结果有"简读""熟读""精读"三个层次，学生测评要达到"精读"程度方达标。

学生测评后，教师登录阅读榜，能够看到整个班级阅读的情况和阅读数据分析。登录教师客户端，能够看到班级阅读积分前3名、校阅读积分前3名。班上学生的阅读积分在全校、全深圳市的排名都能看到，非常便捷。班级每月阅读之星、每周阅读之星一目了然。班级阅读书籍、每个学生测评书籍的相关数据都能够一键导出，学生测评的多寡直接反映了学生读书的积极性。

例如，根据阅读榜《（深圳市）2019/12/08—2019/12/14 学生阅读数据》统计分析：本周阅读数为1381人次，阅读效率为135.4683分；本周全市最佳班级为"深圳市坪山外国语学校二(1)班"，本周阅读数为685人次；本周全市阅读之星为深圳市坪山外国语学校二(1)班的谭同学，阅读得分221 100分。教师根据平台的分析数据，可以调整推广的策略，比如了解学生喜欢看哪些书后，可以多推荐吸引学生阅读兴趣的书，尽管部分书籍不在测评范围，但学生阅读了，就有收获。

四　阅读同心圆模式的实践成效

阅读是小学生获取知识的源泉，引导孩子多读书、读好书，培养孩子良好的阅读习惯，发展阅读兴趣，扩大知识面，对孩子阅读素养提升具有十分重要的意义。同心圆阅读模式在实践中不断发展、修正，近年来在学生阅读数量与质量、学生文化底蕴、教师教研方向、学校阅读制度、校园安全等方面都卓有成效。

（一）学生阅读数量和质量大幅提升

学校和老师定期获取学生阅读数据分析报告，高效掌握学生的阅读动向，为开展阅读指导、制订阅读计划提供科学的依据；学生通过阅读平台上推荐的好书，培养阅读兴趣，收获个人的阅读档案，同时在与其他学生互动交流的过程中加深对所读书籍的准确理解，从而形成科学的世界观、人生观、价值观。

每周一节的阅读课，学生每天放学后去图书馆读书的一小时，每天晚上睡前的半小时阅读活动，都让学生的阅读量稳步提升。通过查阅阅读榜平台，数据显示我校学生积极参与平台的阅读测评,测评参与度达到100％,部分学生的读后感编写字数已经远超40万字。2019年11月,我校6名学生获得全市阅读之星荣誉称号。

学校在校外比赛中也成果丰硕。在广东省教育学会主办的第六季"少年讲书人"比赛中,我校有8位同学获得广东省"优秀少年讲书人"称号,43位同学获得广东省"阅读小达人""写作小达人"称号。

(二)学生国学经典底蕴深厚

学校积极开展国学经典诵读测评,本校及集团校小学生背诵测评达标率达到90％以上。学校的国学经典诵读活动也在"名师说"公众号平台上以"将传统文化融入课程,这所学校给每位学生植入'中国芯'"为题受到报道。报道阅读点击量不断增多,提升了国学经典诵读活动交流的广度和深度,为学生的阅读底蕴增加了厚度。

(三)促进小学语文教师教研方向变革

学生的阅读量,在很大程度上决定了学生语文学习的质量。我们要培养会思考、会表达的学生,而思考和表达重在阅读积累上。目前坪外小学语文教研组为实现从"教课文"到"教语文"的转变,正不断推动我校阅读课的进一步推广,促进学生阅读数量和质量的增长。

阅读同心圆模式在坪外开展以来,小学语文教研方向转向注重用好课本,以教材为基点大力推广学生阅读。语文课上,在华东师范大学倪文锦教授的焦点阅读培训下,教师开始注重文本内部的逻辑结构,着重培养学生的思维品质,陈雪冰等五位老师多次承担坪山区示范课。重庆市树人教育研究院倡导的群文阅读模式也重在推广阅读,由教材上一篇课文发散拓展到多篇课内或课外文章的学习,转变了语文老师的阅读教学观念。目前针对扩大学生阅读量的需要,坪外湖北省名师、坪山区名师工作室主持人邵汉军老师成立群文阅读研究团队,带领科组内一批优秀教师进行群文阅读研究,团队成员已公开发表《浅谈群文阅读选文策略》等十余篇专业研究论文,并设计出版中高年级配套群文阅读文集。

(四)形成学校的阅读制度

第一,阅读课制度。坪外开设阅读课,为学生提供阅读时间。学生在每周一节的阅读课上,根据年段书目,在老师的带领下阅读纸质图书。课上我们提倡自由自主阅读,鼓励学生纯粹出于兴趣而阅读,培养阅读兴趣。自由自主阅读的时间越久,学生阅读的效果越明显,尤其是阅读领域得到拓宽,兴趣得到拓展,学生可获得较佳的阅读理解力,进一步学习各类写作风格、词汇、拼写和语法。坪外小学部在课表中将一节语文课设置为阅读课,放进课表。

第二,阅读作息制度。一周只有一节阅读课是不够的,每天只有放学后去图书馆阅读一个小时也是不够的。为弥补学生阅读时间不足,教学处在作息时间表上安排每天中午 13:30—13:50 为午间阅读时间,让老师们督促学生阅读,长久形成习惯。学生每天多阅读 20 分钟,相当于每周多出 2.5 节阅读课时间!

(撰稿人:深圳市坪山区同心外国语学校　张小琼　王　欢)

第六章

弘文书苑：用书香点亮幸福童年

　　弘文书苑以学科课程为抓手，提出立体式、互联式、开放式的系统性阅读链条，形成"1＋2＋N"立体阅读模式，坚持每学期以1个"悦读"课程、2项全民阅读活动、N项特色主题阅读活动等形式开展读书活动，用书香点亮幸福童年，积极打造具有学校特色及学科优质发展的响亮阅读品牌。

深圳市坪山区坑梓中心小学始建于 1986 年，2002 年 9 月迁至现址，是广东省一级学校。学校是"广东省书香校园""深圳市书香校园""广东省朝阳读书先进单位"，"亲子共读"项目列入深圳市首批十大阅读推广项目。

学校秉持"以爱营造幸福生态"的办学理念和建设师生、家校幸福联动，和谐共生，内涵丰富，特色鲜明的"生态型幸福学校"的办学目标，本着对"朝阳气质，君子风范"精神风貌的追求，将"弘阅读风帆，创幸福人生"作为书香校园创建主题，专门成立了由校长引领，副校长及教学处等部门协作的"书香校园"创建领导小组，以弘文书苑为载体，把"书香校园"建设及推进全民阅读纳入学校五年规划当中，以语文学科为龙头，共同营造浓郁的书香阅读环境，共建共享阅读，优化书香校园文化建设，旨在让全校师生及家长们在书海里，阅读经典、阅读精神、阅读文明，同享阅读乐趣，共享幸福人生。

一　弘文书苑的创建背景

弘文书苑全面秉承学校"求真、崇善、尚美"的校训精神，致力于增强学生的文化自信以及作为一个中国人的骨气和底色。

弘文书苑服务于国家教育事业发展的新要求、新使命、新责任，全面落实教育部提出的"立德树人"育人目标。积极引导学生在日常学习生活中践行社会主义核心价值观，在弘扬中华经典文化方面进行研究与实践，铭记于心并实践于行，做到古为今用、推陈出新，引领广大一线老师在教育教学组织过程中，重视引领学生传承中华优秀传统文化，传播中华文明。

弘文书苑具有传承中华优秀传统文化的责任，是落实国家课程及校本课程的重要载体。我们与时俱进，坚持以科学的态度对待中华优秀传统文化，以强烈的教育使命感与责任感充分发掘中华民族生生不息、发展壮大的文化内涵；坚守中华优秀传统文化的"根"和"魂"。让少年儿童在稚嫩的心中拥有正确的价值取向，树立文化自信。学校坚持以文化人、以文育人、以德养人的教育思路，全面提高学生审美和人文素养，引导学生努力做好中华优秀传统文化的传承和延续的接班人。

"剑虽利，不厉不断。材虽美，不学不高。虽有旨酒嘉肴，不尝不知其旨。虽有善道，不学不达其功。故学然后知不足，教然后知不究。不足，故自愧而勉。不究，故尽师而熟。"弘文书苑结合孔子的严谨治学精神及韩婴的教学相长等教育教学理论，发挥"智而教愚"的积极影响作用，力求实现"教以促学、学以促长"的双向奔赴的教育理想。通过大力地推广儿童阅读，创造性地组织丰富多元的阅读活动，改变学生阅读方式，增加阅读深度、广度，引导学生热爱书籍，崇尚阅读，培养学生阅读兴趣，促进学校办学水平高质量发展。

弘文书苑充分体现了重阅读、重积累的大语文学习观。读书本身就是丰富学生精神世界的重要渠道，是开辟学生走出世界、面向未来的主要窗口，是开阔视野、感悟生活的学习伙伴。而新课标也强调了课外阅读方式是丰富学生课外生活的手段之一，是"运用语言文字获取信息、认识世界、发展思维、获得审美体验的重要途径。"为此，我们要不断拓宽学生的视野，打开学习窗口，丰富学生的课外阅读生活，开辟多彩的阅读平台与领域，营造出适合学生身心成长的学习环境，鼓励学生积极走进多彩的阅读世界。

二 弘文书苑的创建与设计

(一) 弘文书苑核心内涵

"弘文园"是学校百花园七大园之一。"弘文"之义源自历史典故中的《大学》三纲："大学之道，在明明德，在亲民，在止于至善。"从"弘文励教，止于至善"中简化而来。为此，我们从经典历史文化中汲取营养，形成学校特色文化，提出以"弘扬传统文化，以文养德启智"为宗旨，培养青少年儿童从小积极向上、不怕困难的精神品质，养成努力奋斗、强国有我的家国情怀。弘文书苑结合了学校现代化图书馆的功能与环境布置，营造出适合学生们自由读书学习的环境，寓意以浓郁的书香校园环境、活跃的阅读氛围潜移默化地浸染师生，让校园书香四溢，书味飘香。

(二) 弘文书苑的创建意义

弘文书苑始终以学校独特的教育理念与教育内涵激励人、感染人、培养人，在坚持继承与发展、传承与创新的原则上，以培养幸福的人为育人目标。通过推动阅读课程的开发与实施,创建生态阅读学习大环境,促进师生和谐发展,继续拓宽师生的知识面,激发师生读书兴趣,养成博览群书的好习惯,让阅读成为愉快的精神之旅,为每个学生的终身发展和一生幸福打下良好的学习基础,给美好的童年留下幸福时光。

1. 传统性

以节日方式推进专题读书节,以提倡全民阅读的方式申报书香家庭,以增强亲子关系、共享阅读时光的亲子共读式项目强化读书活动,形成校园读书文化。

2. 时代性

围绕新时代建设步伐,以培养社会主义合格人才为目标,大力落实名篇名著整本书阅读,重视诗词文化的熏陶,开展生动趣味的故事分享、综合实践等开放式的阅读专题活动。

3. 特色性

坚持儿童阅读推广,围绕学生心智发展规律,着力在各年级开展创意读写绘、课本剧演绎等阅读活动,激发学生强烈的阅读兴趣。

(三) 弘文书苑的阅读模式

书籍本身最大的特点或功能,就是能储存大量的学识与见识,并能使学生形成一定的学习力。因此,弘文书苑从以下几个方面进一步打造具有学校特色的阅读模式。

1. 营造"书味"阅读环境

教育是一种熏陶,也是一种启迪。著名教育家苏霍姆林斯基说过"让学校每一面墙都会说话",为此,校园每一处都要拥有不一样的育人功能。学校作为一个特殊的传播文化、传播文明、培养学生的关键场所,要通过营造浓浓阅读环境,潜移默化地让学校师生在浓郁的书香环境中度过幸福的童年。坑梓中心小学美丽的校园本身就是一幅精美的书卷。宽阔的广场、层层而上的台阶连接着壮观的博士帽造型的教学楼,无不寄寓着深刻的内涵:宽阔的胸怀,不懈的追求与渊博的知识。校园翠绿色的主色调象征着青春与活力;"求真、崇善、尚美"的校训及对应教学楼早在学生心田里播下了真善美的种子;走廊、路灯上悬挂的名言字画飘溢着高雅的墨香;宣传栏上鲜明的社会主义核心价值观传递着文明与友善;电子荧屏滚动的警句格言就是学生的精神食粮;黑板报展示的是学生涓涓细流般的阅读思想;楼层书吧、班级图书角、学校图书馆让学生随时随地亲近阅读,为学生打开了迈向世界的桥梁,开启心灵之窗;点缀在花丛中的充满童趣与人性化的精致人文雕塑、葱茏的花木、袭人的桂香都是孩子们日常所接触的。

美好和欢愉的美丽校园,就是师生最爱读的第一本书籍,它是一本无声之书、启迪之书。

2. 实施"1＋2＋N"立体阅读模式

学校提出以全方位、立体式、互联式、开放式推进校本"悦读"课程全面发展,构建系统性的阅读链条,形成一套较为成熟的实施路径与策略。提出每学期举办一场主题读书节、两项家校联动内容、N项特色阅读课程,齐头并进,实施系列化的统筹闭环式管理。让广大青少年儿童与书为友,与经典同行,与大师对话,进一步激发师生热爱书籍的强烈阅读兴趣,有力地推动全民阅读,传承与发展中华传统文化,提升学校百花园课程高质量发展。

表6－1　坑梓中心小学弘文书苑"1＋2＋N"立体式阅读模式

	代码	项目式阅读	阅读形式	活动对象	实 施 思 路
弘文书苑"1＋2＋N"立体式阅读模式	1	"悦读"课程	读书节千人诵读	教师学生家长	每学年举行主题读书节(开幕式、成果展示等)
	2	全民阅读	亲子共读读书论坛	家长学生教师	家校联动助力亲子共读,共建书香家庭,教师分享阅读
	N	特色阅读	绘本阅读经典诗词名篇名著趣味游园实践阅读	教师学生家长	坚持传承与创新相结合的原则,以年级、班级为单位开展特色主题阅读活动

三　弘文书苑的实施路径与案例

(一)实施路径

1. "悦读"课程

弘文书苑紧密围绕深圳市读书月活动,以4月23日世界读书日为契机,定于每学年的11月及4月举行校园"悦读"课程系列读书活动,以读书节、千人诵读为重点,设定1—2个月的跨度期落实日常读书活动,体现阅读日常化、可视化,如定期开放图书馆,设置年级、班级、楼层流动书吧等,让学生随处阅读,以读书为名,展示读书成果,体验阅读快乐。

2. 全民阅读

弘文书苑具开放性与融合性。我们坚持家校联动、师生共读,大力推动亲子共读与书香家庭建设。做到长期与家长、社会相关部门密切联系,共育青少年儿童身心健康成长,将"亲子共读""书香家庭"创建作为全民阅读推动的特色阅读项目,有计划地从一年级开始,动员所有家长朋友加入到亲子共读活动中来,发挥家校联动的育人功能与积极作用,让每一个家庭都爱上书籍、崇尚阅读,定期组织演绎式的阅读分享活动。

3. 特色阅读

弘文书苑始终以学生为中心,以读书为本。围绕学科特征及学校百花园"精品"课程整体推进步伐,坚持传统与创新相结合的原则,开展了丰富多彩的阅读活动,不仅丰富了师生的生活,还让师生感受到阅读的成功感与快乐。这种过程扎实、理念新颖、形式多样、趣味性强、文化浓香的读书活动始终引领着大家积极阅读,深化了阅读内涵,实现特色"共读共享"阅读精品化,夯实了书香校园的建设成效,滋养了师生的美好心灵。

(二) 多维成效

案例一:"悦读"课程之"千人诵读"篇

1. 设计理念

千人诵读是我校历届读书节开幕式上的一个重要环节,简单又隆重。主要是组织全校师生及家长们按特定队形在广场集合,观看专题阅读节目,并由少先队员带领大家整齐有力地齐诵《读书宣言》。

2. 设计目标

生活需要仪式感,阅读同样需要仪式感。读书开幕式成了"悦读"课程特有的传统仪式,升旗、致辞、诗文诵读、宣读书目推荐、千人齐诵《读书宣言》活动是"悦读"课程简单而隆重的阅读启动会,是提供给师生家长别开生面的特别献礼,让读书体验显得是那么的朴实、隆重,让读书生活如此清雅、别致、高尚,从而让学生在读书活动中明德启智、知礼达慧。(附"坑梓中心小学营建'书香校园'读书宣言")

坑梓中心小学营建"书香校园"读书宣言(2022年第二版)

读书好,读好书,好读书

(领)律回春渐,光耀大地。我们脚踏人杰地灵的特区热土,我们面向书香飘溢的知识圣殿,我们传承新时代的精神文明,我们诵读庄严的读书宣言:

(齐)读书好。(一二年级)开卷有益,视通万里;(三四年级)学海无涯,心游万仞;(五、六年级)启智增慧,自立自强。

(齐)读好书,(一二年级)品诗词典籍,弘扬经典文化;(三四年级)览中外名著,开阔视野胸襟;(五六年级)游古今长河,传承精神血脉。

好读书,(一二年级)攀登书山,探索知识奥秘;(三四年级)遨游书海,追寻真理足迹;(五六年级)沉醉书馆,点亮文明火花。

(领)请同学们和我一起宣誓:

(齐)坚持阅读,学以求真,筑梦未来,以爱营造幸福生态;

潜心阅读,行以崇善,砥砺深耕,厚植底蕴情怀;

终身阅读,思以尚美,坚定文化自信;

为中华民族伟大复兴不懈奋斗!

3. 案例反思

仪式引领,深化阅读。庄严、大气的读书仪式将活动推向高潮,响亮的誓言回荡在校园上空,神圣庄严的情感激荡在师生心田。我校坚持以这样特殊的仪式引导学生从小树立与经典同行、与阅读为伴的思想,保留下幸福童年阅读的美好记忆。我们认为,这不仅仅是一个读书节开幕仪式,更是向大家庄严宣告:我们将因读书而丰富,因读书而精彩,因读书而快乐,因读书而更有意义。

案例二:全民阅读之"亲子共读"篇

1. 设计背景

当校园有了良好的读书氛围及基础后,我们发现,如果能将家长也纳入我们的读书活动当中,鼓励家长积极参与读书活动当中,那对于阅读推广工作而言可以说是如虎添翼,锦上添花,这能够大大地增强亲子关系,对营造"和谐家庭"也有重要意义,更能将阅读打造成一件美好的事。所以,学校领导小组为此做了深刻的研究,创新性地提出了"亲子共读"这一策略与方式,进一步推动儿童阅读及书香校园建设工作。

为了进一步营造家庭亲子阅读氛围,我校以家庭为主要空间,通过以家长与孩子为主体,以教师为指导的阅读形式科学地开展了"亲子共读"的读书活动,让家长陪同孩子一起阅读,为学生在校园和家庭两个生活空间里全面发展和健康成长提供良好的环境,实现"学校的课堂教育"与"家庭学习"有效联结。

学校积极搭建平台营造良好的"亲子共读"环境,通过多措并举,有力支持,多种培训,多种活动,对"亲子共读"给予专业帮助,促进"亲子共读"良性运作。造就了一大批出色的书香家长和阅读之星,书香家庭层出不穷,树立了良好的榜样学生与榜样家庭,促进读书活动落到实处。

2. 设计理念

只字片语间的真情交流是幸福之光,为童年阅读添上朴实而华丽的一抹色彩,展现家庭阅读的无限魅力。

3. 案例目标

(1) 形成"教师引领学生,学生影响家长,家庭推动社会"的良好的全民阅读氛围,将"亲子共读"打造成我校"书香校园"建设中的一张名片,树立良好的教育特色品牌。

(2) 进一步加强学校与家庭、教师与家长之间的密切联系,更新家庭教育的理念,对家校教育合力的形成起到良好的促进作用。

(3) 让读书活动从校园延伸到家庭,辐射到社会,让全民素质得到进一步的提高和发展。

4. 实施过程

(1) 加强组织领导,成立专门阅读机构。专门成立校长任组长,德育处及教学处等为成员的"书香校园"创建领导小组,按职能分解项目目标,落实责任分工,把"亲子共读"项目纳入每学年的书香校园建设工作中,坚持由班主任具体负责落实读书活动,积极从学生的阅读直接影响到学生家长,落实"亲子共读",促进家庭阅读。

(2) 营造良好的"亲子共读"环境。构建家校教育共同体,为"亲子共读"保驾护航。充分利用网络资源,建立家长微信群,让家长和教师在学校搭建的平台上,通过互动增进情感,分享彼此在亲子共读中的教育经验和智慧,形成合力,为孩子共同创造良好的环境。采用表扬、激励、督促的方法,让家长看到学校的坚持力和重视度,让家长享受到亲子共读的成就感从而保持其参与亲子共读的持久力。

(3) 推荐书籍,学习探讨。学校每学期利用各种活动向家长推荐优秀书目,如《朗读书册》《好家长胜过好学校》《发现母亲》《孩子,你慢慢来》《陪小孩度过小学六年》《陪小孩度过初中三年》等书籍,引领家庭阅读,用先进的教育理念充实家长的思想。建议家长带着孩子走进图书馆、文化馆、博物馆等,促进家长与孩子的良好阅读关系,达到阅读最优化,真正体现亲子共读所需以及亲子共读实效。

(4)撰写心得,推广阅读。读书心得交流则是提升阅读内涵的另一种学习交流平台,是促进亲子共读的重要手段。学校动员家长和孩子们一起共读共写,和孩子们共同分享阅读的乐趣。

5. 案例反思

(1)"亲子共读"是系统工程。"亲子共读"打开阅读大门,它涵盖了老师、学生,还有家长,将教育从学校延伸到了家庭,延伸到了社会;学生在亲子共读中感受阅读的快乐,体会亲情。这一形式既有亲子共读的内容,还有家校互动的活动。学校借读书节、文学节、家长会、国旗下讲话、主题班会等契机,向学生宣讲,向家长分发材料,努力营造"共读"与"互动"的气氛,引导家长关注孩子在校与在家的阅读活动,吸引家长热情参与阅读,让"亲子共读"步入可持续的发展道路。

(2)"亲子共读"是项目课程。这一活动为爱出发,播撒阅读的种子,让家长与孩子享受亲子共读的美好时光。亲子阅读让更多的家庭爱上阅读、享受阅读。我们经常请一些知名阅读专家到学校来做讲座。其间,我们特别请了深圳著名阅读推广人袁晓峰校长到校给家长们作了一场"为爱出发——共享亲子阅读美好时光"的专题讲座。我校一二年级家长及学生共同参加了此次活动。袁校长从讲绘本《花婆婆》的故事开始,通过阅读一本本有趣的绘本,一步步把家长带入绘本阅读的世界,感受阅读的力量。袁校长跟家长们分享了怎样和孩子读绘本的话题,提出了"大人读文、孩子读图、不急不停、从容淡定"地陪孩子成长的理念,不仅让家长们对亲子阅读有了更深的理解,也让更多的家庭爱上阅读,积极阅读,把美好的种子播种在孩子的童年。

四 弘文书苑点亮师生阅读人生

学校先后成立了坑梓中心小学书香校园、"悦读"课程建设、亲子共读等工作领导小组,由学校教学处、德育处、课程管理中心、教师发展中心等行政及学术部门机构负责管理。在这些机构的领导与组织下,全校老师同心协力,先后设计了书香家庭、阅读之星、亲子共读、教师读书论坛、跨学科读书课例等活动设计及实施方案。

我校坚持营造浓郁书香环境,更新了校园读书格言,利用校园道路有规划地设计了100条读书名言警句,实现阅读无处不在,让学生时时阅读;定期购入大量图书,规范管理图书,定时定点开放师生借阅活动,由少先队安排学生干部加强借阅过程管理,要求各班定时更换或组织落实好班级图书角的阅读记录。据统计,一学期学生借阅数近1 000册,班级图书漂流近3 000本。

浓郁的书香文化一直是我校学校"悦读"课程的特色。我校坚持树立"以人为本,育人为主"的思想。树立学生正确的学习观、人生观、价值观,贯彻全民阅读的学习思想,积极打造特色阅读文化,引领广大家长、全校师生参与阅读中来,从而构建了民主和谐的师生关系,全面提升了学生综合素养。编印出版了多类(套)校本课程用书,其中有《小学生仪式教育》《小学生写字》《七彩校园》《主题群文阅读》《乐游诗韵》《童苑书韵》《诗画雅趣》等。

展望未来,我校将继续以崭新的姿态,满腔的热情,踔厉奋发,积极进取,向着更加美好的明天昂首前进。在不断打造特色阅读精品课程及有效实施"1＋2＋N"阅读模式的基础上助推学校优质发展,在学校书香校园文化创建过程中培养学生综合素养。我们也将在"悦读"课程的规划与创建中继续创新,继续完善,层层深入,深化内涵,一方面充分利用教育资源,拓宽学生视野;另一方面为学生开辟更多阅读阵地,提供更多平台,让学生在多彩多元的阅读活动中感受书籍的魅力,体验阅读的快乐与幸福,逐步向高效优质学校阔步迈进。

(撰稿人:深圳市坪山区坑梓中心小学　罗建婵　李月云　谭俏娟)

第七章

碧岭书屋：让每一个孩子都爱上阅读

"碧岭书屋"阅读模式立足于"生动教育"之理念，为师生搭建阶梯阅读活动和实践的平台，通过"中华经典诵读屋""家校社阅读实践屋""学段个性化阅读屋"三大阅读板块，引导和鼓励孩子敢于攀登知识的高峰。

深圳市坪山区碧岭实验学校由原碧岭小学改扩建而成，2023 年 5 月正式更名。学校先后荣获"全国和谐校园先进单位""广东省绿色学校""深圳市书香校园""广东青年主题书法活动先进组织单位""广东省中小学教师校本研修示范学校""坪山区文明校园"等荣誉。学校地处坪山区马峦山北麓的碧岭社区，紧邻东部华侨城旅游胜地。这里山清水秀，生机盎然，是"东进"桥头堡上的绿色明珠。

21 世纪是阅读的世纪，是"全民阅读"的时代。为打造书香校园文化，引导我校学生静心读书、深入思考，从而增长知识、开阔视野、提升品位，学校坚持立足于"生动教育"之理念，挖掘、诠释和演绎"岭秀文化"，培养"知书达理、活泼矫健、聪慧烂漫"的碧岭学子，引领学校课程创新发展。在"岭秀"课程基础上，打造"碧岭书屋"，搭建阶梯阅读活动和实践的平台，让每一个孩子都爱上阅读。

一 "碧岭书屋"的背景与意义

高尔基说："书籍是人类进步的阶梯"。攀登知识的高峰，要一步一个脚印。读书使人进步，碧岭实验学校打造"碧岭书屋"，让每个孩子都爱上阅读，引导和鼓励每个孩子敢于攀登知识的高峰，让璞玉成碧，让每个生命焕发光彩。

(一) 始于办学理念

学校的办学理念是"让每一个生命都精彩"，其立足于"生动教育"，旨在以生动的手段和方法培育生动的人，是让每一个孩子成为生动活泼的人的教育，是学校发展素质教育的个性化理论概括和实践探索。

学校设计实施的"岭秀"课程内蕴我校的课程旨趣。"岭"者，指高大的山脉。教育最需要大山文化中的稳重、大气、仁爱和包容。"秀"的本义一般是指植物抽穗开花，引申义为事物的精华以及灵秀茂盛的样子，它寄寓了我们对学校教育的美好期许。学校就如一座大山、一片森林和各种生命的乐园,让所有的生命都得到滋养、生长、发展,璞玉成碧,焕发生命的光彩。

(二) 始于课程标准

阅读是学生提高语文素养的基本路径和重要路径。《义务教育语文课程标准(2022年版)》指出:"义务教育语文课程围绕立德树人根本任务,充分发挥其独特的育人功能和奠基作用,以促进学生核心素养发展为目的,以识字与写字、阅读与鉴赏、表达与交流、梳理与探究等语文实践活动为主线,综合构建素养型课程目标体系。"

温儒敏教授说:"读书要读整本,功夫在课外!"他提倡整本书阅读,而不是碎片化的阅读。语文新课标指出:"整本书阅读学习任务群旨在引导学生在语文实践活动中,根据阅读目的和兴趣选择合适的图书,制订阅读计划,综合运用多种方法阅读整本书;借助多种方式分享阅读心得,交流研讨阅读中的问题,积累整本书阅读经验,养成良好阅读习惯,提高整体认知能力,丰富精神世界。"整本书阅读任务要构建素养型学习任务群,让学生学习书中的知识,形成适合自己的读书方法,为学生一生的发展和人格的完善奠定基础。

(三) 始于阶梯阅读

中小学教育教学最重要的是对学生思维品质的培养。阅读的价值,是不断往上发展、适应于人的思维发展需要的,阶梯阅读适合语文教学中阅读教学的一些理念和步骤。阶梯阅读是对阅读训练分步操作方式的一种形象的说法。阶梯指的是台阶、梯子,引申为一种循序渐进、不断往前发展的状态。从阅读的认知过程来看,这样的提法也比较形象地体现出进阶的过程、思维不断发展的过程,以及能力不断提升的过程。在阅读过程中,阅读认知是非常综合的思维过程。

具体而言,阶梯阅读,首先是汲取,包括提取信息、初步感知、解读;其次是包括很多综合性的思维活动,比如分析和思考;再次是判断、评价,当然评价也包括了一定的判断;最后是创新、运用层面。我们不止于让学生读懂书本内容,更注重让学生在读懂之后进行综合运用,让书中的内容能影响到学生的生活、学习还有认知。

二 "碧岭书屋"的实践与操作

为了进一步拓宽学生阅读视野,探究阶梯阅读方式,提升学生的思维品质,学校整合各种资源,开发"碧岭书屋"阶梯阅读模式。学校以建设人文校园、书香校园为总目标,培养"知书达理、活泼矫健、聪慧烂漫"的生动少年。

(一) 第一阶段: 准备阶段

"碧岭书屋"模式设计了五个分目标:一是构建阶梯阅读空间,为师生创设沉浸式的校园阅读环境;二是坚持师生阅读活动常态化,为师生提供充足的阅读时间;三是探究整本书阅读教学课型,培养学生的阅读习惯;四是深化家校共读体系建设,激发家长的教育潜能;五是引导学生通过阅读开阔视野,塑造独立的思维方式和价值观。

学校从阅读的空间、时间、内容和评价四个方面设置了阶梯阅读课程体系,四个方面相辅相成,相互促进,共同推进了学校阶梯阅读课程体系的构建与开发。为此,学校从以下三个方面为课程设计打下基础。

1. 积极打造多种阅读场所

学校创设各类图书角,共享书籍;进一步完善充实学校图书馆,使图书馆藏书丰富、宽敞明亮又富有童趣。

2. 努力实现课程的转变

教师根据课程的需要,将阅读课堂的主场放在图书馆、花园长椅。一年级到七年级均设立每周一节阅读课,以师生线上线下共同阅读、有声阅读与沉浸式阅读相结合的形式开展。

3. 开展三次研发

根据学生实际阅读的需要,"碧岭书屋"课程组教师结合课内外的阅读过程性资料,对课程的推进开展了三次研发。针对不同年级,开展有层次、有趣味的阅读活动,从阅读广度、阅读深度、阅读兴趣、阅读能力四方面对学生的阅读进行评价。

第一次研发了可操作、可实施的阅读学习工具。如阅读单、阅读手册、图文读书卡等。第二次研发了多种阅读形式。阅读课程除了引导学生阅读经典外,还将阅读拓展到创意写作、课本戏剧表演等领域。第三次研发了阅读展示平台。学校开展了各种阅读记录评比,组织学生进行阅读成果的展示,利用学校公众号、班级视频号、班级作文集、校园文化墙展示等平台,真实地记录了孩子们最灵动、最专注、最自信的阅读模样。

(二) 第二阶段: 实施阶段

"碧岭书屋"通过三个板块:中华经典诵读屋、家校社阅读屋、学段个性化阅读屋,来激发学生的阅读兴趣,创设积极向上的育人环境和琅琅书声的文化氛围,通过阅读课程体系的建构提高学生的思维品质和综合素养。

板块一:"碧岭书屋"之中华经典诵读屋

文化自信是一个国家、一个民族发展中最基本、最深沉、最持久的力量。"碧岭书屋"之中华经典诵读屋,以"读诗读词读曲读遍天下文章,立德立志立人传道中华文明"为理念,通过学校阅读课程培养学生热爱祖国语言文字的情感,弘扬传统文化,提高学生诵读经典作品、阅读经典文学作品的水平和文学素养。

1. 开发诵读系列校本课程

为扎实推进社会主义文化强国建设,提高国家文化软实力,发挥文化引领风尚,进一步弘扬社会主义先进文化,普及、发展、提升朗诵艺术,发掘语言艺术人才,提高学生语言艺术欣赏水平,我校组织各年级语文教师进行《诵读》(上下册)的编写,选取了中华经典唐诗、宋词、元曲、儿童诗歌,也选取《论语》《蘘翁对韵》《弟子规》中的经典名篇等,根据不同学段学生的年龄特点,进行阶梯阅读。每日晨读、课前诵读校本课程。"碧岭书屋"特举行"人人都是朗诵者"系列定期活动,以课文为主,依托校本教材《诵读》,让学生理解诗词、古文中字、句、篇、章的朗读技巧,以提高全员的文化素养与道德素质,促进师生健康、和谐地全面发展。

表7-1 "碧岭书屋"之诵读中华经典校本课程

序 号	年 级	主要内容简介 (校本《诵读》上下册)	诵读评价标准
1	一年级	唐诗精选、民间童谣	1. 读音方面:诵读时,不添字、不漏字、不改字,准确把握普通话的声韵调、音变、轻声、儿化和多音字等,消除误读和方音。 2. 基调方面:根据作者的情绪运变和情感趋势、作品的风格、主题、结构、语言,从而产生朗读经典所应有的真实的情感、鲜明的态度,表达出内在的律动。 3. 技巧方面:能初步把握朗读的停顿、重音、语速、语调等,熟读成诵,呈现自己的风格。 4. 集体诵读时,班级精神面貌良好,集体朗诵配合程度高,呈现效果好。
2	二年级	唐诗精选、儿童诗	
3	三年级	《论语》《蘘翁对韵》《弟子规》	
4	四年级	宋词精选	
5	五年级	元曲精选	
6	六年级	《增广贤文》、毛泽东经典诗词	

7-1　碧岭实验学校语文校本教材《诵读》上下册

2. 开展集体朗诵活动

所有的文字在不同时代、不同背景下都会具有不同的丰富含义,而朗诵则是对文字的二次创作,在新的时代为文字赋予新的生命。除了在每日的班级课堂上对校本教材《诵读》进行学习外,学校还通过线上线下朗诵让学生感受文字的力量,表达内心的情感!

朗诵展现学生个性才华和班级风采,学校以"读诗读词读曲读遍天下文章,立德立志立人传道中华文明"为主题开展班级集体朗诵活动,要求各班朗诵一篇本学期语文课本或校本教材《诵读》中的内容,题材不限,但要内容健康,能弘扬传统文化,体现时代精神。学校旨在通过比赛培养学生热爱祖国语言文字的情感,提高学生诵读经典作品的水平和文学素养。

班级集体诵读营造了良好的阅读氛围,学校的诗词社团也带领学生走进诗词的传统文化中。集体朗诵活动中,有师生诵读、亲子诵读,以及和粤港澳姊妹学校的联合诵读、少年诗词大会等多种形式,学生集体诗词诵读《咏花朝》《梅兰竹菊颂》,师生诵读诗词《诗经·小雅·鹿鸣》,亲子朗诵红色诗歌《红色童话》等,这样多主体参与的过程中,人人都是朗读者,人人都是中华优秀传统文化的传承者,从而提升了师生的语文综合素养。

板块二:"碧岭书屋"之家校社阅读屋

以家庭、学校、社会的联合育人维度,学校探索提升学生阅读质量的有效途径,并通过建设家校社阅读屋,点燃学生的阅读热情。建设书香社会、书香家庭,不仅要家长鼓励、支持孩子读书,还要家长以身作则,诗书传家,让阅读成为加强家庭家教家风建设的源头活水。学校要充分发挥家校社协同育人联动效应,共同推动全民阅读向纵深发展。学校和社会通过创新阅读活动形式、丰富载体,能激发学生的阅读兴趣,培养学生的阅读能力。教师也主动与学生家长合作,共同为学生创设一个良好、舒适的阅读氛围,搭建个性化阅读平台,让学生在阅读中学会独立思考,发挥自己的优势,逐步提升阅读能力。

在课程实践的不断探索中,学校设计了"书香少年"推荐表、"书香班级"统计表、阅读卡、读书月推荐书目等,培养了一批重视阅读的教师,提高了教师对阅读实践课程的认知和把控,为以后阅读课程的发展与创新打下了坚实的基础。在师生共读、家校合作、亲子共读后,学校还评选出书香少年、书香班级、书香家庭、书香教师,在学校内进行表彰和展示,在公众号上进行宣传。

表 7-2 "碧岭书屋"之家校阅读活动

评比类别	评 比 方 式	具 体 操 作
书香少年	1. 利用阅读卡进行阅读打卡登记。21天养成一个小习惯,为连续打卡21天的学生颁发小奖品。 2. 每班打卡阅读书籍最多的前5名同学评选"书香少年",颁发荣誉证书。	各班语文老师根据学生阅读卡情况统计并选出"书香少年",活动结束前一周各备课组长收齐阅读卡。
书香班级	各年级评选学生阅读书籍总量最多以及班级读书文化图书角布置最佳的班级为书香班级,颁发奖状。	各年级组长组织评选,推荐书香班级。
书香家庭	每班评选3个"书香家庭",邀请家长参加闭幕式,颁发荣誉证书。 家长提供材料,上交材料包括: 1. 家庭图书角或阅读角照片; 2. 亲子共读照片; 3. 书香家庭情况简介,包括藏书数量、读书活动等,100字左右。	各班语文老师筛选,将获评家庭资料以班级为单位打包,每个家庭建一个文件夹。
书香教师	鼓励全校教师利用阅读卡进行阅读打卡,连续打卡21天可被评为"书香教师",颁发奖状。	展示所有阅读卡。

同时,学校与碧岭社区联合举办阅读课程和阅读活动,家校社的联合为学生提供了更多的阅读平台,营造了书香校园、书香家庭、书香社区的和谐文明的环境,家校社协同共育,才能有效助力学生的快乐成长。

板块三："碧岭书屋"之学段个性化阅读屋

学校根据不同学段的学情和阅读目标进行阶梯阅读实践,搭建个性化阅读平台。2019年至今,我校每学期坚持举办"读书月"活动,并将其一直贯穿在学校教学实践中,年级阅读实践与全校阅读交流相结合,充分调动学生的阅读主动性和积极性。

学校以新课标为导向,让整本书阅读在学段中循序渐进,在阅读课程设计学习任务时特别注意统筹不同学段的差异性和整体性。阅读课程设计中,第一学段主要是体会读书的快乐,重点阅读图画书、童话书、朗读儿歌集;第二学段主要阅读英雄模范事迹、儿童文学名著、中国寓言和神话传说;第三学段主要阅读革命文化书籍,以及文学、科普、科幻书籍。各学段目标中要求的书籍也有不同的阅读方法,要循序渐进,将阅读体会、感受、讲述、分享、评析、梳理、交流、研讨等活动渗透在各学段学习过程的始终。根据小学语文整本书阅读学习任务群的各学段阅读目标,学校分学段进行阅读书籍和阅读目标的设计。

学校教师分年级设计了适合本年级学生的阅读实践任务,其中包括"创意书签""临摹书法""人物模仿秀,我秀我精彩""我是小小演讲家""漫画经典""读书小报"等一系列实践活动,并及时在活动后进行表彰和展评。

表7-3 "碧岭书屋"之各年级个性化阅读活动

年 级	活动形式	活 动 要 求	提交形式
一年级	创意书签	组织学生通过个性化的书签制作展示阅读的成果。(内容:名人名言、古典名著的名句名段、座右铭等)	学生自制的纸质书签和照片
二年级	临摹书法	组织学生进行书法比赛,临摹内容由各班语文老师提供,可以抄写书中的名言警句、古诗词、好词好句等,展示学生多彩的阅读成果。	书法纸质作品和照片
三年级	人物模仿秀,我秀我精彩	组织学生进行书中人物模仿秀,展现学生个性的阅读成果。(读不"尽"的三国,说不完的"水浒",看不够的"西游",解不清的"红楼"等名著人物模仿秀)	作品的照片(学生姓名＋班级＋推荐的好书＋模仿人物＋喜欢的原因)
四年级	我是小小演讲家	组织学生进行"我喜爱的课外书"演讲比赛,通过生动的演讲比赛展现阅读的成果。	学生演讲照片或视频

年　级	活动形式	活　动　要　求	提交形式
五年级	漫画经典	组织学生围绕一本漫画书,把书中的主要内容,读书感受以及部分精彩语句、摘录、编写,主题鲜明,图文并茂,设计新颖。	纸质版的作品和照片
六年级	读书小报	组织学生以读、写、绘的方式记录阅读收获,通过创作展现学生的阅读成果。	纸质版的作品和照片

(三) 第三阶段: 总结阶段

　　"碧岭书屋"通过中华经典诵读屋、家校社阅读实践屋、学段个性化阅读屋这三个板块激发了学生的阅读兴趣。学校通过引导学生诵读中华经典,参与优秀传统文化传承系列活动,营造书香校园氛围;通过每学期开展一次读书月,针对不同年级,开展有层次、有趣味的阅读活动;通过开展家校社联合诵读活动,落实家校社协同育人,促进家长、学生阅读水平的共同提高。

　　通过阶梯阅读的实践,学校总结了以下经验:在日常阅读中要培养学生的学习习惯,在阅读指导中,既要从学校的整体要求角度出发指定一些固定阅读篇目,也要从学生的兴趣培养角度出发关注学生的自主阅读兴趣。要鼓励学生在自己的兴趣范围内进行阅读,比如有的学生喜欢诗歌,有的学生喜欢童话,有些学生对散文的写作比阅读更感兴趣。在兴趣导向下,学生进行自主阅读,既能激发学生的阅读热情,也能在某种程度上提升学生的自主阅读兴趣,逐步养成良好的、科学的阅读习惯。阅读应该是不断提升自己的过程,也是当前社会发展中学生个性化追求的关键所在,因此,在阅读课程的实践中,既要培养学生有自主阅读的自觉性,也要从学生的知识积累与阅读成果角度出发激励学生做好阅读笔记,保证阅读有效果、有收获。

三　"碧岭书屋"的实践案例

(一) 案例主题

　　"我最喜爱的课外书"整本书阅读。

(二) 案例实施

我校"碧岭书屋"举行了以"书香润心灵，共读促成长"为主题的"我最喜爱的课外书"整本书阅读活动，进行阶梯阅读，根据学生不同阅读水平、不同兴趣爱好、不同阅读需求，让学生选择自己喜爱的课外书进行整本书阅读。

语文老师在班级小管家等小程序上发布阅读打卡活动，指导学生根据阅读计划，每天坚持阅读打卡，在为期两个月的时间里，碧岭学子们畅游浩瀚的书海，在书籍中体会"漫卷云舒，洗涤情怀"的快乐，向家人、向老师、向同学，也向自己用多种形式展示"我最喜欢的课外书"读书成果。

"我最喜爱的课外书"整本书阅读根据学生的学情，让学生根据自己的读书情况、自身喜好和擅长的领域有选择地自主参加阅读成果展示活动，其中包括八个课程活动：一是读书笔记，浸润书香；二是读书小报，展开想象；三是线上打卡，阅见成长；四是摘抄接龙，养成习惯；五是为书配画，多元融合；六是阅读演讲，分享收获；七是人物模仿，个性发展；八是亲子阅读，书有温度。

(三) 案例亮点

1. 读书笔记，浸润书香

托尔斯泰要求自己：身边永远带着铅笔和笔记本，读书和谈话的时候碰到一切美妙的地方和话语都把它记下来。孩子们用一篇篇优秀的读书笔记分享着"我最喜欢的课外书"，摘抄喜爱的词语和句子，书写下自己的读后感想，思考书中的人物特点，用思维导图、自创表格等多种形式记录自己的读书笔记。

2. 读书小报，展开想象

学生在阅读课外书的基础上，通过绘制阅读小报，将所读内容进行梳理、概括、提炼，并以形象化、清晰化、条理化的图示进行呈现，不仅有助于记忆，更有助于学生对名著内容进行整理、分析和整合，提高学生审美能力和阅读能力。学生们的作品精彩多样，有经典名著的解析、作者的小传等，甚至还有的同学能够绘画出心中作者当时的心境、动作等。

3. 线上打卡，阅见成长

学生结合教师推荐书目和自选书目，选择自己最喜爱的课外书，制订阅读计划。同时，教师使用班级小管家小程序，发动学生积极阅读，开展30天的线上打卡活动。学生在教室读、在家里读、在户外读；学生和老师一起读、和家长进行亲子阅读、和兄弟姐妹比赛读书、和同学共读。学生们与书为伴,与书为友,在阅读中充实自己,提高自己,和伙伴交流读书的喜悦,坚持每日阅读,让阅读成为一种习惯,种下终身阅读的种子。

4. 摘抄接龙,养成习惯

读书的方法有很多,可以一知半解地读,也可以精耕细读。六年级的同学就精耕细读的方法进行了班级阅读摘抄接龙活动。在阅读过程中及时摘抄好词佳句,记录问题、感受,精耕细读是积累语言和丰富语汇的"吸收"过程。学生在此过程中坚持并养成良好习惯,日积月累,聚沙成塔。

5. 为书配画,多元融合

读一本好书,长一份才智,享一份快乐!对平时爱不释手的书,同学们把自己的喜爱之情倾注于画笔笔端,用彩笔勾勒出书中的想象世界,为书配画,图文并茂,为自己喜爱的课外书精心绘制出一幅幅生动传神的插画。

6. 阅读演讲,分享收获

阅读是对知识的渴求,是对知识的积累,也是自身素质的提升。腹有诗书气自华,越读越美,终能遇见最美的自己。读书本身是一个输入的过程,但输出也非常重要,输出与输入相结合的学习方式比单纯输入的效率更高。碧岭学子们用一段段声情并茂的演讲,分享着自己的阅读收获和快乐。

7. 人物模仿,个性发展

组织学生进行书中人物模仿秀,展现学生个性的阅读成果。由家长带着孩子一起对书中人物开展一次别开生面的"人物模仿秀",模仿书中自己喜爱的人物,与文本深度交流。无论是《救死扶伤的白衣天使》《中国女兵》,还是《爱丽丝梦游仙境》《鲁滨逊漂流记》,这些书中的人物,被学生模仿得形似与神似。

8. 亲子阅读,书有温度

亲子阅读活动增近了亲子间的距离,营造了良好的家庭阅读氛围。"陪伴很温暖,它意味着这世界上有人愿意把最好的东西给你,那就是时间。"碧岭六年级学子一语道出对陪伴的深刻理解。在家长陪伴孩子阅读的过程中,学生和父母分享自己喜爱的书籍,令亲子间逐渐懂得相处、懂得表达。

四　"碧岭书屋"的实践成效

"碧岭书屋"阶梯阅读课程和活动的开展,得到了教师、学生和家长的积极响应和参与。"碧岭书屋"阶梯阅读课程和活动读书丰富了学生的精神生活,拓宽了学生知识面,提高了思想道德素质和科学文化素质。书香润心灵,共读促成长,它以"润物细无声"的方式给予孩子无形的精神食粮,浸润在孩子一生的成长中。学生快乐阅读,愉悦身心;认真书写,记录收获;精心绘制,展现成果。通过阅读活动将读书渗透到学生的学习和生活中,使读书成为学生学习生活中不可或缺的一部分,使阅读成为一种常态,一种品质。活动有时限,阅读无止境。在"中华经典美文诵读"汇演中,我校与粤港澳姊妹学校的联合诵读获三等奖;在坪山区阳光阅读"亮"课程暨文学节中华经典诵写讲大赛——"诵读中国"大赛中,学生集体诵读多次荣获一等奖,在世界读书日"我最喜爱的课外书"大赛中我校学生屡获佳绩。

教学相长,碧岭教师们积极组织和参与阅读课程与阅读活动,每学期学校组织教师、学生在假期阅读书籍,并在每学期初进行读书分享,提高了教师的阅读积极性、教育教学水平以及文化素养。尤其是语文教师,他们结合教学实践,吸收并消化先进的教育经验,不断练好自身的语文教学"内功",加强了个人朗诵技能训练,不断提高阅读能力,锤炼语文教学能力,经过实践和努力,有了长足的进步,并屡次在相关的比赛中取得佳绩。在坪山区品质课程"阳光阅读"暨深圳读书月小学师生"经典诗词进校园"比赛中,我校教师多次荣获一等奖,尤为突出的是,我校陆玲芝老师代表深圳市参加"诗教中国"省赛,而后进入国赛,最终获得第五届中华经典诵写讲大赛国家二等奖。

"碧岭书屋"阅读模式丰富了校园文化生活,营造了"读好书,好读书,做快乐读书人"的校园文化环境,展现了学生的个性才华和班级风采,营造了勤奋读书、努力学习、奋发向上的校园文化环境。通过家校合作,读书也增进了孩子和家长的感情沟通,促进了家长家庭教育水平的提高。学校先后荣获"深圳市书香校园""广东青年主题书法活动先进组织单位"等荣誉。学校课程建设是一项繁重而艰巨的任务,开展好阶梯阅读系列课程和活动是我校全体语文教研组共同的目标,当然,目前的阅读模式及阅读课程还需进一步落实和优化,如建立相应的校内评估机制,定期评估规划的实施,并及时调整、完善规划,争取做出碧岭特色,真正做到让每一个生命都精彩。

(撰写者:深圳市坪山区碧岭实验学校 杨 帆 朱 近 衷 诚)

第八章

三维书院：全链条协同育人的阅读模式

"三维书院"整合多方资源，聚焦学生阅读素养的生成，致力于打造家校社协同育人视角下的阅读生态圈，为学生全链条、全方位、全天候地提供良好的阅读氛围、优质的阅读资源和适宜的阅读指导，使阅读真正成为生命成长的需要和习惯。

东北师范大学深圳坪山实验学校于 2021 年 9 月正式开办,是东北师范大学基础教育"U-G-S"(大学-政府-学校)合作办学模式扎根中国特色社会主义先行示范区的新创举。学校以"为学生一生奠基,对民族未来负责"为办学宗旨,以"培养自主发展、善于创造的时代英才"为育人目标。致力于办成特色鲜明,品质卓越的研究型、示范性东师窗口校。创校以来,学校整合国家课程与校本课程,开发了以素养提升和自主学习为导向的学科认知技能训练课程,其中"国学与阅读"是学校五大类特色课程之一,学校以此课程为基础,进一步开发"三维书院"阅读模式。

一 三维书院阅读模式的背景及意义

《义务教育语文课程标准(2022 年版)》中指出:"关心社会文化生活,积极参与和组织校园、社区等文化活动,发展交流、合作、探究等实践能力;义务教育阶段要激发学生读书兴趣,要求学生多读书、读好书、读整本书,养成良好阅读习惯。"为此,学校立足校园、家庭、社会三重维度,立体设计"国学与阅读"课程,形成以学校为主导、以家庭为基础、以社区和社会为依托或支持的协同实施机制,并形成家校社共同孕育阅读教育的合力,以期培养学子持续的阅读爱好、良好的阅读习惯及较高的阅读审美水平。

二 三维书院阅读模式的实践操作

家校社三维书院阅读模式通过"家庭亲子阅读指导""校园特色课程渗透""联动社会融合阅读"三个维度展开阅读探究的大门。三维度秉持融会贯通、彼此渗透、交互影响的思维,通过发挥各阅读场域的自我优势组织学生与教师、家长、同伴开展阅读活动,赋能以阅读为底色的成长历程。

（一）家庭亲子阅读指导

余秋雨先生评论书籍的功能，认为："只有书籍，能把辽阔的时间浇灌给你，能把一切高贵生命早已飘散的信号传递给你，能把无数的智慧和美好对比着愚昧和丑陋一起呈现给你。区区五尺之躯，短短几十年光阴，居然能驰骋古今，经天纬地，这种奇迹的产生，至少有一半要归功于阅读。"阅读使文字具有了永恒的价值，让人得以站在巨人的肩膀之上，是人社会化的重要途径。而学生阅读习惯的培养不能仅仅依赖于学校，还需要家长同孩子一起努力。把阅读融入家庭日常生活是培养儿童阅读能力的重要途径，对儿童来说，家庭阅读本身就是他们喜爱的活动，更能对他们产生潜移默化的影响。

为了使学生在家庭日常生活中培养阅读习惯，学校设计了阅读存折、"牛娃"阅读册、家庭阅读指导、"故事大王"争霸赛等一系列活动。通过阅读存折及"牛娃"阅读册，鼓励学生坚持每日进行课外阅读并做好相应记录，培养学生从课内阅读向课外阅读扩展，逐渐养成阅读习惯。学校还以讲座形式指导家长组织家庭读书会并评选书香家庭，在亲子共读中让孩子明白什么是阅读，形成良好的家庭阅读氛围。考虑到小学学段学生学情，为激发学生的阅读兴趣，学校还组织了"故事大王"争霸赛活动，学生在家完成阅读后，自行准备服装、道具、音乐等对故事进行演绎，鼓励孩子讲自己喜欢的故事，在评选中激发学生阅读的积极性。

（二）校园特色课程渗透

学校阅读包括学生在学校期间所体验到的阅读环境、阅读课程、阅读活动以及阅读成果展演。

1. 学校阅读目标

营造良好阅读氛围，给学生提供良好的阅读环境，在家庭阅读的基础上进一步培养学生的阅读习惯。诵读国学经典，传承优秀中华文化，培养民族文化自信心；积累文化常识，夯实学生语言运用基础。阅读成果展演，以展演陶冶学生的情操，提升学生的审美能力；鼓励学生的表达自信，进一步激发学生对阅读的热爱。项目式学习，在阅读、分析作品的基础上，学习相关表达技巧，学习解决实际问题，尝试自主创作。

2. 学校阅读实践

学校阅读实践包括很多内容。以阅读环境布置为例，从学校图书馆，到年级开放空间、"牛娃"妙妙屋，再到班级图书角，学生日常接触到的环境随处可见书籍的身影。

图书馆丰富的馆藏自不必提,每学期学校还会让老师们根据书单挑选书目,以丰富馆藏;年级开放空间和"牛娃"妙妙屋内有各式书架,架上摆满了相应年段学生适合阅读的书籍,并且书籍定期更换;班级图书角有个大书柜,上面摆放着学生自发从家带来的书籍,学生可利用早读前、课间、自习课等时间自主阅读。此举的意义在于使阅读在潜移默化中成为学生日常生活的一部分,随处可闻书香,随时可驻足阅读。

当然,学生的学校阅读实践并不局限于在书香环境中有丰富的书籍可读,更多在于通过课程、活动的开展,使学生"读有积累、读有所感、读有所创"。

经典诵读,读有积累。学校利用早读和午读课的时间开展国学经典诵读课程,从一年级至六年级,经典诵读贯穿整个小学阶段。根据学生年段不同,学生诵读的篇目和数量也不同,内容涉及古文、古诗和宋词。一年级背诵古文《弟子规》和《三字经》部分内容;二年级背诵古文《增广贤文》和《幼学琼林》部分内容;三年级背诵《唐诗三百首》中李、杜长诗精选篇目 30—40 首;四年级背诵《宋词三百首》中精选篇目 30—40首;五年级背诵古文《论语》以及《诗经》精选篇目 20 首;六年级背诵古文《三十六计》以及《诗经》精选篇目 20 首。

成果展演,读有所感。学校每学期会开展阅读成果展演活动,节目类型包括诗词朗诵、诗词吟唱、诗词唱跳、课本剧和话剧。学生经过一学期的阅读积累,可以以班级为单位,选取喜欢的篇目来排练节目,节目要求真情流露,能体现作品所蕴含的精神与情感。在这个过程中,学生对作品的把握与感悟会不断加深,对阅读的热爱也被不断激发。

项目学习,读有所创。语文学科专门开展与阅读、表达有关的项目式学习,鼓励学生在广泛阅读的基础上,针对某类别作品进行专门阅读,学习其表达技巧,发挥联想与想象力,大胆仿作、续作或自主创作。该活动使由阅读产生的所思、所悟有了表达的渠道,也使学生的语言运用能力和审美创造能力得到进一步提升。

(三) 联动社会融合阅读

三维书院阅读模式的第三个维度是联动社会资源,进行融合阅读,即学校阅读课程从资源链接、辐射引领、成果汇报的角度与社会链接,以期为学生在社会层面营造更好的阅读氛围,使学生获得更广阔的阅读视野和更充实有趣的阅读体验。

1. 联动社会融合阅读目标

学校在社会层面营造崇尚阅读、喜爱阅读、善于阅读的氛围,并发挥环境的育人作用,提升孩子阅读的自主性与积极性,促使社区、家长更科学合理地陪伴与引导孩子开展阅读。

学校也将阅读教学成果辐射社会,推广良好的阅读教育经验,带领社会更多家庭科学地开展亲子阅读。同时为学校阅读教学模式研究积累更丰富的社会样本。以进一步优化和完善学校阅读教学体系。

通过与社会资源链接,学校在时间、空间、形式等维度,丰富学生的阅读体验,以进一步培养学生的阅读习惯与阅读兴趣。

2. 社会阅读实践

社区公益阅读讲座。学校不定期开展社区阅读公益讲座,分享阅读的题材与方法,丰富广大学生的学习生活,使学生亲近阅读,学会阅读。

阅读专题党员先锋岗家庭教育指导活动。学校开设党支部党员先锋岗“心桥驿站”。教师在活动中走进社区会议室,为广大社区居民提供“家门口”的家庭教育指导和咨询。亲子阅读教学指导专题活动详细向广大社区家长传授家庭内开展亲子共读的方法,为学生提供更好的阅读环境。

组织学生参与社会图书馆系列活动。学校教师布置实践性作业,组织并引导学生利用假期到图书馆参与内容丰富、形式新颖的阅读实践活动,包括到图书馆借阅课外书;到图书馆观看绘本剧;参加深圳少儿图书馆“我是小馆员”活动;集体参与2023年“世界读书日”深圳图书馆、深圳市少年儿童图书馆与香港中央图书馆、澳门公共图书馆联合举办的创作比赛与优秀作品联展活动。

在学校读书节引入阅读资源。邀请知名作家谭旭东教授为学生开展阅读类专题讲座;邀请东北师范大学文学院孙立权教授开展语文阅读教学讲座;开展“我是阅读推广人”教师好书推荐活动,在全体教师推荐阅读书目的基础上遴选出部分书籍,形成学校专属推荐书单。

三　三维书院阅读模式的实践案例

(一) 校园特色课程渗透案例实施

学校层面的阅读案例非常丰富,但篇幅有限,在此以二年级童话项目式学习为例,介绍童话阅读与童话创作的结合。

童话项目式学习是基于部编版二年级上册第七单元整体教学的项目式学习,它以大量的、持续性的国内外童话阅读为开展前提,以对教材内童话文本的阅读与分析为抓手,最终将阅读成果化——创作专属童话故事。

1. 驱动问题

儿童的天性向往自由与瑰丽的幻想世界,又有强烈的好奇心与好胜心,对于童话节充满了期待。他们不仅热爱阅读童话故事,也想创作出一本班级童话故事书,每位同学都想成为一名小作者。所以童话项目的驱动问题从学生的兴趣点出发,鼓励学生在大量阅读童话的基础上,创作自己的专属童话,合力"出版"一套班级童话故事书。

2. 学情与目标

本校二年级的小学生,大多数已基本养成每天课外阅读40分钟的习惯,能够自主阅读各类绘本、注音读物甚至不带拼音的浅显读物。这样的阅读量给学生的写作带来一定的帮助。同时,经过二年级的几次写话练习,多数学生可以写出200字以上的习作内容,能简单叙述事件、简要描写场景。基于此,童话写作目标定为:创作200字左右的微型童话故事,能写清楚故事的来龙去脉,简单刻画人物形象,做到字句通顺。

3. 活动任务设计

根据学情与项目目标,制定出活动任务安排。详见表8-1。

表8-1 童话项目式学习活动任务安排表

准备任务	提前一个月每日阅读国内外童话故事40分钟。
创作任务1	尝试创作童话,发现问题。
创作任务2	解决问题1:人物形象刻画。 (教学内容取自教材单元课文)
创作任务3	解决问题2:故事情节构思。 (教学内容取自教材单元课文)
创作任务4	根据所学,修改童话故事;绘制插图、封面、目录,装订班级童话书。
思辨任务	小组学习:归纳童话故事的特点,总结写好童话故事的方法。(教学内容取自国内外童话名篇与教材单元课文)

4. 项目实施

基于单元整体教学的童话项目在实施的过程中,始终体现出整体性思维——各项目任务相互关联、衔接紧密;学生的学习活动呈现较高的自主性——自主阅读、自主探究、自主创作。

（1）项目任务的整体性。

整个项目在童话阅读的基础上，围绕童话写作各要素展开。随着准备任务、创作任务和思辨任务的实施，全程关注学生知识与能力的建构，各任务之间相互依存、环环相扣，使整个项目链条紧密衔接。

准备任务，指向项目成果完成的知识与能力。特定的项目成果需要特定的知识与能力，这些知识与能力指向真实世界中专业人员所需要的能力。在童话项目中，前期大量的阅读准备，使学生对童话故事有基本的了解，能够初步感知什么样的故事是童话，什么样的故事有趣且吸引人，并对自己的童话创作产生模糊的预期目标。例如，学生会不自觉地在后期创作中模仿最熟悉的童话故事；学生会对童话故事书的作者、封面、目录、插画、出版社等相关知识感兴趣，愿意为班级故事书的诞生而发挥天马行空的想象力和创造力。学生在完成该学习任务的过程中，其所扮演的角色与真实世界的图书出版人员高度相似，这无疑刺激了学生的创作热情，将对他们的童话写作与思辨总结产生积极的影响。

创作任务，指向项目目标的核心知识与能力。"创作童话故事"既是项目目标，也是项目的核心知识点与能力发展点，还是解决项目问题、形成高质量项目成果的关键，所以这同时也是学生探究、学习的重难点。为落实核心知识与能力建构，创作任务被细分为多个模块。首先，学生先尝试独立创作童话故事，并在教师的引导下发现这些童话故事存在的问题。紧接着，针对自编童话存在的问题逐一分析、解决。在本次童话项目中，存在的最严重的两个问题分别是人物形象塑造单薄和故事情节平淡无趣。为此，在项目的创作阶段专门设置两个学习任务——人物形象刻画与故事情节构思。通过对难题的攻克，学生不仅掌握了故事写作的要素和方法，其分析问题、解决问题的能力也得到了锻炼。在此基础上，学生对自编的童话故事进行修改、装订，最终形成班级童话故事书。然而，项目学习并没有完成，提出问题、分析问题、解决问题之后，还要有反思与感悟，于是就有了思辨任务。

思辨任务，指向探究性学习实践。探究性实践是项目化学习中常见的实践方式之一，它是通用性的学习素养，同样也需要有意识地建构。童话项目采用归纳总结的方式，结合小组学习模式，在学生探究结果的基础上，教师进一步带领全班交流，总结出童话故事的基本特点，以及创作童话故事的方法与要点。这个总结归纳的过程，既是对童话写作规律的探究，也是对整个项目学习任务的总结，更是对学生知识与能力建构的巩固与提升。

（2）学习活动的自主性。

基于单元整体教学的童话项目，不仅在项目任务上环环相扣、浑然一体，在单元教学活动中同样注重学生学习的自主性。其自主性主要体现在以下三个方面。

第一，自主阅读，整体感知。教师专门为学生设计了"童话阅读记录卡"，学生每天阅读童话后认真登记好阅读篇目、阅读时长，并做好阅读笔记。阅读童话的准备任务长达一个月，大量的童话阅读会开阔学生的视野，为学生后期的创作提供素材与想象支撑。阅读的过程中，教师只负责给学生推荐阅读书目、提供在校阅读的童话读物，至于阅读时间的安排、阅读偏好、阅读笔记的制作等都由学生自主完成。在创作阶段，童话单元内的课文也成为阅读材料，由学生带着"童话故事需要包含哪些要素"的问题自主阅读。基于对多篇童话课文的整体感知，学生对童话包含时间、地点、人物、事件（起因、经过、结果）等要素有了一定的体会，并在初次尝试自编童话故事的时候将这些要素囊括了进去。更值得一提的是，在自主阅读后的小组讨论、交流中，学生能够敏锐地发现童话故事在写法上的特点——运用拟人、夸张的手法，并领悟到童话故事需要有大胆想象的特征。

第二，自主探究，突破难题。学生初次尝试创作童话故事，大多数虽然能写出故事的雏形，但故事生硬刻板，读起来干巴巴的，缺乏趣味性与文学性。教师引导学生将他们自编的童话与经典童话进行对比，学生通过观察与思考，发现他们的故事主要存在人物形象单薄和情节平淡的问题。针对这两个问题，教师专门设计了"人物形象刻画"和"故事情节构思"两个创作任务，以开展任务的方式促进项目问题的解决。在这个过程中，单元整体教学的优势得到了发挥。以"人物形象刻画"课为例，教师依次出示童话单元课文里大象、蜘蛛、青蛙、小毛虫等不同角色的语言，让学生猜一猜这些话分别对应哪个角色，猜完后再请学生分角色朗读。在猜一猜和朗读中，学生自觉体会到"说话"的重要性，懂得人物能够通过说话表达自己的想法和情感，人物的性格特点也能够通过说话展现出来。于是，学生举一反三，通过自主默读的方法，找出描写人物动作、外貌、神态的语句，总结出语言、动作、外貌和神态描写对"人物形象刻画"起着至关重要的作用。

第三，自主创作，知识迁移。单元整体教学活动让学生懂得童话写作需要提前构思，他们也从中习得了"人物形象刻画"和"故事情节构思"的方法。这个过程就是学生项目核心知识与能力建构的过程。但至此项目并不算完成，学生的学习活动还有至关重要的部分——凝结学习成果。这个活动依然是学生自主构思、自主创作，教师只从旁协助，提供适当的引导和搭建脚手架。以"故事情节构思"为例，学生通过对《蜘蛛开店》《青蛙卖泥塘》和《月姑娘做衣裳》等系列文章的剖析，明白童话故事若想有趣，故事里的主人公一定要经历重重险阻，就是所谓的情节一波三折。同时，情节中自有规律可循——蜘蛛相似的三次开店经历、月姑娘相似的三次做衣服经历、青蛙相似的多次卖泥塘经历，都体现了情节反复的特征。学生习得了这些写作技巧，会有意识地套用到自己的故事中——小老虎吸取多次与大蛇的斗争经验，最终打败坏人；小鸟多次找工作失败，最终找到了适合自己的工作；鲁莽的长颈鹿帮妈妈买油，跑了好几趟终于买到了油；小狗学艺，报了好多次兴趣班，终于找到了自己的特长……这种有意识的化用、套用，正是学生知识迁移的体现。

5. 项目成果

通过此次项目学习，学生不仅丰富了阅读积累，也为学生从阅读而来的思考、感悟和表达欲提供了释放的渠道，最终创作出自己的作品，使得阅读成果化，极大地增强了学生的学习成就感和幸福感。与此同时，学生还在项目活动中锻炼了问题解决能力、归纳总结能力，以及联想和想象能力，对于思维品质的提升有一定的积极意义。

四　三维书院阅读模式的实践成效

学校希望发挥家校社的育人合力，从文化熏陶、知识学习、技能锻炼、社会实践等多维度开展许许多多的互动体验，让学生们在阅读中增长知识，润泽心灵，感受阅读之美、知识之美、文化之美，让读书阅读成为一种快乐、一种享受。在阅读课程开发中，坚持以高质量标准实施各项教育活动，目前已初显成效。

经过为期两年的实践探索，目前大部分学生能够通过阅读存折及"牛娃"阅读册，坚持每日进行课外阅读并做好相应记录；在书香家庭、家庭读书会等活动的促进下，亲子共读也初见成效，大部分家长能够从思想上认识到家庭阅读的重要性，并对孩子家庭阅读的培养给予一定支持。家长是孩子们的第一任老师，家庭氛围也是孩子们成长的重要外部环境。家庭阅读的有效开展能够促进家长与孩子们的共同成长，让他们能够在共同阅读、分享交流的过程中感受到多样性的亲子交流渠道，更好地拉近家长与孩子之间的心理距离。家庭阅读的开展也有利于家长为孩子选择恰当的、符合孩子认知能力的阅读素材，有意识地通过丰富的阅读材料构建孩子的知识体系。当然，阅读学习是循序渐进的过程,习惯养成也不是一蹴而就的。家庭阅读教学的过程中要树立"打持久战"的教学理念,从细节入手,重视孩子们的阅读思维能力教育,引导他们逐渐养成良好的阅读素质,为他们日后的学习发展打好基础。

学校层面对学生阅读习惯和能力的培养,以素养落实为出发点,以期提升学生在文化自信、语言运用、思维能力、审美创造等方面的综合素质。

随着学校课程与社会开展广泛链接,学校也强化了品牌效应,提升了社会影响力,越来越多的家庭理解、参与、加入学校三维书院阅读模式的开发,使得课程的研究与优化有了更为丰富的社会样本。学生也在丰富的阅读体验中,提升了责任意识与社会担当,正朝着自主成长、善于创造的时代英才的角色迈步前行。

阅尽繁华,悦享天伦。展望未来,学校将继续推动三维书院阅读模式的实践、探索与创新,发挥阅读在立德树人环节中培根铸魂的作用,积极推动校园品质课程建设,让学子的阅读力、审美力、创造力通过阅读蓬勃生长。聚沙成塔,汇成大河。学校将锲而不舍地打造新型书香校园,在发扬东师基础教育品牌,彰显地区示范效应的教育教学改革实验道路上持续发力。

（撰稿人：东北师范大学深圳坪山实验学校　叶子建　季雅瑄　刘雪柯）

第九章

森林书屋：群落阅读汇聚磅礴力量

　　"森林书屋"旨在以亲近自然、开放包容、传统厚重的阅读环境为出发点，让孩子在富有乐趣、崇文崇礼的阅读活动中成长，领悟快乐阅读、全面进步的真谛。学校以生态育人特色为载体，让儿童在自然环境中亲密接触自然，通过自然感官的刺激诱发儿童独立思考。在广阔天地的滋养下，孩子的阅读世界也随之宽阔起来。

深圳市坪山区马峦小学为 2018 年新建校,属全日制公办小学。学校位于坪山区马峦社区,依马峦山,傍大山陂,自然生态环境优美。校园环境中显性文化与隐性文化相得益彰,古典情调与现代格局交融共生。学校设有书法室、阅览室、图书馆、阅读角等阅读功能场所,并配有现代化的内部设施,在生态校园中随处可见阅读群落,在阅读群落中抬眼即见森林视野,以亲近自然生态、开放包容、传统厚重的阅读环境为出发点,让孩子在富有乐趣、重文重礼的阅读环境中成长,在自然大美中领悟快乐阅读、全面进步的真谛,努力成为有梦想、有能力、有作为、有创造的自信昂扬好少年。

一 "森林书屋"的背景与意义

"森林书屋"指向学生的阅读习惯养成与能力素养提升,来源于课程标准的要求、办学理念的导向、特长发展的需要、生态景观的滋养。

1. 课程标准为依托

为全面落实语文课程标准关于"阅读与鉴赏"的目标要求,"森林书屋"分年段开设阅读课,分主题开展阅读系列活动。

2. 育人理念为核心

"森林书屋"以森林教育为核心,是提供生态化的教育服务的阅读模式。它依托于我校的梦想教育,是基于现实、着眼未来的教育理想。我校以"童梦"为核心文化价值观,以创办"森林中的童梦学园"为办学愿景,由此确定了"童梦教育"教育哲学观。"童梦教育"是儿童教育,是为儿童发展服务的;"童梦教育"从本体论角度确认了教育就是梦想、就是超越的教育观,它让我们相信:学校就是梦想启航的地方。我们将学校的课程理念确定为"每一个梦想都精彩"。学校期待通过开设"森林书屋"阅读相关活动,让经典书籍与孩子时时相伴,让他们从小向伟大致敬,与伟大对话,种下阅读的种子,培养阅读的兴趣,养成阅读的习惯,汲取精神的滋养,在不经意间悄然花开,让每个梦想都愈加精彩。

3. 校本理念为实施路径

学校根据办学理念,将国家课程校本化实施,通过融合学校的优势资源和特色资源,着力构建人文园、科创园、智慧园、艺术园、健美园五大课程板块,逐步形成阅读、体育、艺术、科技、德育等特色课程,开发校本课程达到40门以上,有力促进学生全面发展和个性发展。人文园课程重在语言与修养课程,包括行为与礼仪、社会实践课、队会课以及语文等相关课程,如朗读者、国学课堂、小剧场、趣配音、小主持人等课程,培养孩子在语言方面的听说读写能力及与人交流的能力,为孩子在语言智能发展和人文修养方面提升提供课程支持。遵循边研究边建设,边完善边实施的"四边"课程原则,在此背景下,学校"森林书屋"阅读课程分年级逐步推开,自主选课,全员覆盖。

4. 育人环境为天然优势

学校地处马峦山畔,以生态育人特色为载体,尊重自然、融于自然,推进以"绿色马峦山,畅写校园美"为主题的读书月活动。建设以远足登山、观海观瀑为主要内容的特色课程。积极带动学生和家长参与社会实践,丰富习作素材。学生在自然环境中亲密接触自然,通过自然感官的刺激诱发儿童独立思考,获得主动学习的乐趣。孩子们对自然、生命愈加尊敬与仁爱,在广阔的天地滋养下,孩子的阅读世界也随之宽阔起来,这对于养成孩子的心理健康和完整人格具有积极作用。

二 "森林书屋"的实践操作

"森林书屋"阅读模式,依托于环境创设中的兴趣激发、教学课程中的方法导引、实践活动中的能力提升。

(一) 环境创设中的兴趣激发

学校着力对校园文化、班级文化进行统一规划,在体现学校办学思想的指导下,凸显学校文化特色,让每一面墙会说话,让每一处景有深意,创办智慧校园。学校以开放的育人环境,引入马峦山森林生态资源,作为学校环境文化和课程文化的重要组成部分。学校以森林景观为主题进行文化建设,为学生创设良好的育人和成长环境,构筑人人有梦想并逐步圆梦的校园。重点打造梦之力(攀爬区)、梦之场(森林剧场)、梦之园(生态区)、梦之源(图书馆)、梦之廊(照片墙)主题文化。

"梦之源"包括图书馆,是我校阅读文化主题功能区,这是"森林书屋"的硬件载体,通过阅读这棵大树的支脉根叶生发,建立向上输送成长营养液的自然管道。通过丰富图书种类,扩大图书数量,加强图书信息化建设,实现图书馆多种功能一体化,把图书馆打造成集阅读、学习、教学、研讨活动于一体的新型知识学习场所。此外,学校还将完善各个功能室的主题装修,使其更符合本校的生态特色与氛围;不断更新与维护校园文化长廊建设,使学生对传统文化有所了解;维护学校主题文化墙,使其成为学校独特的文化展示墙。同时,加强班级文化建设,建立"书香满园"图书角,丰富学生知识内容,使教室呈现出自然、平静、整洁的氛围,显现和谐之美。

(二) 教学课程中的方法导引

不断生长的树木会成为森林,经过修枝打理的森林,更会成为人们梦想中诗意的栖居之地。"森林书屋"阅读模式关注环境中的自然成长,也关注迎着阳光的后天生长,通过阅读课程的方法导引,让每一个阅读的梦想不仅生根发芽,还要茁壮成长。阅读课程建设分为两个阶段实施:一是分学段确定阅读课程目标;二是分学段确定阅读课程内容。

1. 分学段确定阅读课程目标

聚焦立德树人,我校倡导每一个人"做有梦想的人",以培养"爱家国,有梦想;爱学习,会探索;爱运动,强自信;爱生活,懂审美"的少年儿童作为目标,努力培养德智体美劳全面发展的社会主义建设者和接班人。梦想是引领成长的灯塔。我校对照国家课程方案的要求,设计1—6年级的"森林书屋"育人要求,形成学校分年级的课程目标。

2. 分学段确定阅读课程内容

我校"森林书屋"阅读课程在校本化课程图谱结构设计的基础上进行了课程的纵向布局,按照年级/学期进行课程设置,确保儿童的阅读素养在不同成长阶段均能得到全面而充分的发展(见表9-1)。

表9-1 "森林书屋"阅读课程设置表

年级 \ 学期		阅读课程设置
一年级	上学期	诵读天地、阅读书吧、分享乐园、欢乐春节、硬笔书法、软笔书法、寻找秋天
	下学期	诵读天地、阅读书吧、感恩亲人、硬笔书法、软笔书法、植物与生活、瓜果飘香

年级＼学期		阅读课程设置
二年级	上学期	诵读天地、阅读书吧、团圆春节、硬笔书法、软笔书法、综合材料、戏剧、美丽家乡
	下学期	诵读天地、阅读书吧、珍惜幸福、硬笔书法、软笔书法、动物与生活、春天来了、动物聚会、综合材料、戏剧
三年级	上学期	诵读天地、阅读书吧、童梦小记者、硬笔书法、软笔书法、小主持、综合材料、戏剧、动物朋友
	下学期	诵读天地、阅读书吧、童梦小记者、硬笔书法、软笔书法、小主持、综合材料、戏剧
四年级	上学期	诵读天地、阅读书吧、古文世界、童梦小记者、硬笔书法、软笔书法、小主持、食物在旅行、与动物交朋友、综合材料、戏剧
	下学期	诵读天地、阅读书吧、古文世界、童梦小记者、硬笔书法、软笔书法、小主持、综合材料、戏剧
五年级	上学期	诵读天地、阅读书吧、古文世界、童梦小记者、小主持、宇宙的奥秘、综合材料、戏剧、阅读少年
	下学期	诵读天地、阅读书吧、古文世界、童梦小记者、小主持、综合材料、戏剧
六年级	上学期	诵读天地、阅读书吧、古文世界、童梦小记者、小主持、戏剧、传承红色基因
	下学期	诵读天地、阅读书吧、古文世界、童梦小记者、探索与发现、戏剧、骄傲深圳人

(三) 实践活动中的能力提升

多措并举开展各种阅读活动是落实"森林书屋"纵向发展的路径。由学校统筹,语文科组负责,协同推进阅读活动的开发设计与组织实施,涵盖阅读环境打造、常规活动开展以及特色活动开发等方面内容。

1. 优化阅读环境

"森林书屋"明确阅读环境对学生阅读能力提升的重要性。我校也一直重视阅读环境的创设。

（1）开辟"阅读者身影"专栏。在班级开辟一小块"阅读者"专栏，用于登记当天进行阅读的同学。提倡班级培养一位"小读者"发现员，对于本班课间到走廊图书角或者班级图书角阅读的同学，进行记名表扬。

（2）完善班级图书角。各班读书角书籍丰富，并由语文老师及班主任定期检查更新，保证阅读书目符合学生年龄特点及兴趣。学校定期组织班级文化检查，将相关项目纳入五星班级评分，鼓励班级营造阅读氛围。

（3）充分利用图书馆。高质量建设学校"梦之源"图书馆，不断丰富馆藏书目，完善图书馆环境。为所有师生办理图书馆借书卡，鼓励师生到馆借阅书籍。学校每学期根据师生在图书馆阅读时长及借阅书籍数据评选校园"阅读之星""书香班级"等。

（4）提倡建立家庭图书角。向家长发出倡议书，鼓励其在家庭建立阅读角落，让孩子在家有一个属于自己的阅读小基地。并建立"书香家庭"评比的量化标准，鼓励家长根据学校的引导，营造书香家庭，带领孩子一起开展家庭阅读。

2. 落实阅读行动

"森林书屋"的内涵是让每一位马峦学子都爱上阅读，沉浸在阅读的森林里，感受文字的魅力。因此，我们在学校会将下列阅读活动进行落实。

（1）坚持晨间诵读。每天早上学生进班以后，由班级代表组织进行经典诗文自主诵读。学生开口朗读课文或诵读经典诗文。班主任、科任教师、值日教师、值周教师进行巡查，对各班诵读情况进行反馈及评价。

（2）持续午间阅读。各班级每天安排集中阅读时间，中午午餐后、午休前的半个小时，由各班级午休老师组织所在班级学生进行自主阅读。在班级自主阅读时间里，学生既可以在本班级进行阅读也可以由语文老师带着孩子们在教室外面的开放式图书角一块品味经典书目、享受读书乐趣。我们会设计好阅读登记表，在每个班级中对每天坚持阅读 20 分钟以上同学进行签名登记，孩子们的签名情况也会纳入"阅读之星"的评比中。

（3）重视各班每周一节的阅读课。各班每周利用一节语文课上阅读课。阅读课既可以组织学生在班级进行"共读一本书活动"，也可以组织学生去学校图书馆进行自主阅读。

（4）提倡家庭亲子阅读。教师们会指导家长和孩子们一起每天坚持阅读，班主任或语文教师会利用线上或线下形式组织开展亲子阅读交流会，并对这些家庭进行"书香家庭"的评比。

3. 用活动促进学生深层次的阅读

"以学促教"用活动来激励学生多读书,读好书,读出自己的真知灼见。

(1)扎实开展"读书节"系列活动。结合世界读书日、深圳市读书月和学校每学期确定的读书主题,在学校读书节和语文周活动中开展美文诵读比赛、读书演讲(讲故事)比赛、读书报告会、古诗擂台赛、读书笔记展评,读书手抄报展览等各类读书活动。

(2)搭建展示平台。利用朗读亭开展美文诵读征集,优秀的诵读作品将利用校园红领巾广播站进行展播。

(3)每月一次班级展示会。利用阅读课,开展班级好书推荐、读书心得分享会、讲故事比赛、课本剧、戏剧比赛等。

(4)开展图书漂流活动。每学期开展一次图书漂流活动,让学生手中的书流动起来、丰富起来,让学生的交流多样起来、有趣起来。

三 "森林书屋"的实践案例

案例部分具体展示学校的"与书为友 逐梦远航"主题读书节系列活动。

为了让每一位学生都能与好书交朋友、与智慧牵手,让书籍为学生开启一扇心灵之窗,让他们学会感恩、懂得感激,同时营造浓郁的书香校园氛围,进一步丰富校园文化生活,2022年9月,马峦小学开展了以"与书为友 逐梦远航"为主题的读书节系列活动。

第一阶段:择一方天地,辟一隅书香。小小图书角,浓浓书香韵!图书角建设是书香校园建设中重要的组成部分,为了营造阅读氛围,激发全体学生参与到读书活动中去,好读书,读好书,会读书,以书为伴,快乐阅读,马峦小学开展了"最美图书角,书香满校园"图书角评比活动。各班学生献计献策来充实和布置班级的图书角。

第二阶段:阅读促成长,书香伴我行。"书是人类进步的阶梯。"近年来,马峦小学将阅读与提升学生素养联系起来,与培养学生终身学习能力联系起来,把阅读工作纳入学校整体教学规划中,大力推进阅读工作走深走实。

为进一步践行社会主义核心价值观,鼓励和引导全体学生在课余时间积极开展课外阅读活动,增加学生的语言积累,马峦小学举办了以"一路书香,一生阳光"为主题的读书征文评选活动。

第三阶段:传承红色经典,忆峥嵘岁月。"语文"里,一半是语,一半是文。写作为文,朗读为语。有了朗读,有了"语",对"文"才能有更深切的理解。关于朗诵,马峦小学在行动。好的活动需要合适的引导。为了让孩子们感受到朗诵的魅力,马峦小学语文老师全体出动,"爱国主题班级诗歌故事会"应运而生。学生自发搜集与爱国有关的故事、诗歌等,分享爱国故事,朗诵爱国诗词,一字一句,演绎着朗诵的魅力。

第四阶段:共读一本书,共传一份情。用寸草的智慧星点,孕育秋日的桂馥兰香。在这硕果累累的季节,各班语文老师与学生们开展了"共读一本书"阅读活动。在老师的引导下,同学们围绕同一本书,分享自己的阅读所得,形式丰富多样,内容充实有趣。

通过共读,学生们共同学习,一同成长;通过共读,学生们互相沟通,分享读书的感动和乐趣。每个学生都沉浸在浓浓的书香之中,徜徉在知识的海洋里,其中的美妙不言而喻。

第五阶段:演书中精彩,讲心中所得。为了深化"与书为友　逐梦远航"读书节系列活动的开展,营造浓厚的"书香校园"氛围,进一步激发学生的阅读兴趣,培养学生会说、敢说的能力,马峦小学举办了"我最喜爱的课外书"的演讲比赛。在这最好的读书时节,我们齐聚一堂,来一场书友比赛,用演讲答辩的方式,交流读书的快乐。

四 "森林书屋"的课程评价

"森林书屋"课程评价主要包含课程本身的评价和课程实施效果的评价。学校将课程评价安排在每学期课程实施结束后。课程评价主体多元化,包括校本课程开发与实施的教师、其他教师、学生、学校领导、家长,甚至学科专家、课程与教学论专家、上级教育行政管理人员等。遵循学生身心发展规律和教育教学规律,坚持科学的教育质量观,充分发挥评价的正确导向作用,推动形成良好的育人环境,促进素质教育深入实施。

(一)"森林书屋"课程建设总体评价

"森林书屋"课程本身的评价由学校科研处负责,总体评价指标指向于课程建设方案、课程建设团队能力、课程建设改革目标、课程建设的质量及课程建设的形式等几个方面,要求"森林书屋"建设方案富有规划的科学性和时代性,要求课程建设改革有鲜明的时代特征和学生发展本位理念,把课程建设的质量和形式作为重要的考核指标,关注个体差异,注重课程素养的全面提升。我校"森林书屋"的具体评价表如下(见表9-2)。

表 9-2　马峦小学"森林书屋"阅读建设评价表

评价指标	评价内容	评价分值
课程建设方案 20%	方案设计主题鲜明,寓意深刻,立意新颖;有针对性、教育性、科学性、时效性和时代性。	
课程开发 20%	课程开发的目标明确,定位准确,紧扣主题;师生互动充分体现学生主体、教师主导的理念。	
课程教学改革 20%	改革有鲜明的导向性和时代特点;注重学生的实践和感悟;能促进学生身心健康发展。	
课程学习质量 20%	情境设计合理,可操作性强;注重培养学生实践能力;层次清晰,重难点突出,贴近学生生活实际。	
课程团队建设 20%	有支撑学科发展的学科带头人和学术骨干;培育一批学科创新团队,产出高水平学科课程成果;有支撑学科可持续发展的、具有一定优势或特色的、数量充足的学科团队。	

(二)探索学生多样化阅读评价体系

(1)探索利用信息技术构建良好的学生课内外阅读记录及相应的评价系统。通过分布式数据记录,形成学生教育记录系统,构建伴随式、诊断式评价体系,通过学习信息的评价性反馈,促进学生更多地进行经典阅读。

(2)建立学生综合素养评价电子档案。有重点地记录重要的作品、重要的写作以及获奖作品证书等学生成长中的重大事件、重大事迹。

五　"森林书屋"的实践成效

群落阅读既丰富了学校课程体系,满足了学生的学习需求,更实现了学生个性发展。在"森林书屋"里,学生健康、快乐成长,实现了充分而全面的发展。我校原创戏剧《郑和下西洋》《跨越时空的问答》获深圳市戏剧比赛一等奖,其中《跨越时空的问答》于2022年4月9日在中国教育电视台播出。

利用了教师资源,开发了系列校本课程,提升了教师的课程能力。我校充分利用优秀教师资源,开发了6门"童梦阅读"校本课程;组建了4个学生社团;开展了读书节、学科周、主题阅读周、主题活动周等。四年来,学校年轻有活力的高素质语文教师队伍在各级各类比赛与评比活动中喜讯连连,获得省级奖项 2 人次,市级奖项 5 人次,区级奖项 35 人次。

发掘了家长和社会资源,推进了家校社共育,完善了学校"课程圈"。我校借助家长资源,开设了亲子阅读、家长资源进社团等活动;发掘自然资源,开发马峦山植物调查、马峦山观鸟、观鸟＋实践、写作＋实践等生态课程。家长、社会与自然资源的引入,极大地拓展了课程资源内涵,为学生的健康发展带来了蓬勃生机、注入了新的活力。

（撰稿人：深圳市坪山区马峦小学　艾琴琴　朱一鹏　雷　倩）

第十章

习阅轩：书香里的桃花源

"学以成人，积习成性"。"习阅轩"模式以优化校园阅读环境为核心目标，激发学生的阅读热情，系统培养阅读习惯，提升阅读质量。通过多样活动提升学生语文综合素养，促进全面发展，同时采用多元评价激发教学创新和潜能。

深圳市坪山区中山小学基于"学以成人，积习成性"的教育思想，落实立德树人根本任务，以"习惯引领发展，性格影响未来"为办学理念，创立习性教育品牌。正所谓习性是根，育人为本，习性教育厚植于"习与性成"等中华优秀传统文化，强调习性养成的环境建设，促进学生认知建构和全面发展。学校办学效果显著，2019年办学仅四年的中山小学接受了深圳办学水平评估，被评为"学生习性良好、人格健全，学校全面优质发展，是一所上级肯定、社会认可、家长满意、学生喜欢的区域性名校"。

中山小学依托习性教育，以阅读环境建设，依托阅读课程，以阅读活动为契机，打造"书香校园"，让阅读变得有趣，让读书成为习惯。"习阅轩"模式的提出及探索，旨在营造有利于学生阅读的环境，激发学生阅读兴趣，培养学生阅读习惯，提高学生阅读质量，为孩子们终身受益的阅读习惯打下坚实的基础。

一 "习阅轩"的背景与意义

"习阅轩"模式的提出源于习性教育关于环境创设的理念，源于新课改提升学生核心素养的需求，源于时代发展的需要，具体内容如下。

（一）着手于新课标关于阅读的要求

2022年4月，教育部印发义务教育课程方案和语文等16个学科课程标准。新修订的义务教育课程方案注重落实立德树人根本任务，全面落实有理想、有本领、有担当的时代新人培养要求，强化课程综合性和实践性，推动育人方式变革，着力发展学生核心素养。

《义务教育语文课程标准（2022年版）》提出"鼓励自主阅读、自由表达；倡导少做题、多读书、好读书、读好书、读整本书，注重阅读引导，培养读书兴趣，提高读书品位"。

与《义务教育语文课程标准（2011年版）》相比，新课标的一个突出变化是整本书阅读的要求被正式写入其中,新课标首次明确了整本书阅读的目标、内容及要求。新课标对阅读提出了具体要求,即不能把阅读当作任务,而是要将其变成学生的习惯;不仅要读整本书,还要掌握阅读方法与经验。只有掌握了阅读方法,学生在之后的学习道路上才能走得更加从容。

其中,新课标总目标第 5 条在原课标第 7 条的基础上,将"学会运用多种阅读方法"的要求前置,提醒语文教师更加注重对学生阅读方法的培养。学段目标中明确描述了各学段阅读整本书的目标和要求,从尝试阅读到初步理解与把握主要内容,再到建构阅读整本书的经验,体现了整本书阅读在不同学段的连续性和差异性。这些阅读要求的调整,更加彰显新课标对整本书阅读的重视。

(二) 着根于学校办学理念的追求

荀子云:"积行成习,积习成性,积性成命。""习性教育"秉持人性整全发展的教育立场,强调课程的整体性建构。学校秉承"习惯引领发展,性格影响未来"的办学理念,致力于培养"健康、文明、智慧、高雅"的学子。

阅读是学生最基本的学习活动,观察、分析、思维等活动都要在阅读活动中进行。阅读能力也是学生最基本的学习能力之一,分析、归纳、总结、提升、解决等能力的培养和应用都要以它为基础。阅读习惯的培养使学生主动活泼地学习,能够引领学生自己去探索,自己去辨析,自己去提炼,从而使学生获得主动发展。由此可见,小学生阅读习惯的培养对于提高学生综合素质起着至关重要的作用。在强调终身学习的今天,养成阅读习惯,应成为诸多良好习惯的首选。

(三) 着力于校本习文课程的谋求

中山小学的学生有其质朴善良的品性和求知若渴的心理。为此,我校精心设计了"三类—六维—二层"的"习性教育"课程结构体系。这一课程体系是针对课程的性质和内容来架构的。三类分别是基础类课程、拓展类课程、个性类课程,对应指向面向全体、面向分层、面向个体;六维分别是习志课程、习体课程、习礼课程、习文课程、习艺课程、习慧课程,对应指向人的心志与动能、体育与健康、品德与修养、人文与艺术、数学与科技;二层,是指六维中又分为两个不同的层面,底层为根本性的底色课程,即习志课程,另一层是指其他五个指向不同领域的课程。学校通过国家课程校本化实施、校本课程特色化开发,为学生提供开放多元、自主选择的立体化课程体系,在落实学生全面发展的同时,真正促进不同禀赋学生的个性化发展,形成了中山小学课程结构模型(见图10-1)。

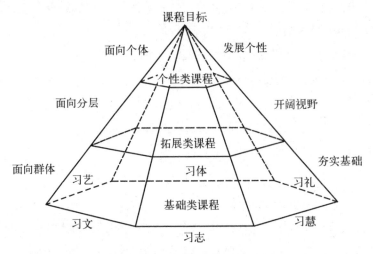

图 10-1 中山小学课程结构模型

其中,习文课程以涵养学生的文化底蕴为价值取向,以文化人,包含习言、习字、习作三要素,引导学生积累语言,乐于表达,说得一口好话;腹有诗书,才华横溢,写得一笔好文。同时,我校定于每年5月份开展诵读课程中的读书节,开展讲故事大赛、家庭亲子课外阅读知识竞赛、辩论赛、吟诵等一系列活动,提高学生对语言的感受能力、口语表达能力和逻辑思维能力,共享语言的快乐,促进思想的交流,极大地提高了学生的语文核心素养。习阅轩课程希望每个孩子都能得到最大的发展。

二 "习阅轩"的实践操作

为了让"习阅轩"模式稳固落地,稳步推进,学校整体设计,共同推动,在以下层面落实执行。

(一)营造阅读环境

1. 学校大环境

(1)制定教师先行阅读方案。学高为师,身正为范。为了充分利用学生向师性的特点,让老师们成为阅读的示范者、引领者,用榜样的力量去带动学生,学校每学期都会开展教师读书分享活动,设计寒暑假推荐必读和选读书目,形成师生共读的阅读环境,为建设书香校园打下坚实的基础。

(2)建设学校阅读文化。阅读的氛围需要创设,阅读的声势需要打造。每年利用世界读书日和深圳读书月等契机,学校会张贴阅读海报对阅读课程进行宣传,举行全校性的阅读演讲,进行隆重的阅读课程启动仪式,开展全校性的经典诵读活动等。学校还开设课外阅读社团及"天一书院"文学社,旨在进行阅读分享,促进学生写作提升。

(3)硬件建设。中山小学的校园虽不大,但是处处有书香,时时可阅读。学校充分利用一楼架空层、各教室走廊、图书馆等空间,在校园内增设"阅读角""阅读沙龙""阅读讲堂""经典诵读小舞台"等与阅读有关的平台,激发师生阅读的兴趣。

2. 班级小环境

(1)营造班级阅读文化。每日晨读午读,进班即读;课前三分钟诵读古诗、推荐书籍;课间分享精彩情节,课后书写读书感悟。教室内张贴优秀阅读记录,评选阅读小明星。

(2)建立班级图书角。制定图书借阅制度、阅读积分评比制度等。鼓励学生通过阅读数量取得一定荣誉表彰,进而刺激学生提升阅读质量。

(3)班级内部图书漂流。每月月初每人各带一本书和同学交换阅读,一个月间可进行多次交换,月底还书时进行数量统计。

3. 家庭微环境

(1)指导家长制定家庭阅读计划:根据家庭现有书籍进行电子表格统计,根据家人阅读爱好及阅读频率进行详细计划,设立每月阅读目标,制定家庭阅读评价机制。

(2)创设家庭良好的阅读空间:设立多个图书架,家庭藏书尽量在200本以上,设立固定的阅读场所,根据家庭图书进行分类整理,可添设阅读灯、阅读椅、精美绿植,用心打造阅读小天地。

(3)固定家庭阅读的时间。结合家庭人员工作学习实际情况,至少每周设置一次集体阅读时间,每次以2小时左右为宜。除安静阅读外,还可开设阅读分享环节,总结今日所得。

(二)确定阅读书目

学校在阅读书目的选择上,指向全学科阅读,要求学生涉猎古今中外的经典著作,并分学科、分年段设置必读书目和选读书目,从而整理出适合学生的阅读书目。鼓励老师们有针对性地为个别学生量身定制书目。

(三) 建立科学的保障体系

1. 制度保障

为了更好地保障阅读活动的顺利开展,学校会认真调研,制订每学年阅读工程推进计划、图书馆使用指南、图书借阅制度、系列评比制度等。

2. 时间保障

功夫见微末,有成必有恒。阅读需要一定的时间保证,为此,学校对学生可以用于阅读的时间进行了细致规划:每周保证一节阅读课;晨读 15 分钟用于经典诵读;中午入校至写字课开始前为静心阅读时间;每日家庭阅读保证半小时。

3. 图书保障

(1) 学校图书馆借阅。中山小学的图书馆内藏有大量适合同学们阅读的书籍,近几年又根据新形势发展,挑选了一大批适合全班共读或师生共读的书籍,成为学校阅读书籍的主要来源。

(2) 图书个人捐献。班级图书角的部分书籍来源于学生或家长、老师的个人捐赠。有些高年级的班级图书角也会定期清理出部分书籍捐赠给低年级的学弟学妹们借阅。

(3) 图书漂流。每人带一两本书籍来班级阅读并相互分享也是班级阅读的一种重要形式。

(四) 建立阅读评价体系

学校将阅读纳入"千里马评比制度",成为千里马班级和伯乐年级评比的重要分支;学校在每月的月总结大会上颁发学校"阅读之星"和"阅读名师",并在学校宣传栏进行宣传表彰;在学期末评选学校"阅读达人(师生)"和"书香家庭",在学校公众号进行表彰推广。鼓励根据学科特点设置各项评比项目。

1. 个人评价

(1) 建立学生的阅读考核档案。

(2) "阅读之星"评选与表彰。每个月底根据考核表,结合个人与班级读书情况进行读书成果反馈。各班级阅读量位于前 10 名的同学将被评为"班级阅读之星",教师应对这些同学、每月有进步的同学及亲子阅读做得好的同学进行班级内奖励表彰,留存学生资料,方便后期进行学期评比以及年度评比。

每月全年级阅读量位于前 10 名的学生将被评为"年级阅读之星",由级长进班颁发奖状并奖励书籍一本,同时各班推选至多 3 位阅读进步较大的同学,由级长进班颁发奖状。广播站应同步播报表彰名单。

各年级综合 4 个月的评比情况,从"年级优秀阅读之星"中选择 1 位评为"学校阅读之星",条件允许的话应在国旗下颁奖,由校长颁发奖状并奖励 10 本课外书。同时,各年级推选 2 位阅读进步极大的同学,由副校长进行颁奖并奖励 5 本课外书。若有特殊原因无法实行,则制作线上表彰名单,奖励书籍由行政老师进班发放。学校公众号进行专题推文报道,校报开辟专题板块进行表彰报道。

2. 班级评价

(1) 更新千里马班级评比制度

将早读、午读及课余时间的阅读检查列入值日生及值日老师巡查细则,作为千里马班级评比的重要条件,促进阅读的有效落实。

(2) 进行"书香班级"评比

将阅读作业(读书笔记、思维导图等)纳入教学常规检查范围,对阅读作业表现优秀的班级进行等级评价。提高教师对阅读课的重视程度,每学期至少进行一次整本书阅读教学比赛。综合阅读教学优秀的班级名单及教学常规检查优秀的班级名单,选出"书香班级"若干,颁发"书香班级"锦旗,并奖励课外书若干。

3. 年级评价

将学生阅读实践成果与教师阅读实践纳入伯乐年级评比范围。具体细则由级长根据各个年级的特点共同商议。

4. 家庭评价

根据学生阅读考核表评选班级"书香家庭",再确立校级"书香家庭"申报资料,经评选,在每年读书节上进行表彰展示,从而畅通学校和家庭的阅读通道,促进家校合力最大化。

(五) 开设丰富的阅读活动

1. 教师类

(1) 在日常开展研讨课实践的基础上,进行阅读指导教学设计或论文评选活动,以此促进老师们的思想交流,在反思中不断改进,更好地指导学生有效阅读。我校教师的阅读教学设计、阅读手册、阅读论文、阅读案例均曾获坪山区一等奖。

（2）每年寒暑假，教师根据推荐书目进行阅读，读书节时进行全校教师读书分享会。先以年级为单位，进行级部教师分享，再推选优秀个人或团队进行全校性展示分享并评奖。

2. 日常班级活动

日常班级活动面向全班同学，重在参与，以分享交流、鼓励促进为主，线上线下灵活进行。如诵读大比拼、故事大会、朗读者、诗词大会、课本剧、读书分享会等，先在小组内进行，然后择优在班级分享。亲子阅读相关项目则利用线上软件进行。这些活动给了学生自我展示的舞台，让学生爱上阅读，爱上语文。

3. 读书节系列活动

读书节系列活动以年级为单位进行，面向各班阅读精英，以检测阅读能力表彰优秀阅读者为主。

"语英同趣"活动由语文科组与英语科组联合举办，开设背诵、朗读、表达等不同板块对全校学生进行检测。各年级优秀诗文背诵内容及必读书目基本内容可在此活动中进行抽查检测。

阅读知识竞赛，以寒假必读书目为主要内容，以答题形式进行。班级间开展积分PK赛，评选出最优秀的阅读班级。

此外，还开设"故事大王"比赛、"我最喜爱的一本课外书"、读书笔记本展览评比、走进作家作品报告、辩论会等多种形式的活动。各年级系列活动结束前对日常阅读数量多和阅读质量高的同学进行了集体表彰。

目前，读书节系列活动已成为我校一张闪亮的名片，在活动中，学生的语文综合素养逐渐提升。"书香家庭"的评选表彰亦扩大了阅读影响，带动了家庭阅读的实施。

三 "习阅轩"模式的实践案例

案例：书卷南来旧墨痕，阳光阅读正可芬——高年级阅读案例浅谈

（一）活动目的

通过阅读，激发师生尤其是高年段全体学生的阅读热情，开阔视野，增长知识，发展智力，陶冶情操，充实学生文化底蕴，提高学生综合素质。

通过开展集体读书活动、师生共读活动，提升教师自身文学修养，大幅度提升学生的阅读量,使学生在阅读中提高兴趣,逐步养成阅读习惯。

通过亲子阅读活动,使阅读活动得以在校外延伸,引导学生家长一同参与读书活动,让阅读活动长期有效地在家庭中坚持下去。

(二) 活动实施

1. 晨起诵读,提神养气

清晨进校第一事,诵读经典提生气。我校长期开展经典诵读阅读活动,坚持每天15分钟晨读诵经典,并针对学生年龄特点制定书单,年级共读一本经典国学,如五年级学生诵读《论语》,六年级学生诵读《道德经》。在熟读的基础上,逐渐形成背诵能力;从耳濡目染到烂熟于心,逐渐把中国文化经典氤氲于内,将古人智慧代代相传。

2. 师生共读,寻规觅法

我校将每周一下午第二节课定为综合阅读课。全校师生利用阅读课时间,根据学年阅读安排,共读必读书目。并设置三种课型:阅读导读课、阅读推进课、阅读分享课,以此来落实师生共读综合阅读课的开展。

(1) 阅读导读课。以名著导读课带领学生走进书籍,激起学生的阅读兴趣,让学生掌握系统科学的读书方法,养成习惯,形成能力,最终达到"自能读书"。

(2) 阅读推进课。以阅读推进课来检查学生的中期阅读成果,为学生提供一个广阔的空间,纵向牵引,横向辐射,引领他们深入走进文本,融进文本,不断质疑、释读,将阅读落到实处。

(3) 阅读分享课。以阅读分享课来巩固和提高阅读效果,培养学生良好的思维习惯和说写能力,有利于相互启迪,共同提高。汇报形式力求多样,教师也将自己的阅读成果进行分享,师生互评,畅所欲言。

同时,我校结合阅读分享课课型,开展"我的读书秀"活动,由各班师生共同推选出1—3名班级阅读之星,参与年级评选;年级阅读教师择优推选3—5名年级"阅读之星"进行表彰。年级"阅读之星"的读书秀作品在校园内进行展播。

予人一瓢,自己需有一池水。学校要求教师在教书的同时挤时间读书,不断提升自己。中山小学的老师除了每学期跟孩子们共读,还坚持每个假期精读一本书,写好读后感,每年借助读书节舞台进行教师读书分享会。

3. 午间静读,润物无声

午间静读,是我校持续开展的常态化读书活动。每天中午进班,老师和学生们做的第一件事，就是走向座位，走向班级图书架，手捧书籍，开启阅读之旅。

根据阅读综合指标，每月每年级评选出阅读之星 3—5 名，进行展板表彰。

4. 校园畅读，常态便捷

我校重视学校图书馆、校园架空层书架和班级图书角建设，尽可能做到在学校的任何地方，书籍都能触手可及。

校园图书馆全天候由负责老师值守，及时向师生提供书籍借还服务。同时，图书馆提供教学内容配套必读书目班级整借服务，结合教学内容，把相关的图书放到读书广场和班级图书角，让学生更加便捷地得到需要的图书。

校园架空层的个性书架上，装载着满满的书籍。这是同学们课间、课后最流连的场所。根据不同年龄段学生的阅读喜好放置的图书，让各个年级的同学能够更快速地找到自己最爱的一方阅读小天地。

让教室成为图书馆更是我们的美好愿望，班级图书架的配置，让学校有了更浓郁的阅读氛围，让教室成为真正的读书场所，成为师生共同的精神乐园。每个课间，孩子们在图书角前探索的身影，显得格外动人。

5. 假期精读，曲径通幽

高年级的孩子充分利用寒暑假的时间，与书为友，畅游书海。高年级组每个假期都给孩子们罗列书单，让他们从中挑选三本精读，细细品味书中的内容。读完后，孩子们以读后感、手抄报、读书笔记、文配画等形式向其他同学展示自己的阅读成果。

（1）读后感。每个班挑选出几篇优秀的读后感，再统一评奖，颁发奖状，让孩子们在获取知识的同时，也能从阅读中获得荣誉，赢得自信。

（2）手抄报、文配画。对于擅长画画和色彩调控的孩子，可以将精读后的总体感受写出来、将脑海中的人物角色画出来、将有趣的情节绘出来，从而达到读懂、读透、读精的目的。通过作品展示，既增加他们的阅读趣味性，又在别人的赞赏声中增强了他们的阅读成就感。

（3）读书笔记。俗话说"好记性不如烂笔头"。假期精读三本书，怎样才算精读？语文老师也给孩子们布置了写读书笔记的任务。精挑细选的好词、好句、好段落，都可以摘录下来；自己有感触的地方，随笔写一写。日后再翻一翻自己的读书笔记本，那就是自己的精神存折。

6. 亲子伴读，家校合力

家长的支持配合将为学生的课外阅读提供物质保证。高年级通过形式多样的亲子伴读活动,如"书香家庭"评选、晒晒我家的书架、阅读打卡、阅读存折、家长入校讲故事等,营造家庭读书氛围。这些活动因为有了家长的参与,让学生觉得阅读不是为了完成任务;这些活动因为有了家长的参与,让家长走进了孩子的精神世界,提高了陪伴的质量。

7. 竞赛促读,榜样示范

经过讲故事比赛的层层比拼,孩子们表现得落落大方,声情并茂,故事内容丰富有趣,塑造出了一个个生动而又鲜明的角色和形象。这些有趣的故事也让小观众们懂得了许多道理,一颗颗美好的种子在他们心田种下,有真诚、善良、美好、智慧……阅读知识竞赛活动,为中山学子提供一个展示自我、提高自我、相互交流、共同学习的平台,检阅了学生课外阅读知识的成果,大大激发了学生的阅读兴趣,增强学生拓宽视野和全面发展的学习意识,使学生们能够畅游书的海洋,知理明智,为自己美好的人生洒满金色的阳光。高年级辩论赛则旨在培养学生的阅读习惯和搜集处理信息的能力,提高学生的思辨能力和口语表达能力。同时,也告诫学生经历即财富,学生们的精心准备和精彩表现正说明了这一点。

8. 创意吟唱,以趣促趣

投我以木瓜,报之以琼琚。学校引导学生将中华优秀经典诗词作品以吟诵的方式演绎。中华五千年的悠久历史,孕育了底蕴深厚的民族文化;华夏源远流长的经典诗文,是文化艺苑中经久不衰的瑰宝。在我校习性教育"习文""习慧""习志"等培养目标的指引下,我们的学生诵读经典诗文,汲取终身受益的知识精华。

9. 个性展读,炫我风采

在百花争艳、百家争鸣的阅读氛围中,部分班级根据自身的优势和特点开展个性化的阅读活动。

(1)每日分享:通过课前美文分享,增加班级阅读参与的广度,同时给同学们提供分享的舞台,提高大胆表达的积极性,提升阅读的成就感和自信心。

(2)特色展示。艺术特色突出的班级可以把阅读和音乐、舞蹈、绘画结合起来,从而达到扬长避短、美美与共的目的。有写作特长的班级开展了读写结合的练习,出文集、出诗集、与笔友交流思想,锻炼语言的表达能力。

(3)自制书签:结合同学们的兴趣爱好,制作形状多样的书签,增加阅读的趣味性。

(4)笔友交流:中高年级根据自身优势,在老师的帮助下,与远方的同龄人每月书信往来,交流阅读的心得,分享生活的喜乐,无形中开拓了生活的宽度和思维的广度。

（5）班级图书角

为了更好利用零碎时间阅读，每个班级根据自身特点进行班级图书角的建设，让孩子们随手可以拿到书，随时可以感受到手捧书卷的美好。

10. 自由悦读，渗透生活

一千个读者眼中就有一千个哈姆雷特，或许，有些读者有着自己个性的阅读体验。我们给足孩子空间时间舞台，让孩子走进社区，相约书城，自由悦读……

书卷南来旧墨痕，阳光阅读正可芬。家校合力齐上阵，师生共读寻幽境。读书自是万般好，读出妙处方痴迷。书中自有颜如玉，如今只愿来复去。自由穿梭古与今，万千文豪皆我友。

各显其能百花妍，千方百计施展来。寻规觅法促成效，读写结合进步快。趣能生趣促悦读，循序渐进踏步来；与时俱进巧结合，持之以恒待花开！乐读会思善表达，腹有诗书早成才！

四　"习阅轩"模式的实践成效

"要知天下事，须读古人书"。阅读不仅是通古知今的精神探索，更是思维拓展、文化延伸、让生活有趣有味的一剂良方。"习阅轩"模式的实施与探索已经掀起了一阵阵阅读的浪潮，大大激发了同学们的阅读兴趣，具体成效如下。

（一）活动缤纷，激越阅读之趣

子曰：知之者不如好之者，好之者不如乐之者。"习阅轩"模式的探索，着力于创新缤纷多彩的阅读活动，激发学生、教师、家长的阅读兴趣。在一系列活动的推动下，同学们放下手中的电子产品，逐渐感受到阅读的乐趣。很多家长感叹，孩子之前难得看书，现在终于能主动看书，甚至手不释卷了。"书卷多情似故人，晨昏忧乐每相亲。"无论是一年级稚趣横生的教室，还是书香满园的中山小学的校园，到处都能看到中山小骐骥们或独自享受阅读的乐趣，或与同伴同享书中的美妙意境。阅读之风渐盛，阅读之乐渐显，阅读之习渐长。

（二）课程渐进，挖掘阅读之厚

中山小学依托渐进式的阅读课程，不仅顾及了幼小衔接、小升初的过渡，而且依托不同学段的认知特点进行设计与推进,既有阅读的普及,又有阅读的深挖。师生、亲子同读一本书,让阅读在交流与争鸣中更加透彻;同类题材阅读、群文阅读等,让阅读的视野进一步打开,思维的角度日益多元;诗配画、思维导图、读书笔记、课本剧、舞台演绎、经典片段、角色扮演等形式,重视可感知的环境的创设,充分调动了学生可观、可听、可嗅、可感的能力,使同学们对书本知识的了解与感受更加真实与深刻。

(三)多方联合,拓展阅读之广

"至乐莫如读书,至要莫如教子。"中山小学把读书这一至乐之事与教子这一至要之事有机结合起来。"习阅轩"模式不仅重视学生阅读兴趣的激发、阅读习性的培养,同时也重视教师阅读分享与成长,重视家长的齐头并进、书香家庭的耳濡目染、传帮带的榜样示范与引领功能。

家长在阅读中与孩子们成为知无不言的好友,老师在阅读中与同学们成为无话不谈的知音,同学们在竞相阅读中找到了学习的乐趣、成长的快乐、同伴携手同行的底气。

在"习阅轩"模式创设的良好背景下,很多中山学子自信走上台前幕后;"我最喜欢的一本书"走上深圳的大舞台;班级自编诗集、作品集十余本。每年的知识竞赛、辩论赛上,同学们唇枪舌剑,舌灿莲花,惊艳着台下的观众。

"习阅轩"模式的实践探索,是我校初步探索语文学科综合素养评价方式改革尝试的一个重要方向,对学生语文学习起到了良好的激励。但还有一些问题亟待解决,如评价系统性,递进性不强,以及评价指标不够具体、完善,需要进一步优化。同时,学生的评价数据缺乏系统的写实记录与数据评价分析,结果呈现不太完善,不能有效体现学生成长的过程性与发展性。在整个评价改革实践探索中,我们将针对以上不足不断完善与优化。

(撰稿人:深圳市坪山区中山小学 俞芳芳 王 影 谭玉苹)

第十一章

"星彩+"阅读模式：让每一颗星星都绽放光彩

学校秉承"星彩教育"的核心理念，践行"让每一颗星星都绽放光彩"的育人理念，以创建"中华诗词教育试点学校"为契机，以中华优秀传统文化为载体，打造"星彩＋"阅读模式，让学生成为阅读的主体，根植家国情怀，在学习中快乐成长。

新合实验学校于 2020 年 9 月开办,是坪山区高标准建设、高起点定位、高质量办学的九年一贯制学校。学校秉承"星彩教育"的核心理念,践行"让每一颗星星都绽放光彩"的育人理念,孕育了"心中有光彩,人生有华章"的校训和"点亮、辉映、添彩"的学校精神。学校坚持"科技、创新"的办学特色,知行合一,培养"阳光自信、乐于合作、敢于创新"的星彩少年。创校以来,新合实验学校依托区"品质课程"规划,依据学校"星彩教育"办学理念,在区"阳光阅读'亮'课程"的统领下,以中华优秀传统文化为载体,以创建"中华诗词教育试点学校"为契机,大力营造阅读氛围,打造"书香校园"及"星彩+"阅读模式,逐步形成了具有新合特色的"星彩课程"体系。

一 "星彩课程"的体系构建

(一) 星基课程

星基课程指向国家基础课程,关注学生基本素养,包括人文基础课程群、数理科技课程群等,旨在加强基础课程建设,夯实知识文化基础,让学生在坚实的基础上绽放光彩。基于此,我校注重教师队伍的培养,新合实验学校语文科组承担着推广阅读、推广传统文化的重任。

通过深入挖掘教材中的传统文化内涵,学校根植学生传承传统文化之魂,激发学生对阅读的向往。语文教材中有很多文章和古诗词蕴含着丰富的传统文化内涵,如道德观念、价值观念、行为规范等。教师通过深入挖掘这些内容,引导学生了解和认识传统文化,提高学生对传统文化的认识和理解。一是注重古诗词的赏析。古诗词是传统文化的重要组成部分,也是初中语文教学的重点之一。教师引导学生对古诗词进行深入赏析,理解其中蕴含的思想、情感和艺术特点,感受传统文化的魅力。二是结合传统节日开展文化活动。传统节日是传统文化的重要组成部分,也是学生比较熟悉的内容。教师结合传统节日,如春节、清明节、端午节、中秋节等,开展相关的庆祝活动,让学生了解传统节日的习俗和历史文化背景。三是引导学生阅读经典名著。经典名著是传统文化的瑰宝,也是初中语文教学中不可或缺的一部分。教师引导学生阅读经典名著,如《红楼梦》《水浒传》《西游记》等,让学生通过阅读名著了解传统文化的精髓和特点。四是开展传统文化实践活动。教师组织学生开展传统文化实践活动,如书法练习、国画绘画、传统手工艺制作等,让学生在实践中体验传统文化的魅力。总之,学校通过开展古诗词赏析、传统节日庆典、经典名著阅读、传统文化讲座、传统文化实践等活动,让学生更好地了解和认识传统文化,从而更好地传承和发扬中华优秀传统文化,根植阅读基因。

学校也通过举办阳光阅读"亮"课程"我最喜爱的课外书"比赛活动,大力弘扬中华优秀传统文化,培养学生对古诗词的兴趣,厚植学生的古典文化根基,发展学生核心素养。学校每个学年都会结合"4·23世界读书日"及"读书月"等活动,丰富学生的阅读体验,提高学生的阅读兴趣。如2023年3月24日—4月23日,学校结合"中华诗教深圳示范区建设项目"试点学校建设契机,组织开展了主题为"诗以传承,读为伴侣"的读书月活动。活动让学生在领略一诗一话的才情、感受一言一语的浪漫的同时,弘扬了中华优秀传统文化,培养了学生对古诗词的兴趣,也提高了学生的古典文化素养。

(二)星耀课程

"星耀课程"注重涵养学生家国情怀、拓宽学生国际视野、增强学生责任担当。学校通过"星耀课程"的开发与实施,从不同层面和维度致力于培养学生传承民族精神、弘扬民族文化,使学生具有"世界公民"的视野和胸怀,拥有感恩责任使命担当的人格,融入世界,拥抱未来。课程内容包括传统文化课程群和领导力培养课程群等。

学校通过开设社团课的方式来传播传统文化。一是确定社团主题和活动内容。根据学校和学生的实际情况,确定社团的主题和活动内容,选择了一些具有代表性的传统文化作为社团的主题,如小学部的诗经乐社团、国学诵读社、诗词会、京韵京剧,初中部的诗词会等。二是制定社团课程计划。根据社团的主题和活动内容,制定详细的社团课程计划,包括课程目标、教学内容、教学方法、课时安排等。三是招募社团成员。通过宣传、招募等方式,吸引有兴趣的学生加入社团。四是开展教学活动。根据社团课程计划,开展相应的教学活动,采用多种形式,如课堂教学、实践操作、互动交流等,让学生更好地了解和掌握传统文化知识。五是举办特色活动。定期举办一些特色活动,如传统文化展览、传统手工艺制作比赛、传统文化节庆活动等,让学生更好地体验传统文化的魅力。六是加强师资培训。加强对教师的培训,提高教师的教学水平和文化素养。邀请专家、学者或非物质文化遗产传承人来学校进行授课和指导。七是建立评价机制。建立科学的评价机制,对学生的学习成果进行评价。采用多种评价方式,如考试、作品评价、平时表现等,以便更好地了解学生的学习情况和进步程度。

学校通过开展特色活动根植学生核心素养。学校为加深学生对传统文化的认识和理解、培养学生的民族精神和文化自信,也为促进传统文化的传承和发展、丰富学生的课余生活,积极开展传统文化特色活动。通过参与特色活动,学生可以更好地了解和感受传统文化的魅力,从而提升道德素养和社会责任感,促进传统文化的传承和发展,丰富学生的课余生活,促进"书香校园"建设。

1. 传统节日活动

学校以传统节日为载体,通过开展一系列具有教育意义的活动,如我讲春节的故事、我为大家推荐节日读本等,对学生进行思想道德教育。这些活动旨在弘扬中华优秀传统文化,培养学生的民族精神、道德素养和社会责任感。

春节德育活动:春节是中国最重要的传统节日之一,具有浓郁的民俗文化特色。我校组织学生参与春节前的扫尘、贴春联、写春联、包饺子等传统习俗活动;组织学生阅读有关春节的书籍,展示学生读书笔记等,让学生了解春节的由来和文化内涵,感受团圆和睦、辞旧迎新的家庭氛围。

清明节德育活动:清明节是祭祀祖先和缅怀先人的重要节日。我校组织学生前往烈士陵园、纪念馆等场所进行祭扫活动;组织学生阅读优秀革命文化、社会主义先进文化等书籍,让学生了解先烈们的英勇事迹和革命精神,培养他们的爱国情感和感恩心态。

端午节德育活动:端午节是中国传统节日之一,有着丰富的文化内涵。我校组织学生参与龙舟比赛、包粽子等传统习俗活动,让学生了解端午节的由来和文化内涵,感受爱国主义精神和屈原的爱国思想。

中秋节德育活动:中秋节是团圆和赏月的节日,具有浓厚的民俗文化特色。我校组织学生参与制作月饼、赏月、诵读经典诗词等活动,让学生了解中秋节的由来和文化内涵,感受思乡之情。

重阳节德育活动:重阳节是敬老爱老的节日,我校组织学生探望老人、为老人做力所能及的事情等,让学生了解重阳节的传统习俗和文化内涵,培养他们的敬老爱老意识和感恩心态。

总之,结合传统节日活动可以让学生更好地了解和感受传统节日的文化内涵和意义,培养学生的民族精神、道德素养和社会责任感;同时也可以促进学生对传统文化的认知和理解,增强他们的文化自信和民族自豪感,扩大学生的阅读量。

2. 星彩文学节

为进一步丰富校园文化生活,营造语文学习氛围,激发学生阅读的热情,使学校的书香校园建设活动走向深入,结合我校"星彩教育"的办学理念和"让每一颗星星都绽放光彩"的育人理念,学校每年都会围绕传统文化与经典阅读开展丰富多样的文学节活动。

(三)课题研究

学校积极申报省市有关传统文化的建设项目,鼓励老师申报传统文化相关的课题,通过申报项目课题,学校组织专家、学者对传统文化进行系统研究和整理,深入挖掘传统文化的内涵和价值,从而更好地继承和发扬传统文化。同时项目课题的申报为教师提供了研究的机会和平台,提升了教师的研究能力和学术水平。教师通过课题研究,更好地理解和传授传统文化知识,提高教学质量。

1. 积极申请诗教示范校

2022年新合实验学校有幸成为中华诗教深圳示范区第二批试点学校,通过中华诗教特色学校的创建,旨在达到有效提升学生诗歌语言的积累、培养学生诗性思维、提升学生审美情趣、激发学生文化认同之目的。学校以吟诵为主要手段创新古诗词学习形式,培养学生对诗词的感发能力;建设吟诵课程体系,开发、整合或引进吟诵教学资源,激发学生学习古诗文的兴趣,引导学生掌握诗词传统诵读方法;着力提升教师诗教研究能力和水平,将诗词素养和教学能力提升纳入教师培训方案,不断提升教师的文化素养和专业能力;以星彩品质课程为依托,积极开展丰富的诗教活动,不断开发课程资源,为学生提供更多展示锻炼平台。

古诗词是中华优秀传统文化,诗词学习对于丰富学生的内涵、启迪学生的智慧有着极其重要的作用。作为"中华诗教深圳示范区建设项目"试点学校,新合实验学校一直积极响应市、区教育局开展诗词示范学校创建活动的号召,持续推进"经典诵读"活动,在全校范围内深入开展了古诗诵读活动。通过一系列的工作,使得古诗诵读在全校学生中如春风化雨,沁人心脾。全体师生共同参与,营造了浓厚氛围,让师生都大有收获,深刻体会了传统文化的博大精深。

2. 加强传统文化研究

学校积极鼓励教师加强传统文化的研究,短短三年全校师生共取得诗教相关奖项9项,相关课题立项5项,相关论文获奖6项。

二 "星彩课程"的实践案例

中华诗词是中华优秀传统文化中的精粹和瑰宝,具有"厚人伦、美教化、正得失、移风俗"等诸多社会功能。自2020年创校以来,新合实验学校积极开展中华诗教系列活动,通过语文学习让学生热爱中华文化,继承和弘扬中华优秀传统文化。

(一)案例目标

通过中华诗教特色学校的创建,达到有效提升学生诗歌语言的积累、培养学生诗性思维、提升学生审美情趣、激发学生文化认同之目的。

(1)以吟诵为主要手段创新古诗词学习形式,培养学生对诗词的感发能力。以诗歌的力量潜移默化丰富学生语言积累与运用,提升学生审美鉴赏和语文素养,滋养学生优良品德与健全人格,为学生生命成长奠基。

(2)建设吟诵课程体系,开发、整合并引进吟诵教学资源,激发学生学习古诗文的兴趣,引导学生掌握诗词的传统诵读方法。要求全体小学部学生能熟练吟诵教材中的诗词,中高年级学生能具备一定的诗词赏析与创作能力。

(3)着力提升教师诗教研究能力和水平。将诗词素养和教学能力提升纳入教师培训方案,不断提升教师的文化素养和专业能力。

(4)以星彩品质课程为依托,积极开展丰富的诗教活动,不断开发课程资源,为学生提供更多展示及锻炼的平台。努力将中华诗教系列活动打造成为我校星彩品质课程的典范。

(二)实施过程

作为"中华诗教深圳示范区建设项目"试点学校,古诗文诵读是学校实施特色教育活动的重要组成部分,是贯彻课程改革精神,进一步落实特色教育的重要举措,是弘扬中华优秀传统文化,培养学生对古诗词的兴趣,提高学生的古典文化素养,发展学生核心素养的重要工程。具体实施过程包含以下几项内容。

（1）诗熏童年，晨诵经典。学校持续推进晨诵诗词活动，保证每天早晨至少安排十分钟时间进行诗词诵读，学生进班即听读、跟读。每周学生必须积累背诵两首古诗词，每周五学校安排老师统一抽查，对学生完成情况进行跟进。我们在鼓励学生背诵的同时，借助微课帮助学生理解一些含义深刻的、有一定意义的句子，使学生能够理解诗词的内涵。

（2）童心读诗，新合讲堂。各班利用阅读课，为学生创设讲堂，学生选取喜欢的诗词在班级分享。通过学生的分享，班级学诗氛围浓厚。

（3）童心绘诗，乐园展示。结合传统节日，各班利用班级外文化墙展示学生诗画作品，形式多样的诗画作品丰富了班级诗歌文化氛围。

学校开展诵读活动，其目的不仅仅是让学生记住名篇佳作，而更重要的是让学生明白一个道理，养成一种品质。通过古诗文诵读，我们不仅让学生感受到了中华文化的博大精深，也培养了他们的文学素养和道德观念，对于学校的特色创建和学生的全面发展都起到了积极的促进作用。

（三）诗教研究

诗歌是民族文化瑰宝，让学生学习古诗，背诵古诗，创作古诗，既是积累、提升学生语言运用与创造能力，同时也是弘扬传统文化的重要举措。为此，学校还通过教研提升古诗词教学效益。

（1）开发跨学科融合品质课程。在坪山区品质课程带领下，学校积极开发古诗词跨学科融合课程。通过《诗情画》《古诗词里的草木世界》等课程，引领学生在读诗歌的基础上理解诗歌的内涵，从而提升学生审美能力，提升学生文化自信。

（2）开展古诗词相关课题研究。为了进一步推进诗词教学效益，老师们积极参与古诗词相关课题，在课题研究中，通过系列活动激发学生学习诗词的兴趣。

（四）学生活动

为营造诗词学习氛围，学校响应市区各项活动，在世界读书日开展了全校性诗词学习系列活动。活动实施内容如下。

1. 小学部系列活动

（1）中华诗教之"诗词流芳韵，翰墨承经典"古诗词书写活动

作品提交：学生自愿参加，将书写的古诗词作品提交至指定邮箱或线下提交。要求作品必须为原创，内容健康向上，符合活动主题。

评选环节：由专业评委对提交的作品进行评选，主要从书写技巧、内容理解、作品创意等方面进行评估，并设立优秀作品奖。

展示环节：将优秀作品在校园内进行展示，让全体学生欣赏，同时鼓励其他学生向优秀作品学习。

（2）中华诗教之"飞花令"古诗词背诵活动

比赛形式：学生自由组队，每队 3 人，轮流背诵古诗词，要求每首诗词不能重复。每队有规定的时间限制，时间结束后将停止背诵。

评选环节：由专业评委对各队的背诵表现进行评选，主要从诗词储备、反应速度、团队合作等方面进行评估，并设立优秀团队奖。

奖励环节：为获奖团队颁发奖品和证书，同时鼓励其他团队向优秀团队学习。

（3）中华诗教之"笔墨诗词"诗词书法活动

活动形式：学生自愿参加，提交自己创作的诗词作品，要求作品符合主题，有创作背景和意义。同时鼓励学生在创作过程中相互交流、互相学习。

评选环节：由专业评委对提交的作品进行评选，主要从书法技巧、诗词创意、作品表现力等方面进行评估，并设立优秀作品奖。

展示环节：将优秀作品在校园内进行展示，让全体学生欣赏，同时鼓励其他学生向优秀作品学习。

讲座环节：邀请专业书法老师或学者为学生进行一场关于书法艺术的讲座，通过讲座学生可以更深入地了解书法艺术的历史和发展现状，以及书法创作的技巧和方法，进而更好地参与到书法创作中。

2. 初中部系列活动

（1）中华诗教之"诗说中华"诗词创作活动

创作提交阶段：在规定的时间内，组织初中生按照活动规则进行诗词创作并提交作品。鼓励他们从中华文化的丰富宝库中汲取灵感，创作出能够体现中华传统文化内涵和精神价值的诗词作品。

作品评选阶段：由专业评委对所有提交的作品进行评选。评选标准包括诗词的格律、韵律、思想内容、艺术表现等多个方面。评委将秉持公正、公平的原则，挑选出优秀的作品。

颁奖典礼阶段：在学校的礼堂或多功能厅举行颁奖典礼，公布获奖名单，并为获奖者颁发荣誉证书和奖品。同时邀请获奖者分享他们的创作经验和心得，激发其他学生对诗词创作的热情。

活动总结阶段：对整个活动过程进行总结，梳理经验教训，为下一次活动提供参考和借鉴。同时通过学校网站和社交媒体等渠道，宣传活动的成果和收获，扩大活动的影响力。

（2）中华诗教之"古韵新声"诗词创作活动

创作提交阶段：鼓励初中生在古诗词的创作中融入现代元素，创新表现手法。他们可以在规定的时间内提交自己创作的古诗词作品。评判标准将更加注重古诗词的格律、韵律以及创新程度。

作品评选阶段：由专业评委对所有提交的作品进行评选。除了考虑古诗词的传统要求和创新程度外，还会考虑到作品与现代元素的结合程度以及初中生特有的创意和想象力。

颁奖典礼阶段：在学校的礼堂或多功能厅举行颁奖典礼，公布获奖名单，并为获奖者颁发荣誉证书和奖品。邀请获奖者分享他们的创作经验和心得，同时展示他们在古诗词创作中的创新实践。

活动总结阶段：在总结活动的过程中，不仅要梳理经验和教训，还要对初中生的诗词创作给予充分的肯定和鼓励。通过学校网站和社交媒体等渠道宣传活动的成果和收获，并鼓励更多的初中生参与到诗词创作中来，传承和弘扬中华传统文化。

（五）案例评价

诗词学习系列活动的开展促进了学生语文素养的提高。诗词学习活动的开展培养了学生的审美情趣和文化自信。通过学习和诵读古诗文，学生不仅能够欣赏到美的艺术作品，还能够对中华文化有更深刻的认识和了解，增强自己的文化自信。学校古诗文诵读活动的开展不仅为学生提供了一个更广阔的学习和成长空间，也为学校特色的创建工作带来了积极的影响，同时也对学生的全面发展和文化素养的提高都起到了重要的促进作用。学校将继续加强和推进古诗文诵读活动，努力营造更加浓厚的文化氛围，为学生的成长和学校的发展贡献力量。

三 "星彩课程"的实践成效

通过阅读活动，学生能够接触到更多的传统文化知识，从而拓宽他们的知识视野；

传统文化主题阅读有助于学生理解中华文化的精髓，提升他们的文化素养；这样的阅读活动可以激发学生的阅读兴趣，帮助他们养成持续的阅读习惯；通过大量的阅读，学生的语言感知能力和表达能力也会得到提高。

教师通过组织和参与这样的活动，能够提高他们的教学能力和对学生的引导能力；教师自身也能够通过这样的活动加深对中华传统文化的理解，从而更好地进行教学活动；通过参与活动，教师可以进一步增强对教育工作的热爱和敬业精神。

开展传统文化主题阅读活动能够丰富学校的文化内容，营造出更具特色的校园文化。传统文化主题阅读活动是实施素质教育的一个重要途径，有利于提高学生的综合素质。学校通过此类活动，可以向社会展示其对传统文化教育的重视，增强社会责任感。

（撰稿人：深圳市坪山区新合实验学校　何汉乐　周园园　唐新淯）

第十二章

阅读田子坊：在儿童的心田里种诗

　　阅读犹如耕耘，收获的是未来。我校阅读课程结合传统诗教，促成现代与传统的结合与碰撞，打造阅读田子坊模式，让每个孩子的心田中种下诗意的种子。阅读田子坊模式分为耕耘四格"田"：扎实耕耘，打造阅读沃土环境；深耕细作，种满阅读诗意花田；心织笔耕，评价阅读勤耕少年；耕云播雨，绽放各类阅名之花。

深圳市坪山区龙田小学始建于 1950 年,有 70 多年的办学历史。2022 年秋季学期,龙田小学加入坪山外国语教育集团,以"共建共享,推进区域办学高品质发展"为发展目标,为学校发展注入新的活力。学校以"润心启智,立德树人"为教育哲学,确立了"润心教育"的办学理念。学校以"智慧学园,美丽家园,成长乐园"为办学愿景,以"向美向上,自律自强"为校训,引领师生的人生航向;在教育教学工作中,学校倡导"诚信友善,团结活泼"的校风和"深耕细作,浸润心田"的教风;积极营造"知行合一,日事日毕"的学风;努力让每棵小苗都茁壮成长,培养具有现代公民基本素养的学生。

　　我校阅读课程建设围绕"勤耕文化"展开,多读多学,踏实质朴开展阅读活动。阅读犹如耕耘,收获的是未来。我校阅读课程结合传统诗教,现代与传统的结合与碰撞,打造阅读田子坊模式,让每个孩子的心田中种下诗意的种子。

一　阅读田子坊的背景与意义

(一) 基于课程标准,打造阅读田子坊生态

　　《义务教育语文课程标准(2022 年版)》倡导语文学习任务群要共同指向学生的核心素养发展,具有情境性、实践性、综合性。基于此,深圳市坪山区龙田小学阅读活动在生态教育视域下开展,旨在将知识学习融入生活情境中,鼓励学生开展生活化的阅读,拓宽学生的阅读视野,激发学生的阅读兴趣。让教育回归生活,让学习自然发生,让阅读浸润心田。

(二) 基于阅读政策,营造阅读田子坊氛围

　　2021 年 3 月,教育部印发的《中小学生课外读物进校园管理办法》明确指出:"中小学校要大力倡导学生爱读书、读好书、善读书,可设立读书节、读书角等,优化校园阅读环境,推动书香校园建设。注重开展形式多样的阅读活动,提高学生阅读兴趣,培养

良好阅读习惯。发挥家长在学校课外阅读中的积极作用,营造家校协同育人的良好
氛围。"

(三) 基于学校发展,提供阅读田子坊平台

由于龙田小学所处的地理位置较偏,历史较为悠久,因此学校致力于在原有图书
馆的硬件设施基础上保障学生进馆阅读的质量。因外来劳务工家庭在我校生源占比
较大,且多子女家庭居多,家庭藏书量平均值较低,故学生借阅书籍来源多为图书馆、
班级漂流图书、同学间交流分享。

二　阅读田子坊的实践做法

新教育的倡导人朱永新说:"阅读是什么? 阅读,是孩子情感发育的沃土。"阅读是
学校教育的灵魂,一个没有浓郁阅读气息的学校,永远不可能有真正的教育;一个没有
广泛阅读的学生,将来永远不可能成为真正的佼佼者。结合我校教育哲学,学校不断
推进浸润式阅读。阅读田子坊课程分为耕耘四格"田",第一格是扎实耕耘,打造阅读

图 12-1　阅读田子坊的耕耘四格"田"

沃土环境;第二格是深耕细作,种满阅读诗意花田;第三格是心织笔耕,评价阅读勤耕少年;第四格是耕云播雨,绽放各类阅名之花。

(一) 第一格:扎实耕耘,打造阅读沃土环境

阅读田子坊建设的理念是"勤耕文化",阅读的过程并非一蹴而就,要扎扎实实打下学生阅读的地基,由学校提供平台,为学生打造良好的阅读环境,激发学生的阅读兴趣。学校每学期结合快乐读书吧,制定学期阅读书单推荐,作为学生一学期的阅读计划领航;每周提供浸润阅读课堂的整校阅读,在此基础上生生共读,师生共读,营造良好阅读氛围;每天晨读晚诵,声声入耳,创建书香班级、书香校园以及书香家庭。

1. 以书为壤,深耕易耨

学校每学期结合快乐读书吧,制定学期阅读书单推荐,各年级必须共读一本部编版教材中快乐读书吧指定的书籍。尝试"1+N"群文阅读,推荐师生共读书目。从学生的真实生活和发展需要出发,从自然地理文化以及社会历史文化等角度,让阅读从课内走向课外。如六年级下学期必读《鲁滨逊漂流记》,拓展阅读《汤姆索亚历险记》《爱丽丝梦游仙境》《百万英镑》《假如给我三天光明》《苏菲的世界》。每次阅读课的内容,低年级以老师讲绘本,学生分享感受为主;中高年段则以学校"1+N"推荐书目为主,每学期"N"书籍的设定结合图书馆馆藏,由各年级备课组商定。

2. 浸润阅读,共读时光

一本好书是伴随人一生的财富,是照耀人一生的阳光。以共读书目以及推荐书目作为指引和导向,我校开展全校浸润阅读。每周三下午的第四节课定为学校"浸润阅读"时间,学生在这节课在教室内拿起书本,学校给予充分的阅读氛围,使得学生沉浸式阅读,或者教师在教室内开展阅读课程。为了让学生的阅读更高效,教师会在阅读课之前给学生进行一个简单的推荐与导入,引导学生初步制订阅读计划,鼓励中、高年级学生做好读书笔记,低年级学生主要以引导和习惯养成为主。

3. 朝耕暮耘,声声入心

每天进行诗词晨读晚诵,声声入生心,我校开展了"国学经典诵读晨读晚诵"活动。晨读时间为7:30—7:50;自由诵读时间为7:50—8:10;晚诵时间为18:00—22:00,由学生在家自主选择时间完成一次诵读。晨读晚诵的进行由各班语文老师、培训好的早读领读管理员、各年级家长组织开展。为了让学生晨读达到熟读成诵的效果,国学经典诵读内容以艾宾浩斯记忆法时间表来安排诵读和复习的计划。将诵读内容编写成组,按组为单元安排诵读的计划。以一年级50首古诗诵读为例,每次晨诵以5首古诗为一组,根据朗读指导课件,学生朗读完一组后(大约5分钟),立即返回该组第一首古诗开始速读(大约1分钟)。按上面方法每次晨读诵读两组后,回到第一组开始速读完两组。每次晨读以两组"诵读+速读"循环复读为佳,形成一个统一的复习系统,预计花费15分钟时间。随后,还可以留出15分钟时间安排朗读课本要求诵读的内容。

晨读晚诵主要评价还是由教师评价、自我评价、同伴评价以及家长评价组成。教师可随机抽查个别学生的任务完成情况;也可随机抽查任意小组里某一成员的任务完成情况,若该成员未完成任务,则提醒该同学应珍惜晨光。同伴评价比较常用,学生之间评价的基本原则是使用质性评价(给出具体的反馈、点评)。只有细致的反馈才能让学生不断提高朗读的准确性。自我评价是鼓励学生以自己过去的水平为基准来评价自己,这样才能看到进步,形成信心。晚诵读多由家长评价,发布问卷调查,请家长评价孩子们居家晚读的情况,在孩子熟读成诵计划表上填写反馈。

(二) 第二格:深耕细作,种满诗意花田

作为深圳市首批中华诗教深圳示范区试点学校,古诗文浸润心田是浸润式阅读的重点,学校围绕经典诗文阅读的各种问题开展阅读活动,结合书目的实际需要进行朗读、浸润、体悟、运用,引领学生主动探究经典,在深度阅读、真实情景体验中树立文化自信,实现民族文化的传承延续。

"不学诗,无以言",诗是重要的交流工具,文言的对称、音韵、凝练之美都值得我们反复推敲,反复品味,要让学生"兴于诗",以诗养性。人的成长要从学诗开始,通过审美教育来激发人的生命热情,为人实现生命价值、完善生命成长提供动力,要以诗的真善美来办教育,以诗咏志。要构建兼具真善美的诗的学校,诗化学生,使学生形成诗的人生观——乐观、达观、积极向上,"不愤不启,不悱不发",以诗正行。要发掘诗教陶冶性情、培育德行的功能,尊重学生的主体地位,系统变革阅读行为,在主动、自动、互动的阅读中汲取生活、学习、交往的智慧。

"传承优秀文化,培养文化自信"不仅仅是口号,更是龙田小学的育人理想;不仅是理想,更是渲染于精神、呈现于行动的文化。孔子曰:"文质彬彬,然后君子。"学校通过浸润古诗文阅读系列课程,将中华优秀传统文化教育落于实处,润心启智,立德树人。

(三) 第三格：心织笔耕，评价阅读勤耕少年

阅读评价，以评促读。阅读能力的评价，可以说是对阅读课程的总结。为此，我们开展阅读勤耕少年评比活动。其中基本评比要求包括：第一，有良好的阅读习惯，坚持每天阅读至少半小时；热爱读书，掌握科学的读书方法，阅读健康向上的各类书籍，精读完《龙田小学分级阅读指导目录》中的全部书籍。第二，拥有不少于 50 本个人书籍，在班级或学校发挥"课外阅读"模范带头作用；乐于分享，善于表达，能以读后感、思维导图、手抄报、情节图等多种方式呈现阅读年级共读书和班级漂流书的收获。

各年级评价形式不同，由各个年级组长制定，每学年 6 月以及 12 月，由个人报名自荐，撰写阅读勤耕少年阅读故事以及自己的阅读成果，再让班级孩子们进行 PK 评选，内容可以是分享最喜欢的一本书的读后感或者是推荐一本好书。评比结束后，学校为阅读勤耕少年颁发奖状并推送至公众号中，发扬阅读勤耕少年的阅读精神，鼓励更多同学参与其中。

(四) 第四格：耕云播雨，绽放各类阅名之花

1. 社团种类百花齐放

依托扎实耕耘的阅读习惯，结合吟诵诗教阅读课程的开展，我校百花齐放，成立多个与阅读学科相关的社团。其中跨学科相关社团有龙娃吟诵、大话西游、水墨诗话。晨读晚诵不光锻炼孩子们的阅读能力，还提升着他们的语感，我校因此创办金话筒、绘本共读社团，此外还有书法、硬笔书法等社团，与阅读相关的社团百花齐放，启智润心，赋能阅读。

2. 课题竞赛百鸟争鸣

阅读不仅提升着学生的基本素养，同时还提升了教师科研水平发展。学校师生积极申报各类科研项目，其中与阅读相关的学生区级小课题 6 项，教师区级课程 3 项，市级课题 1 项。

三　阅读田子坊的实施案例

诵经典之文　习古韵之美——龙田小学经典诗词吟诵课程实施案例

(一) 回溯背景

2017 年 9 月起全国中小学统一使用部编版教材，其中古诗词篇目大幅度增加。

为了更好地教授古诗词这一部编版教材中的重要组成部分,学校将吟诵的形式融入古诗词学习,将音乐与语文融合,促进学生创造力发展。在吟诵古诗的过程中学生能体会到平长仄短、入短韵长的节奏和韵律,这种抑扬顿挫之美和韵脚带来的回环往复的音乐美能调动学生的感官,激发学生的兴趣,丰富学生的想象和审美鉴赏。学生通过反复吟诵,可以想象诗歌所描绘的画面,根据自己的理解动笔描绘出诗歌的画面,进而加深对整首诗的理解;可以感悟诗歌的节奏美、韵律美,加深对作者创作情境的体会;可以根据诗歌情境自己设计个人或团队吟诵表演,在探究的过程中,学生的语文、音乐、美术等知识在实践中得以运用,古诗词的学习由被动地接受变为主动参与、体验。

中国是诗歌的国度,自古以来我们有诗教的传统。在新时代背景下,厚植中华文化底蕴、增强民族自豪感、坚定文化自信、做堂堂正正的中国人是每一位中华儿女的价值归属。儿童文学作家樊发稼说:"诗歌天然地和儿童有着契合关系。他们的想象方式、表达习惯和认知渠道,都有着诗的品质。"从核心素养的角度来看,诗歌学习对学生语言建构与运用有极大的帮助。乘着弘扬中华优秀传统文化的东风,古诗词在小学语文学习中的比重也在不断增大,可以预见,今后古诗词教学的地位将显著上升。因此,经典诗词吟诵课程的实施势在必行。

(二) 具体做法

龙田小学经典诗词吟诵课程的参与对象为全校一至六年级学生,课程以语文学科为基础,以各年级部编版教材中古诗词和《古诗文国学经典诵读丛书》校本教材为蓝本,同时融合音乐、美术等学科,遵循"诗乐雅韵,经典传承"的课程理念,以培养"明德有礼、情趣优雅、乐学善思的现代中国人"为育人目标,形成严密的课程逻辑体系,力求在全员普及的基础上打造精品课程。

1. 经典诗词吟诵课程实施举措

为大力营造以中华传统元素为基调的校园文化,让全校师生在古诗词吟诵中接受中华优秀传统文化的熏陶,提高全校师生的文化底蕴和审美情趣,我校将国学经典融入生活与学习,充分利用晨读晚诵时间、课前五分钟、诗教课堂、课后服务时间、寒暑假以及一切碎片化的时间进行吟诵,使经典诗词吟诵活动常规化,同时,将上课铃声改为古诗词吟诵,并按照四季更迭替换诗篇,让国学经典在潜移默化中润泽学生的心灵,从而陶冶情操,提高文化素养。

在每天的 7:40—8:00 之间统一利用学校广播落实经典诗词晨吟诵读课程,内容大致为《声律启蒙》节选齐吟课程、四季晨吟课程、每班个性化诵读当册《古诗文国学经典诵读丛书》校本教材和吟诵当册语文书内容三大板块。其中在四季晨吟课程中，学校会通过广播进行诸如"春光明媚，草长莺飞；槐花飘香，柳絮纷飞；柳丝含情，绿叶赋诗。每一片叶子、每一缕花香仿佛都写满了诗意。且让我们举杯，与春天痛饮，与诗词畅游"的情境引读，带领大家在云游四季诗词的唯美意境之中进行吟诵。课前五分钟、诗教课堂、课后服务时间、寒暑假以及一切碎片化的时间则用于对晨吟诵读课程的持续学习、深度涵咏。

2. 经典诗词吟诵课程评价方式

课程评价由日常检测、活动检测和期末检测这三阶段组成。其中，日常检测分为语文教师自主抽检、小老师分组考评检测、每月底进行全校经典诗词诵读检测三部分。其中，在每月的全校经典诗词诵读检测中，评委们采取进班的方式，随机抽取一首诗词要求学生分别进行吟诵，并抽取一首课外古诗词进行背诵。检测活动还会结合校区里的安排，视情况而定。在举行讲诗小达人比赛、线上诵读活动、诗词大会、开蒙礼仪式等诗教活动的基础上，学校每学年还会开展文学节系列活动。文学节系列活动融合了阅读与古诗词，包括诗韵书法、创意诗绘、诗词配画、诗词拓写、吟诵展演等系列诗词活动。期末检测是期末经典诗词考评活动，考试范围为各年级《国学经典诵读丛书》及当册语文书中涉及的古诗词吟诵，由各年级各班语文老师交叉担任评委进行考评。背诵检测主要分为两个环节：第一，各班以六人为单位组成一个小组，评委老师从检测内容范围中随机抽取一首古诗，让六人小组进行齐背；第二，再随机抽取不同的六首古诗词让小组成员进行个人背诵。为鼓励同学们积极参与，重视国学经典，传承中华优秀传统文化，两学期考评均达标的同学可获得《国学经典诵读达标证书》，不达标的同学则予以一次补考机会，且补考通过仍可获得《国学经典诵读达标证书》。

学校通过日常检测、活动检测、期末检测三位一体的督促反馈，有序推动了经典诗词吟诵课程的扎实开展。

（三）实施成效

在这几年来中华诗教的实践中，学校坚持不断探索经典诗词学习的规律与方法，创新经典诗词的学习方式，力求在积累经典诗词以增强文化底蕴的基础上，进一步提升学生的审美情趣。在探索的过程中，成功立项市级诗词课题1项，区级诗词课题1项，区级诗词课程3项，区级诗词小课题4项，相关研究可谓是硕果累累。

龙田小学经典诗词吟诵课程以统编版教材、"古诗文国学经典诵读丛书"为依托，加入学生自主探究的吟诵学习成果，如学生创作的诗词配画、创编的吟诵节目、设计的吟诵表演服装、录制的吟诵音频、团队展示的吟诵展演等，建设了一至六年级吟诵校本资源库，包括吟诵学习配套书籍、PPT、音频等。课程资源丰富生动，非常贴近孩子的现实生活，极大地调动了学生的过程参与性及学习主动性。通过吟诵的方式创设开放的活动情境，调动学生的想象与创作，在韵律中让学生将自己个人的声音、视觉和兴趣融入课堂，更积极更全面地参与到古诗词学习当中，体验学习过程，进一步培养学生审美鉴赏与创新创造能力。

同时，课程也创新了古诗词学习方式，以吟诵的方式让古诗词学习更加灵动。吟诵展演中，学生步伐轻盈，舞姿翩翩，有声有色，动静相宜，他们将朗诵与吟诵巧妙结合，声情并茂，层次分明，乐声悠扬，书香弥漫，余音袅袅，入耳入心；在期末经典诗词考评活动中，同学们时而激情澎湃，时而细语低吟，或慷慨激昂，或深情款款，诵出了国学文化的无穷韵味，展现了良好的精神风貌和传统文化素养。琅琅书声与校园里的鸟鸣声相映成趣，诗意盎然。借助以日常检测、活动检测为主的过程性评价以及以国学考评活动为主的终结性评价，激励学生不断积累，迎接挑战，使学生的信念、动机、兴趣等品质得到发展。通过优秀传统文化的熏陶与积累，培育学生热爱祖国语言文字、传承中华优秀传统文化的情感。

(四) 案例探讨总结

本课程利用语文课堂，引导学生了解古诗词格律基础知识，掌握基本的吟诵方法，促进学生识字量提升与古诗词积累，培育学生热爱祖国语言文字、传承中华优秀传统文化的情感；利用音乐课堂，让学生掌握古诗吟诵平仄、节奏和韵律，抑扬顿挫的音乐美能调动学生的感官，激发学生兴趣，丰富学生的音乐感和审美鉴赏；利用美术课堂，学生通过反复吟咏诵读，想象、描绘诗歌的画面，进而加深对整首诗的理解，加深对作者创作情境的体会。最终通过诗词系列活动的呈现，促使学生认识美、欣赏美、创造美。"随风潜入夜，润物细无声。"吟诵，是心、眼、口、耳并用的一种学习方法，它带来潜移默化的渗透与积淀，让孩子在诗词中领会意蕴，体悟情感。作为中华诗教深圳市第一批示范学校，我校也一直坚持诗词润心的理念，大力推行吟诵活动。在吟诵日常化的熏陶中，我校师生已做到人人皆可、皆能、皆懂吟诵。实践成效证明，龙田小学经典诗词吟诵课程这一基于语文学科又融合音乐、美术等学科进行的跨学科美育路径探索值得推广。

四 阅读田子坊实施成效

(一) 全体学生经典诗文及整本书阅读主体觉醒

在文学节以及吟诵小达人活动中,学生参与率高,浸润式古诗文阅读活动中晨诵诗赋达到98%的覆盖率。2021—2022年学生参与坪山区跨学科小课题项目4项,2021—2022年教师开发"童诗童趣""跟着西游去取'经'""诗情画意"等学科课程。无论是学生还是老师,在相关阅读课程中,爱国意识、文化自信明显增强,自主探究等多方面能力显著提高,形成了较强的学习力与创作力。

(二) 开发多样态阅读模式,让浸润式阅读更加"亲切""鲜活"

通过阅读学习书中的智慧,联系生活情境,让学生在阅读活动中自悟共学,润心润德,培养现代公民基本素养的学生,这才是我校开展浸润式阅读的初衷和意义。

(撰写人:深圳市坪山区龙田小学 吴嘉怡 齐春丽 李 敏)

第十三章

逐光书苑：打造多彩的书香校园

逐光书苑通过建设阅读空间，开展亲子工作坊等活动，营造书香校园氛围；结合传统纸质书籍与现代数字资源，开展多样化的读书活动；通过游园阅读评价体系等搭建评价平台，指明阅读之光。

坪山区第二外国语学校为区属九年一贯制公办学校。建校以来，一直秉持着"五育融合""中国少年培育"的基本理念，积极探索把中华优秀传统文化融入当代教育的路径，帮助学生从文化生命的自觉走向文化人格的觉醒。

在当今教育环境下，要培养一批会学习、爱学习、能思考的孩子，阅读是根基，书香校园是土壤，优秀师资是保障，提升儿童阅读能力与阅读素养是关键。为了进一步拓宽学生阅读视野，探究多维阅读方式，提升学生的思维品质，坪山区第二外国语学校整合各种资源，在学校各类丰富的课程体系之下，开发出了独具特色的"逐光书苑"阅读模式。在实施过程中，采用多种方式和方法，点亮学生心中的阅读之光，构建出了较为完善的阅读教学模式与课程体系。我校要培养"才如春华、品如秋实"的少年，建设一所人文校园、书香校园，使学子呈现出"灼灼春华，淳淳秋实"的灵动样态，创设积极向上的育人环境和琅琅书声的文化氛围，通过阅读课程体系的建构，提高学生的思维品质和综合素养。

一　逐光书苑的背景与意义

(一) 着眼社会发展要求

基于我校对于培养学生"才如春华、品如秋实"等品质的要求，打造逐光书苑，有利于提升学生的综合素质，而强调阅读是提升学生素质的关键因素之一。社会要求更多的人才具备广泛的知识和综合素养，从而形成复合型人才。因此，让书香浸润校园，这不仅有助于学生的知识、技能的提高，还有助于培养学生对于社会的责任感和使命意识。其次，现代社会对知识型、创新型人才的需求越来越大。通过打造书香校园，学校有机会培养出更具创新能力和终身学习能力的学生，这对国家未来的发展至关重要。再者，阅读本身不仅仅是获取知识的手段，还可以培养学生的批判性思维、创造力、表达能力以及跨学科的综合能力。社会发展要求个体具备这些综合素质，以适应不断变化的环境。同样，书本是知识的载体，阅读是文化传承的重要环节。学校通过鼓励学生阅读经典文学、历史文化书籍等，有助于传承和弘扬本国和世界各地的文化遗产。

（二）立足语文课标要求

"书是人类进步的阶梯"，阅读是运用语言文字来获取信息，认识世界，发展思维，并获得审美体验的活动。为落实《全国青少年学生读书行动实施方案》及《义务教育语文课程标准（2022年版）》中有关学生阅读的要求，学校不断通过各项活动提升学生阅读能力，培养人文素养，增强学生广泛的阅读兴趣，多读书，好读书，读好书，读整本书。

（三）始于学校办学要求

建校以来，学校一直秉持着"五育融合""中国少年培育"的基本理念，积极探索把中华优秀传统文化融入当代教育的路径，帮助学生从文化生命的自觉走向文化人格的觉醒。秉持"阅读，让孩子遇见更好的自己。学会阅读，将让孩子终身受益"这一理念，坪山区第二外国语学校自建校起便高度重视儿童阅读的推广，在实践中探索出包含儿童阅读课程、中华诗教试点、家庭阅读指导与各类文学阅读活动等全息阅读的"逐光书苑"阅读模式，打通从输入到输出的任督二脉，以课程标准为基石，结合孩子身心发展和学习特点，确立全时空、全人员、全领域、全素养的全息阅读目标，让孩子在成长道路中与书为伴，处处氤氲书香，在字词篇章中与他人及世界链接。让每一名二外人与智者对话，与世界相拥，与自己相遇。

（四）融合阅读教学要求

时至今日，阅读仍是个体终身学习的有效途径和必备技能。在信息化社会，阅读作为其他任何方式不可替代的、获取信息的重要途径，不仅有利于提高学习能力，提升学业水平，也有利于熏陶思想情感，塑造健全人格。然而，分析现状，学生阅读还存在着各方面的问题。如何解决这些问题，使学生阅读成为常态？如何通过阅读促进学生的成长？近年来，二外进行了"逐光"体系的构建与实践研究，以"全阅读教育"理念为引领，形成全方位的学生阅读支持机制，组织开展广泛的学生阅读活动，全面促进学生综合素养的提升。

（一）"建"场地，营造书香校园

"建"场地，从空间维度，让学生处处可读。学校、家庭、社会三者有机结合，如建立图书馆、营造阅读氛围、开展阅读课程等。学校层面科学规划建设阅读场地，营造浓郁书香氛围。如建设图书馆、班级图书角，创设阅读空间，设计年级阅读手册等。

"阅读，让孩子遇见更好的自己。学会阅读，将让孩子终身受益。"中小学阅读空间建设，应遵循"安全、科学、美观、舒适"原则，并突出整体规划与未来导向，促进功能的多元化与服务实用化。坪山区第二外国语学校科学规划建设阅读场地，营造浓郁的校园书香氛围，在各班级也尽力打造班级图书角，打造各年级阅读指引手册，打造"逐光书苑"阅读模式，燃动书香校园。

一是建设开放式学校图书馆。学校图书馆是学生最喜爱的校园场所之一，藏书丰富，宽敞明亮又富有童趣。我校图书馆整馆分为童趣区、班级阅读区、藏书区等八大区域，图书馆在设计时，充分考虑不同学段学生的性格特征，初中生阅览区大方庄重，而专为低年级同学自由阅读而设计的童趣区则充满活泼的色彩，书籍摆放也随手可取，是一二年级小朋友们最爱的活动区域。学校引进图书馆智能管理系统，对学校两个图书馆的藏书进行智能化管理，师生均可凭借读书证来图书馆免费借阅图书。坪山第二外国语学校图书馆建设于 2019 年，占地面积达 1 600 平方米，可同时容纳数百人开展阅读分享。图书馆现有藏书 33 492 册，纸质图书 6 188 种，藏书内容涉及哲学、文化、科学、教育、体育、语言、文学和艺术等多个领域，满足师生的阅读需求。馆内有瀑布式电子借阅屏 2 台，内有电子图书 3 000 种、期刊 200 种，另有朗读亭、电子阅读器、智能教育机器人、自助借还机等科技设备"加持"，让校园图书馆实现数字化升级，进一步丰富学生的阅读方式和阅读体验。在校训"国家、未来"的引导下，学校图书馆充满着"好学、日进"的文化氛围，吸引着广大师生积极参与到阅读中来。

二是创设班级图书角。结合学校"逐光书苑"阅读模式，打造富有书香特色的和美班级，让阅读触手可及、融入日常生活。学校建立了班级图书角这一"图书流通模式"，各个班级发动学生把自己富余的书籍拿到学校，充实班级图书角，达到了一人能看好几本书的效果,让好书随时与学生相伴。在师生的共同努力下,各班图书角布置亮点纷呈,各具特色。一个个精巧别致、充满书香气息的图书角开始对外呈现,成为教室里最靓丽的一道风景线。每间教室的图书角都是师生智慧的结晶,既注重整体布局又处处体现细节。丰富的藏书、详细的借阅制度、清晰的借阅记录、生机勃勃的绿植、独具匠心的好书推荐卡都在传递师生对书的热爱。"一隅书香,浸润心灵"。图书角的建设,不仅美化了教室环境,营造了浓厚的班级阅读氛围,还激发了同学们的阅读热情。阅读公约的制订更是规范了同学们的阅读习惯,提升了他们热爱读书、爱护图书的意识。

三是打造各年级阅读指引手册。"童年的任务是在辽阔与自由中积累强大的内心,于现实中读文本,从文本走向读世界,成为文本与世界的双读者。"整本书阅读任务群作为新课标着重强调的第三级任务群,是旨在强调教育学生真正阅读的重要部分。学生要能够借助多种方式分享阅读心得,交流研讨阅读中的问题,积累整本书阅读经验,养成良好的阅读习惯,提高整体认知能力,丰富精神世界。

(二) 倡"悦"读,点燃阅读兴趣

倡"悦"读,旨在点燃阅读兴趣,从活动维度,让人人爱上阅读。我校把握每次节日、活动的契机,组织图书馆阅读、阅读推荐、阅读打卡等活动,同时筹办文学节、阅读社团课、亲子工作坊等各项阅读项目,保障"快乐阅读"。

1. 课程内容多样,夯实常态阅读基础课

为了倡"悦"读,点燃阅读兴趣,我校设立多类阅读课程,主要包括日常阅读课与绘本社团课。

一是日常阅读课。在日常阅读教学中,为保证课程内容设置的个性化、校本化,让学生可以在课堂之中寻找到适合自己的阅读策略与方法,教师在开展相关课程前要作好规划,并建立合理的选书体系,从而提高学生学习的积极性,提升学生的自主学习意识。为使学生养成良好的阅读习惯,实现健康生活理念的核心素养能力培育,教师要注重制订整本书阅读的计划,从而以计划内容为目标督促学生养成良好的阅读习惯,并选择适合自己的阅读方法。

为丰富教学形式,提升教学内容的创新性,除小组合作以外,教师还可以根据整本书阅读教学模式,延伸出多样化且具有创新性的教学内容供学生学习,在提高学生学习积极性的同时,也丰富学生的业余生活。第一,课题完成、展示形式的创新。在教学

与阅读的过程中每一个学生审视作品的角度是不同的,而为了能够让学生展示自我、发挥想象,教师则可开展阅读手抄报制作、文中精彩片段表演朗读以及写流动阅读笔记等活动。这样学生便可在阅读的过程中积极发挥自身的特长,提高学习的热情,并有了一定的展示空间。第二,充分利用多媒体教学设备。基于信息时代背景,教师可以通过远程与名家共读的形式,创新阅读分享以及创作形式,并可利用班会等时间构建班级读书会,建立良好的班级文化,在此基础之上实现知识的拓展与延伸,让学生可以在学习过程中掌握学习主动权。

二是绘本社团课。"绘本"是一种用图画与文字共同叙述一个完整故事的读本,而绘本社团课是透过图画与文字两种媒介在两个不同层面上交织、互动来讲述故事的一门艺术课程。以 2022—2023 学年上学期的绘本社团课为例,该学期执教教师从激发学生的阅读兴趣和创新思维出发,确定了《好饿的毛毛虫》《从头动到脚》《月亮的味道》《跑跑镇》《写完作业再去玩》等文质兼美、习惯养成类的书籍。阅读能增长知识,阅读能带来快乐,"绘声绘色"绘本阅读社团让学生们养成喜欢读书、喜欢书籍的情感态度,养成他们会阅读、会分享、会展现、会合作的能力和技能,也养成他们在阅读中获得知识、发展语言理解、倾听与表达的认知能力。

2. 活动形式丰富多彩

通过校文学节各项综合性活动,鼓励班级内合作、班际合作,举办各类阅读活动,提升学校文化品位,以素养校园文化影响和引领师生,以活动评价载体为支撑,创建学习型学校,培育"爱阅读,常阅读,会阅读"的优良校风。开展的活动形式丰富,比如文学节、图书换换乐、介绍最喜欢的一本书等,燃动全校书香氛围。

3. 具体实施过程

(1) 第一阶段:启动文学节活动。

在进行前期准备工作时,坪山第二外国语学校小学部的语文科组用了两周时间进行策划,以备课组为单位,以学段为团队,根据学生学情和发展特点,规划文学节活动。每年 10 月在全校升旗仪式上进行启动仪式。启动典礼中,由校诗词诵读队伍进行开场表演,然后由学生代表进行演讲,之后是区阳光阅读活动参赛学生的颁奖仪式。学生在视听收获中,投入本月语文文学节活动。活动强调,"比"是形式,参与过程才是浸润的过程。

(2) 第二阶段:寻找"最美家庭图书角"。

学校积极鼓励家庭参与阅读,为此,学校设立了寻找"最美家庭图书角"评比活动,鼓励家长和学生共同打造一个充满书香的角落。家庭可以分享他们最喜欢的图书、阅读经验，也可以亲自为这个角落增添书香氛围。这个活动不仅促进了亲子互动，还激发了学生对阅读的兴趣。

（3）第三阶段：笔墨中国，汉字书写比赛。

学校举办汉字书写比赛，以个人为单位参赛，分年级分内容开展现场竞赛，旨在强调汉字书写的重要性和美感。学生可以展示他们的书写技巧，分享自己对汉字的理解。这个活动有助于培养学生的文字艺术修养和审美能力。

（4）第四阶段：介绍我最喜欢的课外书。

活动以"书"为桥梁，开展"逐光"系列活动，学生读好一本书，讲好一个故事，写好一篇文章，分享一本书，坚实地在实践中体验阅读的内化过程。阅读内容可以是小说、科普、传记等各种类型。学生可以通过书评、推荐语等形式，在校园内的展示活动中介绍这本书，从而推广优秀图书，激发同学们的阅读兴趣。

（5）第五阶段：童诗创作比赛。

熟读唐诗是积累的过程，而童诗创作则是将知识进行外化。学校鼓励学生创作童诗，表达他们的思想和情感。该比赛可以促进创造力和表达能力，同时激发学生对文学的热爱。获奖作品通常会在学校刊物中发表，并在学校大门荧光屏幕上滚动展示，从而表彰学生的才华。

（6）第六阶段：必背75首古诗词背诵接力大赛。

该比赛是对中国古代文学传统的一种尊重和传承。学生参与背诵中国古代诗词文学名篇，增强文学素养，同时也提高了他们的记忆力和口语表达能力。并且，接力赛的形式将语文与体育进行了很好的跨学科融合，能够使同学们赛出水平、赛出快乐。

（7）第七阶段：国学经典吟诵大赛。

学校鼓励学生吟诵中国传统国学经典，如《论语》《诗经》、唐宋诗词等。这有助于传承中国传统文化，培养学生对传统智慧的理解和尊重，同时也提高了他们的口才和表达能力。

（8）第八阶段：活动闭幕，生成评价。

在长达一个多月的案例实践中，学生参与率达100%，根据学生的语文课堂表现情况，学生得到阅读指导与学习启发。在活动尾声，我们将评价落实到位，进行对应活动的颁奖仪式，让学生的内驱力可视化，以辅助学生语文学习。

4. 读国学共品"悟",浸润童年时光

学校从时间维度制定阅读作品书单,力图做到贯通古今,按学段分层设定目标,结合经典诵读,传承文化基因。

(1) 分学段分层次,每个学段融合国学经典,设立分层次目标。

年级不同,训练重点不同,低年级主要是识字、语感培养,旨在让学生喜欢阅读,尽量多读;中年级主要是读懂文章的主要内容,学习段落模仿;高年级主要是篇目阅读训练,学习写作方法,学会运用。因此,我校根据每个学段孩子特点,结合国学经典浸润,采取以下分层阅读教学目标。

表 13-1　分层阅读教学目标计划表

低年段（一二年级）	1. 喜欢阅读,感受阅读的乐趣。 2. 学习用普通话正确、流利、有感情地朗读课文。 3. 学习默读,做到不出声,不指读。 4. 借助读物中的图画阅读。 5. 结合上下文和生活实际了解课文中词句的意思,在阅读中积累词语。 6. 阅读浅近的童话、寓言、故事,向往美好的情境,关心自然和生命,对感兴趣的人物和事件有自己的感受和想法,并乐于与人交流。 7. 诵读儿歌、童谣和浅近的古诗,展开想象,获得初步的情感体验,感受语言的优美。 8. 认识课文中出现的常用标点符号。在阅读中,体会句号、问号、感叹号所表达的不同语气。 9. 积累自己喜欢的成语和格言警句。背诵优秀诗文 50 篇(段)。课外阅读总量不少于 5 万字。 10. 喜爱图书,爱护图书。
中年段（三四年级）	1. 用普通话正确、流利、有感情地朗读课文。 2. 初步学会默读。能对课文中不理解的地方提出疑问。 3. 能联系上下文,理解词句的意思,体会课文中关键词句在表情达意方面的作用。能借助字典、词典和生活积累,理解生词的意义。 4. 能初步把握文章的主要内容,体会文章表达的思想感情。 5. 能复述叙事性作品的大意,初步感受作品中生动的形象和优美的语言,与他人交流自己的阅读感受。 6. 在理解语句的过程中,体会句号与逗号的不同用法,了解冒号、引号的一般用法。 7. 学习略读,粗知文章大意。 8. 积累课文中的优美词语、精彩句段,以及在课外阅读和生活中获得的语言材料。 9. 诵读优秀诗文,注意在诵读过程中体验情感,背诵优秀诗文 50 篇(段)。 10. 养成读书看报的习惯,收藏并与同学交流图书资料。课外阅读总量不少于 40 万字。

高年段 （五六年级）	1. 能用普通话正确、流利、有感情地朗读课文。 2. 默读有一定的速度，默读一般读物每分钟不少于 300 字。 3. 能借助词典阅读，理解词语在语言环境中的恰当意义，辨别词语的感情色彩。 4. 联系上下文和自己的积累，推测课文中词句的内涵，体会其表达效果。 5. 在阅读中揣摩文章的表达顺序，体会作者的思想感情，初步领悟文章基本的表达方法。在交流和讨论中，敢于提出自己的看法，作出自己的判断。 6. 阅读说明性文章，能抓住要点，了解文章的基本说明方法。 7. 阅读叙事性作品，了解事件梗概，简单描述自己印象最深的场景、人物、细节，说出自己的喜欢、憎恶、崇敬、向往、同情等感受。阅读诗歌，大体把握诗意，想象诗歌描述的情境，体会诗人的情感。受到优秀作品的感染和激励，向往和追求美好的理想。 8. 学习浏览，扩大知识面，根据需要搜集信息。 9. 在理解课文的过程中，体会顿号、逗号、分号与句号的不同用法。 10. 诵读优秀诗文，注意通过诗文的声调、节奏等体味作品的内容和情感。背诵优秀诗文 60 篇（段）。 11. 利用图书馆、网络等信息渠道尝试进行探究性阅读。扩展自己的阅读面，课外阅读总量不少于 100 万字。

其次，开展以经典文学作品为主的阅读课程建设，包括童话、小说、散文、诗歌等。选择适合学生年龄和阅读能力的经典文学作品，如《小王子》《安徒生童话》《红楼梦》等。每周安排一次经典阅读课，每次课安排 30 分钟至 1 小时的阅读时间。课程分为以下几个阶段。

表 13-2　分层阅读课程安排表

起步阶段（一二年级）	选择简单的童话、寓言、故事等经典作品，让学生能够快速理解文章内容。
发展阶段（三四年级）	选择中等难度的小说、散文等经典作品，培养学生的阅读兴趣和阅读能力。
深化阶段（五六年级）	选择更高级的文学作品，如诗歌、散文等，让学生能够深入理解文章的主旨和情感。

在教学方法上，主要采取三点。一是教师引导阅读：在课堂上，教师可以引导学生阅读文章，并解答学生的问题。教师可以通过声音、形象、表情等手段，帮助学生更好地理解文章。二是角色扮演：教师可以选择一些经典文章中的情节，让学生角色扮

演,以便更好地理解文章的内容和感情。三是拓展阅读:教师可以选择一些与原文相关的其他作品,进行拓展阅读,以帮助学生更好地理解原文。

(2) 时间上,充分利用早读、课前、午休。

为使阅读成为学生的一种生活方式,学校引导学生习诵、领略优美的经典作品,感受诗歌、故事与经典绘本所传达的情怀、美感及音乐感。为让学生从快乐阅读中得到心灵的慰藉,寻找生活的榜样,净化自己的灵魂,体会读书的乐趣,我校分三个环节让学生开口朗读。

① 校内短时拼接。首先,晨读润心,每日清晨,孩子们都会在和教师的晨读中,开启诗意的一天。其次,午听沐心,中午午休前,学校会统一通过广播播放优秀的范文、新闻、诗歌等优秀听读材料,使学生得以拓宽知识面。最后,课前静心,每节课前,每个班级都会按年级要求统一诵读文学经典,如《诗经》《古诗三百首》等,充分利用课前的三分钟,以达到课前静心的效果,同时帮助学生积累文学素材,提高文学素养。各种短时间的拼接,使阅读和其他学习活动相互补充,互为调节,使阅读以润物无声的状态融入学生的日常生活,让学生处在"时时在读"的良好状态,使阅读像呼吸一样自然。

② 家庭定时阅读。要海量阅读,仅靠校内挤时间是远远不够的,必须有效利用孩子每天在家的时间开展个性化阅读。我们建议低、中、高三个年段的学生,每天在家分别阅读至少20分钟、30分钟、40分钟,并将检查督促的任务交给语文老师和学生家长,通过诵读句段、做读书卡、观点碰撞等多种方式进行交流反馈。教师定期组织学生开展家庭阅读分享会,并对学生在家的阅读情况进行评价激励。

③ 假期悦读时光。寒暑假期,时间充裕自由,是留给孩子们开展整本书、整套书阅读的黄金时间。我们指导社区内学生进入市镇图书馆、"社区读书吧"开展阅读活动。教师们通过每周打卡、微信互动、开学知识竞赛等方式了解阅读进程,检测孩子们的阅读质量。

5. 搭"评"台,指明阅读之光

在"逐光"阅读课程实施过程中,学校着重从阅读广度、阅读深度、阅读兴趣、阅读能力四方面对学生的阅读进行评价。

在阅读能力方面,学校设置了 A、B、C 三个等级,分别对应的是:能自主阅读并理解文字表达的意思和情感;在老师的引导下能读懂文字并理解文字意思和情感;能读懂部分文字,但对文字表达的意思有些模糊。评价内容将如实记录在阅读手册上。

评价的主体既包括家长和教师,也包括学生自己。评价活动并非单一的阅读测试,学校还开展了期末游园阅读答题闯关活动,进行了书香家庭评比,编写了阅读记录手册,也组织了学生进行阅读成果的展示。

同时,学校积极聘请专家对阅读课程进行方向上的指导,组建课程小组对课程内容进行进一步落实和优化,建立相应的校内评估机制,定期评估规划的实施情况,并及时调整、完善规划,达到课程效益的最大化。

三 逐光书苑的案例分析

我校十分重视小学低年级的绘本教学,为开启学生的阅读兴趣之门,让学生爱上阅读,同时提高教师的绘本解读能力、绘本教学技巧,在新课标整本书阅读的理念指导下,我校小学语文科组时常开展低年级绘本课堂教学研讨活动。

以"书香润心灵,绘本伴成长"——记小学语文课组"阅绘本,悦课堂"低年级绘本课堂教学研讨活动为例。

为开启学生的阅读兴趣之门,让学生爱上阅读,同时提高教师的绘本解读能力、绘本教学技巧,在新课标整本书阅读的理念指导下,我校小学语文科组在小学部负责人廖雁妮副校长、教学处黄雅丽老师的带领下开展"阅绘本,悦课堂"低年级绘本课堂教学研讨活动。本次活动有幸邀请到了深圳市优秀教师、南山区教科研专家工作室主持人、南山区继续教育学校课程讲师、广东省阅读推广人董志香老师为大家传经送宝。

"曲径通幽处,禅房花木深。"活动伊始,大家齐聚录播室,观看由二年级语文老师于意执教的绘本阅读课《是谁嗯嗯在我的头上》。整堂课内容充实,过渡自然,气氛活跃有序,通过小组合作的形式,利用阅读单、办案记录表、贴纸、板贴图片等丰富的道具对绘本进行了精彩的展示与教学,让孩子们兴致勃勃地参与其中,静静地享受了一本绘本带来的知识性和趣味性!

"教而不研则浅,研而不教则空。"课后,专家董志香老师、罗建婵名师工作室叶健雯老师、廖雁妮名师工作室钟可如老师纷纷就本次绘本阅读教学展示课作出了点评,从绘本阅读教学环节的设计、导入、师生互动、教态、教具等方面开展讨论,积极交流想法意见。几位老师精彩的点评再次让大家对绘本阅读课教学有了更清晰的认识,也让我们的教学课堂有了取长补短的新思路。

针对绘本阅读教学,专家董志香老师从教师角度出发,向现场老师们倾囊相授,从

"为什么教""读什么""怎么读"三个角度入手,展开了以"我的绘本教学"为主题的绘本教学专题讲座。首先,董老师就"什么是绘本""怎样选择阅读绘本""绘本阅读的价值是什么""怎样进行小学绘本教学"等问题为教师们进行了全面的剖析与答疑。接下来,董老师系统梳理了绘本阅读活动的特点、类型、组织策略等,让教师们巩固理论知识,更好深化实践,从而提高语言领域的教育教学质量。最后,董老师以绘本《花婆婆》为例,为在场教师呈现出了一堂精彩纷呈的绘本阅读示范课例,让在场教师们更深刻地感受到了绘本阅读的价值和力量,也知道了如何帮助孩子们更好地阅读和进行绘本教学。

最后,我校廖雁妮副校长针对本次教研活动进行总结,绘本教研活动不仅让教师对绘本教学有了新的认识,同时也让教师从多角度、全方位进行了思考,深度挖掘其中的教育元素,促进了教师的专业化成长。学有所悟、学以致用,把绘本阅读推向新的阶梯,成就绘本真正意义上的深度阅读。

四　逐光书苑的实践成效

"逐光书苑"阅读模式的打造力求燃动书香校园,让学生通过阅读,能够深刻地认识世界,拓宽自己的视野,对这个世界上出现的事物形成自己的认识和判断,能够更好地认识世界的多元性。阅读对于孩子的身心成长和人生发展都是至关重要的,大量的阅读会使孩子在思考能力、表达能力的形成及处理问题的方式等方面都显示出明显的优势。阅读众多经典的过程中,如果学生能够从阅读中获得顿悟、汲取知识,将会让学生的内心世界变得丰盈,精神世界变得富足。

从阅读活动来说,分级阅读活动的学生参与率基本达100%,语文教师也尽数参与到阅读活动中,既担任评价者的角色,又担任阅读者和领读者的角色,掌握着整个阅读活动的"舵",促进了教师自身专业素养的发展。对于学生高涨的阅读热情,家长对于分级阅读活动也表现出极大认同,其中部分阅读任务需要家长的帮助,因此家长也参与其中,为学生提供物质和行动支持,一定程度上实现了校园层面的"全民阅读"。

"逐光书苑"体系的构建,擦亮了二外学子丰厚的精神底色,从空间、时间、评价、活动四个维度营造了书香校园,并取得了不少成果。在"逐光"阅读课程体系的引领下,我校自建校以来成功举办四届文学节,创编了每个学段的阅读手册,完善了"经典阅读"学科课程建设,申报了中华诗教试点学校,并培育了一大批优质教师。每位师生都会让晨诵、午听、暮讲、晚读成为生命的常态,二外的校园也将会书香四溢,每一个生命"活泼"地成长,遇见更美的自己!

（撰稿人：深圳市坪山区第二外国语学校　李嘉嘉　朱芷萱　肖馨琪）

第十四章

"N+1"悦读：让浓浓书香萦绕校园每一个角落

读书能够使人增长知识、开阔视野、陶冶情操、明白事理。"N＋1"悦读模式是多维度、多层次的阅读活动模式，致力激发儿童爱上阅读，以经典之韵传承文化之魂，使浓浓书香萦绕校园每一个角落。

锦龙小学创建于 2019 年 8 月,是坪山区高标准、高起点建设的一所区属公办小学。学校坚持立德树人,以"和美"核心理念引领内涵发展,提出"每棵小树都有一片梦想的天空"的办学理念,确立"和雅学堂,美彦少年"的办学目标,遵循"各美其美、美人之美"的校训,营造"美于品、笃于志、敏于行"的校风,倡导教师"知童心、激童趣、伴童长",引导学生"爱学习、乐探究、善合作",助力学生成长为一名德智体美劳全面发展的社会主义建设者和接班人。

　　水是生命之源,书是思想之源。读书能够使人增长知识、开阔视野、陶冶情操、明白事理。锦龙小学的"N+1"悦读模式便是在"全民阅读"的思想指导和时代浪潮下开展的多维度、多层次的阅读活动。学校激励锦龙学子们在"N+1"悦读模式下,爱上阅读,以经典之韵传承文化之魂,让锦龙娃成为乐学、好思的智慧娃,使浓浓书香萦绕锦龙校园的每一个角落。

一　"N+1"悦读的背景与意义

(一) 国家发展的需要

　　随着全球化和信息化的不断发展,阅读对于提升国民素质和加强国家竞争力的重要性日益显著。因此,我国也一直在大力推广全民阅读,建设学习型社会,提高国民素质。学校作为教育的重要阵地,积极推广阅读是对于国家政策的积极响应和贯彻落实。阅读可以拓宽人们的视野,提高他们的综合素质,从而促进整个国民素质的提升。通过学校阅读推广活动,可以培养出更多具有广博知识和文化素养的人才,为社会的进步和发展作出贡献。学校阅读推广活动可以助力学习型社会的营造,让更多的人认识到学习和阅读的重要性,并激发他们的学习热情和创造力,这对于促进社会和谐与推动社会发展都具有积极的作用。学校阅读推广活动可以传承和弘扬中华优秀传统文化,让学生了解和认识中华文明的精髓和智慧,这对于中华优秀传统文化的传承和发展具有重要意义。

（二）落实课程标准的需要

《义务教育语文课程标准（2022年版）》强调，要激发学生的阅读兴趣，让学生多读书、读好书、读整本书，养成良好的阅读习惯。新课标要求学生掌握阅读的方法，积累阅读的经验，学生不能把阅读当作任务，而是要将阅读变成习惯。新课标要求扩大学生的阅读面，增加学生的阅读量，鼓励学生广泛阅读不同类型和不同体裁的作品，包括诗歌集、中长篇小说、散文集等文学名著。提倡学生将独立阅读和合作研讨相结合，学生需要独立阅读并完成读书笔记，同时展开合作研讨，对作品的语言、形象、主题等方面的话题进行深入探讨。这些要求旨在提高学生的阅读能力、思考能力和审美素养，培养其成为全面发展的新时代人才。

（三）学生发展的需要

在当下这个信息爆炸的时代，知识的获取和传播变得更加迅速和便捷，阅读也因此具有更加重要的意义。阅读是一种基本技能，对于学生的未来发展至关重要。学校可以通过阅读活动帮助学生提高阅读能力，增强阅读理解力和鉴赏力。阅读是一种重要的学习方式，可以拓宽学生的知识面，增强他们的综合素质。阅读推广可以帮助学生从优秀的书籍中汲取营养，提高他们的文化素养和科学素养。阅读是一种良好的生活习惯，也是一个人终身学习的基石。通过阅读活动，学校可以帮助学生养成定期阅读的习惯，让他们在今后的生活中更好地享受阅读的乐趣。

阅读是一种主动的学习过程，可以激发学生的求知欲和创新思维。学校推广阅读，还可以帮助学生培养创新思维和实践能力，为未来的工作和生活做好准备。学校应该积极推广阅读，培养学生的阅读兴趣和阅读能力，帮助他们更好地适应社会发展的需要。

二　"N+1"悦读的实践操作

为了激发孩子们的阅读积极性，鼓励大家多读书、读好书，养成爱阅读的好习惯，同时给孩子们提供一个读书分享与交流的平台，我校依据学生年龄特点和心理特点，结合学校实际，举办了形式多样、丰富多彩的"书香伴我成长"锦龙小学读书节活动。

学校以"一年级拼音游园过关活动""诵读经典课文""趣味诗词游园活动""现场作文大赛""读书小报""书香少年""书香家庭""书香班级"等为主题开展此项活动,既关注学生的兴趣爱好与阅读倾向,又关注以学生为主体的多元化评价形式,还关注到学生的阅读能力、阅读兴趣以及阅读习惯的培养,从个体到全体,从学校到家庭,让浓厚的阅读兴趣和良好习惯在学校、家庭生根发芽。

(一)实践操作目标

为认真落实立德树人根本任务,进一步推进书香校园建设,营造良好的校园阅读氛围,扎实推进新课程改革,全方位、多角度地检测学生阅读水平,让学生享受美好生活和人生,引导激励学生爱读书、读好书、善读书,切实增强学生的文化自信,营造清风缕缕满校园的书香氛围,我校结合"小龙人"校本品质课程规划,通过优化学校读书环境、丰富校园读书活动、加强学生阅读指导、创新阅读评价机制等措施落实青少年学生读书行动,让学生在活动中体验读书的乐趣,促进学生养成"爱读书,多读书,读好书"的良好习惯。

(二)实践操作过程

(1)优化学校读书环境,加强校园读书文化建设。锦龙小学建校以来随着班级的扩增,不断丰富学校图书馆配备,至今藏书39 746册。学校在上学、放学等待区域增设多个小型书柜,放置专门印制的古诗朗诵小扇子;每周校园"和美广播之声"增设了历史人物故事栏目和文学星空栏目;每班落实课前三分钟古诗朗读任务,开展课间和餐后阅读活动。充分利用学校走廊、教室文化外墙、宣传栏、电子屏等空间布置阅读宣传内容,展示学生读书作品。同时,每班设置了图书角,方便学生即时阅读、处处可读。为引导学生了解中华文化经典的博大精深,在学习积累的过程中培养对传统文化的浓厚兴趣,全面提高学生的语文素养,锦龙小学于2021年在区教育局的支持和见证下正式挂牌成立了"和美少年文学院",下设吟诵苑、悦读苑和文墨苑。成立以来,充分利用和开拓各种优质资源,积极开展多姿多彩的文学活动,以朗诵、阅读、写作为着力点,以"悦"系列校级和年级社团为载体,举办院徽设计大赛,参加坪山实验教育集团第一届文学节开幕式汇报表演,举办首届"我最喜爱的课外书"大赛,努力为锦龙师生们搭建了一个集读、写、诵、研于一体的展示平台,营造浓厚的书香氛围,打造和美书香校园。

（2）加强学生阅读指导，帮助学生掌握阅读方法。我校在全校范围内定期实施"书香伴我成长"阳光阅读品质课程，根据学生年龄特点和知识水平，开辟读书方法指导课，对学生课外阅读进行系统的引导，培养学生阅读兴趣，养成良好阅读习惯。课程主要分为两种形式：一是一至六年级每班每周1节阅读课，每学期10课时＋X课时开展多形式的阅读课，二是在图书馆里由文学院下设的"悦读苑"教师组织学生进行自主阅读课。阅读指导课有以下几种类型：第一，校长走班阅读教学。利用名师资源，王朝君校长和何艳红副校长亲自示范，激励学生更好地开展阅读活动。第二，读物推荐课。主要是向学生介绍课外读物，供学生选择。可以有书刊、篇目的推荐和内容的介绍；可以教师推荐和学生推荐相结合、统一推荐和分散推荐相结合。第三，读书方法指导课。引导学生合理使用工具书；讲授精读、泛读、浏览、速读等常用的阅读方法；指导学生边读边思考，提高理解能力，评价人物和事件的能力及联想、想象能力等；教授学生运用"意群注视法"，提高阅读速度；培养学生"不动笔墨不读书"的习惯等。第四，读后叙述课。组织学生复述自己读过的书籍的一部分或全部的内容，以加深对所读内容的理解，训练学生的口头表达能力。第五，交流评论课。组织学生交流课外阅读的收获或体会；也可组织学生对所读书刊的内容进行专题评论或综合评论。第六，读书笔记辅导课。主要向学生介绍摘抄型、提纲型、感想型、评价型等读书笔记的写法。第七，表演展示课。让学生把看过的内容，自编成小品、课本剧等形式，在汇报课上进行表演。

我们在探索与实践中，初步形成了以"复习迁移，尝试导入"——"明确要求，尝试练习"——"训练交流，感悟方法"——"实践体验，培养习惯"四个环节为主体的课外阅读指导模式。

（3）丰富校园读书活动，着力打造读书品牌项目。自建校以来，学校每年结合"深圳读书月"主题如期举行校园"诗意文学节"活动。活动前夕，提前两周通过开展学生国旗下讲话活动、电子屏显示宣传标语、完成阅读主题黑板报、组建班级"图书漂流"阅读角等活动开始营造校园书香氛围。利用周一升旗仪式的时间举行"诗意文学节"开幕式。在开幕式上每个年级的学生在科组长的带领下还会齐呼响亮的读书口号。开幕式为"诗意文学节"营造了浓厚的阅读氛围。

在文学节一个月内分阶段，以年级组为单位编排、展示各年级读书节项目：一年级以"读准声母、韵母、声调，整体认读音节，以及准确地拼读音节"为目标，融合数学、体育等学科开展拼音游园过关活动；二年级以传扬优秀传统文化为主题在班级、年级举行诗歌朗诵比赛;三四年级举行爱国主义主题好书推荐会;五六年级开展集体阅读书籍并制作读书心得小报的评选活动;全校开展读书随笔征文比赛。教师鼓励学生大量阅读,以一学期为期限,在班级和全校参加"读书等身"比赛,并在比赛后期举行隆重的闭幕式和阅读收获展,通过制作阅读书签、制作阅读手抄报、制作亲子阅读卡片、全校好书推介比赛活动和讲故事比赛等形式引导学生将自己的阅读收获转换成可以看得见的"书香"。

(4) 创新阅读评价机制,多元考查学生阅读能力。为了更好地调动学生阅读的积极性,培养学生良好的阅读习惯,在学生阅读的过程中必须有一套行之有效的阅读评价机制来激励学生自主阅读,培养学生优良的阅读习惯,让他们越来越爱上阅读。为此,学校结合学生实际,为小龙娃们量身制定以下阅读评价机制:第一,"和美少年文学小院士"。每班一个名额,由班级综合阅读最优秀者获得此荣誉称号。第二,"和美书香少年"。每班5个名额,全体学生参与,由每班语文老师综合学生阅读表现评选出班级前五名获得此荣誉称号。第三,"和美书香班级"。全校所有班级参与评比,书香最浓的班级获得此奖项。每个班级上交一份含有班级阅读照片和300字左右班级阅读故事的 Word 文档以及纸质版资料,参评时评委(由学校行政领导组成)根据班级上交资料(占比40%)和各班日常阅读氛围(占比60%)来综合评分,没有上交资料的班级视为自动放弃。获得"和美书香班级"的班级可获得一套课外书来充实班级图书角。第四,"和美书香家庭"。每个班级一个名额。愿意参加"和美书香家庭"评选的学生在家长的协助下上交一份含有家庭亲子阅读、家庭阅读角、家庭图书的照片和200字左右亲子阅读趣事的 Word 文档以及纸质版资料,参评时评委(由学校行政领导组成)根据每个班学生上交资料(占比40%)和学生阅读书目数量(占比60%)来综合评分,没有上交资料的学生视为自动放弃。以上奖评机制每学期进行一次,并在每学期"诗意读书节"闭幕式上颁奖。

(5) 评价激发阅读兴趣,知识积淀文学底蕴。锦龙小学每一届"诗意读书节"都会激励学生积极参与到"书香少年"的评选活动中来。每个班的语文老师在学校的统一组织下,根据本班全体学生平时阅读书籍、班级图书漂流借阅登记表、好书分享会、"好书推荐会"活动、学校举行的"阅读之星"挑战赛,以及"学生在家阅读情况"调查问卷的反馈结果等,为综合表现优异的前5位同学颁发"书香少年"荣誉证书,为第6—10位的同学颁发"阅读之星"荣誉证书。

表 14-1 "书香少年"评价细则

序号	评 价 细 则	分值	自我评价	小组评价	老师评价
1	好读书,读好书,有良好的阅读习惯。	20			
2	每天阅读时长在30分钟以上,读书时能做好笔记、批注。	25			
3	参加学校举行的好书推荐会活动,并表现良好;一等奖20分,二等奖15分,三等奖10分。	20			
4	参加学校举行的"阅读之星"挑战赛,一星级5分,二星级10分,三星级15分,四星级20分,五星级25分。	25			
5	"学生在家阅读情况"调查问卷反馈结果。	10			

表 14-2 "书香少年"评价实施过程

步骤一	通过钉钉每日阅读打卡情况以及学生平时的阅读量进行评价。
步骤二	根据学生平时的阅读记录《我的阅读摘录心语》进行评价,具体评价标准为:记录是否清楚明白,字迹是否干净工整,阅读是否有心得体会。
步骤三	结合学校"好书推荐会"活动进行评价。"好书推荐会"以班级为单位来开展,学生自备 PPT,到台前作3分钟演讲,向大家介绍自己喜欢的书籍和所思所获。台下的同学既是听众,也是小评委,对台上展示的同学进行投票,再根据票数评选出一、二、三等奖。学生所获奖项可根据"书香少年"评价细则转化为对应的分数。
步骤四	结合学校的"阅读之星"挑战赛结果进行评价,学生所获的"星级"可转化为"书香少年"评价表中对应的分数。
步骤五	家长填写"学生在家阅读情况"调查问卷,了解学生在家阅读情况,并进行评价。
步骤六	老师综合《"书香少年"评价细则》和"学生在家阅读情况"调查问卷,从班上选出15名学生进行推荐,学生填写《锦龙小学"书香少年"推荐表》,学校进行评价考核,颁发"书香少年"荣誉证书。

案例：浸润经典，品味书香——读书月活动开展成果

（一）案例目标

（1）培养学生热爱祖国语言文字的情感，具有课外阅读兴趣和良好的阅读习惯。

（2）学会朗读、默读、复述、精读、略读、浏览等读书方法。默读有一定速度。

（3）能利用阅览室、图书馆、网络查阅资料，培养初步收集和处理信息的能力。

（4）能学会使用常用的语文工具书，借助工具书阅读浅显的古诗，扩展自己的阅读面。

（5）能利用多种渠道扩展自己的阅读量，课外阅读总量应在145万字以上。

（6）能主动进行探究性学习，在实践中学习，学会摘记或写读书心得，提高听说读写的能力。

（7）在阅读中学会独立思考，具有独立阅读的能力，注重情感的体验，有丰富的积累，形成良好的语感。

（8）学会选择课外阅读书籍，能初步理解、鉴赏文学作品。能够受到高尚情操与趣味的熏陶，发展个性，丰富自己的精神世界。

（9）在阅读中，培养爱国主义情感，逐步形成积极的人生态度和正确的价值观，提高文化品位和审美情操，初步掌握科学的思想方法。

（二）实践过程

1. 学院成立

我校成立"锦龙少年文学院"，并举行我校"锦龙少年文学院"院徽设计大赛，学生需要通过查阅书籍辅助设计。院徽是"锦龙少年文学院"的标志，是具有某种特殊含义或象征意义的符号，体现着文学院的精神与文化。以比赛的方式进行筛选，让同学们为少年文学院设计院徽，能够为文学院的长远发展奠定基础。在参与设计大赛的过程中，学校号召同学们参阅大量书籍，从书本中获取相关知识与设计灵感，充分发挥同学们的动手创新能力，让同学们学会借助书本解决问题。

2. 课程设置

"锦龙少年文学院"定期开设快乐阅读系列课程,课程主要分为两种形式:一是各班每周开展多形式的阅读课,二是在图书馆由文学院下设的"悦读苑"教师组织学生进行自主阅读课。

(1)每周的阅读指导课,教师进行读书方法指导或开展读书交流活动,着眼于激发学生的阅读兴趣,指导阅读方法。阅读指导课类型可以有以下几种。

① 读物推荐课。课堂上,教师可以通过讲解主要内容、朗诵精彩片段,以及讲故事等各种形式向学生推荐读物,也可以让学生之间、小组之间互相介绍自己喜爱的文章。利用各种生动有趣的方式向学生推荐各种有益的课外读物。

② 阅读指导课。主要是指导学生掌握各种阅读方法。引导学生合理使用工具书,学会如何搜集信息、处理信息;指导学生边读边思考,提高理解能力、评价人物和事件的能力及想象创新的能力等;让学生学会如何做内容摘要,怎样在书上批注及写读书笔记、读后感等。

③ 阅读展示课。旨在让孩子在课前广泛阅读的基础上展示自己在课外阅读中的感受与收获。课程主要包括三个环节:读后叙述环节组织学生分享自己读过的书籍的一部分或全部的内容;辩论赛环节让学生对读物中所提到的相关论点开展辩论,促进阅读效果的提高;交流评论环节引导学生交流自己阅读的方法,对书中的人物及写法进行评点;表演展示环节让学生通过自编小品、课本剧等形式,在汇报课上进行表演。

(2)在图书馆开展学生自由阅读、生活阅读。

① 定期由"悦读苑"教师带领学生前往图书馆开展阅读课,让学生结合兴趣爱好,在图书馆中自由选择图书阅读。课外阅读引导学生自由选择。学校也根据每个年级段学生的认识、理解特点,在每个年段确定必读书目。

② 在图书馆开展生活阅读课程。我们既要阅读书籍,又要学习关注我们的生活。由文学院下设的"悦读苑"教师轮流在图书馆开展新闻解读交流课,将重点落在近期发生的一些新闻信息,从而让学生家事、国事、天下事,事事关心。关心生活,关心身边的人和事,在交流身边新近发生的事件中分析问题,提高解决问题的能力,将学习和生活实践有效地进行结合。

3. 开展一年一度的诗意文学节活动

我校文学节从第一届开展以来,一直与"锦龙少年文学院"相融合。文学节是我校一年一度的校园文化节,也是"锦龙少年文学院"的节日。在具体的实施中围绕以下几点来开展。

(1)文学院常规活动。"锦龙少年文学院"设立在学校图书馆,分为三个大的区域,其一:悦读苑,主要给学生提供阅读的空间,让学生在充满书香氛围的图书馆尽情地阅读、乐读、悦读。其二:文墨苑,主要给学生提供一个良好的"写"的空间,学生在这个区域里可以随心所欲地把自己阅读后的真情实感及时记录下来,也可以把阅读后和小伙伴交流的感悟记录下来。其三:吟诵苑,主要给学生提供经典诵读的展示空间。2022年11月7日我校吟诵苑学生吟诵的《蒹葭》一诗在吟诵苑老师的指导下参加坪山实验教育集团第一届文学节开幕式汇报表演,取得在场老师和学生的一致好评。

(2)"读书等身"活动。教师鼓励学生大量阅读,以一学期为期限,在班级和全校开展"读书等身"比赛活动,学期末学生将阅读完的课外书重叠在一起的高度若达到或者超过自己身高,即可获得课外书籍作为奖品。

(3)"文学节"活动。我校每一学年的第一学期都要如期举行"文学节"活动,时间大概在学期中的第6周—第9周左右。活动内容如下。

第一,营造书香氛围。在"文学节"到来前的两周开始营造校园书香氛围。如:每一位语文教师协助班主任完成一期以"阅读"为主题的黑板报;各班语文教师和班主任鼓励学生自愿带两三本课外书到班里和同学们相互阅读等。

第二,开展"文学节"读书活动。主要从以下六个大的方面开展。其一:语文教师培养学生养成良好的阅读习惯,鼓励早到的学生习惯手捧心爱的图书阅读;其二,在学校午休的学生可以借阅班级的课外书在午休闲暇时与同学们一起阅读交流。其三,同年级各班进行阅读漂流。各个年级的老师可以从图书馆借回课外书,同年级各班间可进行班级阅读漂流活动。其四,语文教师每周一节阅读课带领学生到图书馆"锦龙少年文学院"悦读苑阅读课外书。其五,调动起家长及学生在家阅读的积极性,鼓励家长和孩子进行亲子阅读,并在班级小组群分享亲子阅读趣事和亲子阅读美好瞬间。以点带面,把阅读带到每一位孩子身边,把阅读从校园导入家庭。其六,借助社会资源力量,鼓励学生周末走进社区或者图书馆,像《窃读记》里英子似的如饥似渴地阅读。

第三,举办阅读收获展。学生在阅读中都会有所收获,语文教师引导学生将自己的阅读收获可视化呈现。比如制作阅读书签、制作阅读手抄报、制作亲子阅读卡片、分享亲子阅读趣事和收获等。

第四,编写"锦龙少年文学院"的相关阅读刊物。院刊是锦龙少年文学院的一大文化建设,创办编写院刊不仅能更好地提高我校学生的作文水平、激发学生的写作、阅读兴趣,还能鼓励学生留心生活、观察生活,增强学生的荣誉感。院刊拟开设栏目包括刊物寄语:哲理性的精短文章;校园音韵:主要反映学校的近期动态状况;荣誉展台:公布学校、教师和学生的获奖情况;美文欣赏:主要刊登适合学生阅读的名家经典作品;习作长廊:刊登学生的优秀作品,可包括作文、习作片段、日记、书信等。

鼓励学生根据院刊内容,搜集、筛选或动笔创作图画插入院刊中,让院刊图文并茂。更要鼓励学生积极投稿,各班语文教师也要在平时的习作练习中收集、指导学生的优秀习作。对于这样一本自己参与、有自己作品的刊物,学生阅读的兴趣会更加浓厚。

(三) 案例反思

教育实践的路上总是布满荆棘,需要我们不断摸索并改进,对于阅读教学的评价也是如此。虽然我校进行了阅读改革评价实践,但是在活动中还是出现了一些不尽如人意的地方。我们将从以下两个方面改进。

(1)提高全员参与性,让所有学生能更大胆展示自己,并完善和修改评价细则。例如,增加团队和小组交流展示的平台,让更多羞于展示的孩子能够从个人走向团体,再走向班级乃至学校等更大的舞台。

(2)书香少年的评选除了结合学校师生评价、生生评价外,还可以尝试让家长走进校园参与阅读评价,更好地调动家长的积极性、参与度,从家庭这一层面去开展阅读,引导孩子重视阅读,从而实现家校联动。

一切为了学生,为了一切学生。为不断优化、创新多元评价,也为引导每一棵小树苗汲取更多的营养,我们将孜孜不倦,攻克难关,让书香溢满每个学生的心田。

四 "N+1"悦读的实践成效

学校推广阅读,学生的阅读兴趣和阅读能力得到了有效激发和显著提高,学生更加愿意主动地去阅读。学生在学校的阅读活动中体验到了阅读的乐趣,并逐渐养成了良好的阅读习惯。阅读可以帮助学生更好地理解和掌握阅读材料,提高他们的阅读理解能力,还提高了学生的语言表达能力和写作能力,长期阅读可以让学生更准确地表达自己的观点,从而提高学生的写作水平。

阅读也是教师提升自身素质的机会。教师可以通过阅读持续增长自己的专业知识和丰富自己的教育理念，从而更好地教育、教导学生。教师通过参与学校的阅读活动，不仅提高了自己的专业素养，还掌握了更多的教学方法和策略，有利于更好地引导学生开展阅读活动。同时，教师还通过阅读丰富了自己的知识储备，能够更好地应对教育改革的要求，更好地适应课程标准的变革，也能提高自己的教学质量和教学效果。阅读还可以成为教师和学生之间沟通、相处的桥梁。通过师生共同阅读，学生和教师可以分享彼此的阅读体验和感受，教师可以更好地理解学生的兴趣和需求，增进师生之间的关系，这种互动和交流也可以帮助学校形成全校师生之间的紧密联系和良好的互动氛围。

对于学校而言，阅读活动可以成为校园文化建设的一部分，通过阅读，可以促进学生之间、师生之间、亲子之间、家校之间的思想交流和观念碰撞，形成独特的校园文化。在阅读活动的影响下，学校营造出了浓厚的学习氛围和阅读氛围，使阅读成为校园文化的一部分，让学生、教师和家长都沉浸在阅读的氛围中，加强了校风建设和学风建设。通过阅读活动，学校可以提高学生的阅读能力和综合素质，从而提升教育教学质量。同时，学校的阅读推广活动也增强了学生、教师、家长之间的互动交流，有利于构建和谐稳定的校园环境和家校关系。学校通过开展阅读活动，提高了自身的社会影响力，有利于促进学校的长远发展。

（撰稿人：深圳市坪山区锦龙小学　宣洪琼　吴凤敏　吉美雪）

第十五章

阅读纵队： 行走在生活的字里行间

　　"阅读纵队"旨在培养学生的行思阅读观念。行思阅读,是一种实践性阅读,"行"是实践,"思"是思考;"行"是道路,"思"是方向;"行"是探索,"思"是理念;"行"是成长,"思"是理想。行与思又是合一的,用实践和思考表达对生活的敬畏。

深圳市坪山区东纵小学创办于 2021 年 9 月,从创校命名起即被赋予了新时代的教育使命。学校坐落于东江纵队发源地,毗邻东江纵队纪念馆,特殊的地理位置赋予其红色底色,"忠心向党、赤心为民、不畏艰险、不懈奋斗"的东纵精神赋予我们文化血脉,诞生于建党百年的时间节点赋予我们红色名片。学校秉承"培根养正,静待花开"的办学理念,聚焦"办一所传承红色基因、培养未来人才的先行示范学校"的办学目标,努力把学校建成弘扬主流价值的高地、滋养文明风尚的沃土、现代创新型人才的成长摇篮,培养具有东纵精神、民族情怀、创新能力和国际视野的阳光少年。正如苏霍姆林斯基所说的:"我无限相信书籍的力量。"阅读是一切学习活动的基础,对人的成长有着至关重要的作用。"阅读纵队"旨在培养学生树立行思阅读的观念。行思阅读,是一种实践性阅读,"行"是实践,"思"是思考;"行"是道路,"思"是方向;"行"是探索,"思"是理念;"行"是成长,"思"是理想。行与思又是合一的,用实践和思考表达对生活的敬畏。从老师、学生双方来衡量,审视,都是如此。

一 "阅读纵队"的背景与意义

东江纵队是抗日战争时期中国共产党在广东省东江地区领导创建的一支抗日游击队,这是开辟华南敌后战场和坚持华南抗战的人民抗日游击队主力部队之一。抗战已成历史,精神依旧传承。"东纵精神"代表着坚贞不渝的爱国情怀、百折不挠的坚定信念、万众一心的团结意识、勇往直前的英雄气质、心怀天下的广阔胸襟。学校筹备组百日筹建,将工地、空地装点为"培根养正,静待花开"的育人场所,创校校长何莹娟熔铸东江纵队历史,梳理编制《东纵赞三字经》,使其成为东纵小学师生人人朗朗上口的歌谣,让红色文化成为铸魂育人的精神动力,赓续红色血脉,传承红色基因。在这样的背景下,东纵小学以行思阅读为理念,在阅读时化整为零,打造"阅读纵队",鼓励学生获得深入、有涵养的阅读体验,行思结合,践行"行思阅读"。

纵深——行思阅读长在时代需求里。放眼时代发展,阅读的载体、内容和方式正在发生颠覆性变化,一个"大阅读时代"正在到来。所谓"大阅读",是纸质阅读和数字阅读复合共存的阅读,是文字、声音、图像和视频复合共存的阅读。在《义务教育语文课程标准(2022年版)》中核心素养发展的要求下,在"建设书香校园"理念引领下,东纵小学以行思阅读为主线,倡导学生以养成终身阅读习惯为己任,即"大量阅读""自主阅读""生活中阅读",让学生在基础教育阶段大量汲取中外优秀文化营养,形成阅读习惯、能力与品质,打下人生底色,为学生的可持续发展注入核心动能。

涵养——行思阅读长在民族血脉里。中华民族自古便是诗书礼仪之邦,古往今来,我们民族关于好学、勤学、劝学、苦读的名言俯拾皆是。"知"和"行"的关系是中华优秀传统文化的基本命题,也是中国哲学发展史上的重要议题。"行思阅读"正是对"知行合一"重要命题的继承发展,我们的阅读,不能仅仅局限于教材文本,要扩展阅读的接触面与实践范围,促进学生且行且思,知行合一,带领学生将文本的知识与经验拓展到现实生活实践中去,更要把生活实践作为学生阅读的动力。

纵横——行思阅读长在国家要求里。2014年至2024年,全民阅读已连续十一次被写入政府工作报告。2016年,首个国家级全民阅读规划《全民阅读"十三五"时期发展规划》印发。2021年,"十四五"规划纲要提出"深入推进全民阅读,建设'书香中国'"。2022年教育部颁布的新课标中明确:"义务教育阶段要激发学生读书兴趣,要求学生多读书,读好书,读整本书,养成良好的读书习惯,积累整本书阅读的经验。"2023年,全国教育工作会议指出要把开展读书活动作为一件大事来抓,引导学生"爱读书、读好书、善读书"……少年儿童是祖国的未来,是中华民族的希望。国家尤其重视儿童与青少年的阅读,"书香校园"建设扎实推进,《全国青少年学生读书行动实施方案》等相继出台,打造时时可读、处处可读的校园阅读环境。

腾跃——行思阅读长在学校发展里。东纵小学自建校以来,积极开展各项阅读活动。我校阳光阅读课程包括语文阅读课,"经典诵读"校本课程,课外整本书阅读及读书月、寒暑期相关阅读活动,以纵语素养为主线将各项活动整合,提升学生的核心素养。我校虽然仅有一至四年级学生以及14个教学班,考虑到学生的年龄特点,阅读课开展的课型还比较受限,主要集中在低年段的图画书阅读和儿歌童谣学唱等浅显的形式,但开展的活动更为丰富。同时,我校充分利用图书馆资源,每班每周至少开展1次阅读课,确保课内课时,课内外阅读相结合。在评价方面,学校在每学期末开展纵语展示周与综合素养评价活动,对包括阅读素养在内的语文综合素养进行游戏式、闯关式评价,寓教于乐。我校学生、教师坚持读书,并带动家长读书,校风影响家风。

纵情——行思阅读长在儿童需要里。"少而好学,如日出之阳"。一个民族的未来,寄望于青春的力量。钱理群先生曾说:"中小学教育是干什么的? 也是三条:一是培养学生读书的兴趣;二是教给学生好的读书方法;三是养成读书的习惯。做到这三条,学生就会一辈子读书,受益无穷。"对于孩子的成长而言,培养一种以书为伴的良好习惯,是受益终身的。东纵小学建设校内图书馆,将其命名为"拾萤图书馆",取自《晋书》中车胤囊萤夜读的典故,寄语全校师生勤学不倦、艰苦奋斗。

二 "阅读纵队"的实践操作

东纵小学的"阅读纵队"以行思阅读为主线,秉承"大观念、大学段、大学科、大场域"的理念,开展分层次、分阶段的课程培养,鼓励学生行思结合,在"行"中"思",以"思"馈"行"。

(一)"阅读纵队"的理念

1. 大观念

一个人的阅读观影响他的世界观、人生观、价值观。阅读,是落实立德树人根本任务、践行社会主义核心价值观、培养核心素养的重要途径。学校在开展大阅读时,首先要让师生眼中的阅读"大"起来,教师和学生都要培养阅读的"大观念"。于教师培养而言,要开展各项共读活动,尽量多地阅读各学科书目,让阅读成为一种生活方式。于学生而言,要通过参与各项阅读活动,在学校和老师的引领下,明晰"读书"这件事的意义,明白阅读不是可有可无的消遣,也不是茶余饭后的加餐,更不是应付考试的工具,对"阅读"本身产生更本质、更深远、更透彻的理解。

2. 大学段

结合新课标,学校将阅读体系划分为三个学段:一二年级为第一学段,三四年级为第二学段,五六年级为第三学段。第一学段以亲子共读、教师带读为主,以绘本为主要阅读对象,重在激发学生的阅读兴趣,建立识字阅读基础;第二学段以家校粗读、教师导读为主,是学生阅读的一个过渡阶段,以图文结合的书本为主要阅读对象,重点在于帮助学生巩固阅读习惯,学会一定的阅读方法;第三学段以学生自主阅读为主,读写结合,以文字书为主,引导推荐学生阅读大量名著,进一步提高阅读品位。每个学段都有各式活动作为阅读评价，以阅读之星评比为主线，利用世界读书日、寒暑假组织阅读评价活动，鼓励学生"争当东纵阅读星"，通过阅读"摘星"。

3. 大学科

阅读不仅要重视质和量，也要落实其领域之大、视野之广。阅读不应该只是语文学科的事，它也同样深植于其他学科之中。在任一学科中，阅读都是学习该学科知识的必备手段。各学科老师都要引导学生参与到学科阅读中来，不仅仅把学科学习固定在教科书上。同时，各学科之间要进行融会贯通，实现"跨学科阅读"。各学科老师人人手握一把融通的钥匙，人人都是阅读者，人人都是学生的阅读规划师，人人都在指导、引领、影响着学生读书。

4. 大场域

阅读如果成为"学校限定"的活动，是十分不现实的。我们希望孩子在学校喜欢读书，回到家里仍爱读书，走向社会仍会读书，让阅读成为孩子随身"携带"的"习惯基因"。校风影响家风，家风联动校风。为了让阅读成为家庭共识，以家长阅读带动学生阅读，我校开展系列活动，如"寻找最美书房""寻找书香家庭""家庭共读一本书""家庭茶话会"等，搭建亲子共读桥梁，多一个"书香家庭"就多一个"学习型小组"，阅读成为每一个家庭成员集体进步、一路书香的幸福之道。

(二)"阅读纵队"的课程实践

1. 行思阅读之基础性课程

我校阳光阅读课程的基础性课程是语文阅读课。语文课是阳光阅读课程实施的主阵地，语文教师组织开发阅读指导课、阅读导读课、阅读交流课、成果展示课等课例课型。其中，阅读指导课是老师指导学生学习的课堂，主要依托统编小学语文教材，根据语文要素进行阅读指导和训练；阅读导读课立足教材推荐的必读书目，以课内活动推动课外阅读的课堂，引发学生整本书阅读的兴趣；阅读交流课是把更多时间留给学生自主阅读、自觉思考、自由分享与交流的课堂；成果展示课是学生通过展演、表达等多种方式进行阅读成果分享和交流的课堂。

同时，我校充分利用图书馆资源，每班每周至少开展 1 次阅读课，确保课内课时，体现课内外阅读相结合。

在评价方面，学校在每学期末开展纵语展示周与综合素养评价活动，对包括阅读素养在内的语文综合素养进行游戏式、闯关式评价，寓教于乐。

2. 行思阅读之拓展性课程

(1)"经典诵读"校本课程。

学校整体设计,系统推进,在短短一年中编订校本教材、制定课程纲要、开发配套导学案、教学课件和微课资源包,目前已完成一年级读本的开发,正在持续推进三至六年级读本的研发。在校本教材中,不仅包含《小学生必备古诗词75首》《弟子规》《三字经》《笠翁对韵》《增广贤文》《论语》《道德经》等内容,也会融入红色现代诗歌、经典爱国诗词等内容,凸显东纵特色。校本教材会配套相应的微课资源,方便学生课后扫码观看并学习,体现随时、随地、随人的"三随"学习方式。

在本课程的落实中,学校课后延时服务还专门安排课时协助推进实施。同时,鼓励各班在课前3分钟开展诵读活动,给予学生自主诵读的时间,在反复诵读中记住并体会诗文的内容,这种熟读成诵不是单独的死记硬背,而是在老师指导下进行的深度记忆。低年级主要达到熟读成诵的目标,中高年级逐步向读得抑扬顿挫、涵咏品味发展,进而悟理知义,捕捉经典中的言外之意、弦外之音。本课程所实施的评价方式,也是清晰统一且多样化的,将师评、自评、同伴评、家长评等方式结合起来,对学生进行更全面的评价。

(2)图书馆阅读课程。

为了培养小纵子们勤读书、好读书的良好阅读习惯,图书馆在全校师生的千呼万唤中特别策划了"争当东纵阅读星"阅读"摘星"活动。"争当东纵阅读星"阅读活动还特别设计了三种类型的阅读记录卡:故事类、科普类、历史类,引导小纵子们阅读不同类型的书籍,拓展他们的阅读范围,开阔他们的阅读视野,丰富他们的文化底蕴,为做到"读书破万卷,下笔如有神"打下坚实的基础。阅读记录卡的功能多种多样,可以帮助小纵子们做好阅读留痕,在增加阅读量的同时也能做好语言积累。好学上进的小纵子们不仅摘抄了许多自然流畅、生动优美的好词好句,还通过图文结合,尽情发挥自己丰富的想象力和卓越的动手能力,创作出了许多活灵活现、奇思妙想的图画,为我们的阅读记录卡添上了一抹童真的底色!在收集完同学们的阅读记录卡后,图书馆会有秩序地组织老师们认真评选,在其中精心挑选出一部分最优秀的作品,并授予作品创作者"阅读之星"的称号。

3. 行思阅读活动课程

案例分析:共享读书之乐,争当阅读之星——东纵小学校园读书日活动

我校开展校园读书月活动,以"共享读书之乐,争当阅读之星"为主题,为小纵子们搭建系列活动平台,使孩子爱阅读、会阅读;引领家长创设家庭读书角,坚持每日伴读,让亲子共读成为家庭一道亮丽的风景。校园读书月以建设书香班级、评选书香家庭和阅读之星为抓手,开展童眼读绘本、童手绘插画、童心讲故事、童言荐好书等校园读书活动。

实施过程分为以下几个阶段。

第一阶段:启动阶段。利用升旗仪式,开展国旗下讲话宣讲开幕,明确活动主题,介绍活动内容。倡导师生、亲子共读。同时做好环境布置,营造书香浓郁的读书氛围。在校园内挂条幅,在班级内布置主题板报,建设图书墙,评选书香班级。

第二阶段:实施阶段。我们制定时长为一个月的详细活动方案,活动安排分为以下五个板块。

板块一是童眼读绘本,以图书漂流为线,让同学们感受阅读与分享的美好。一本绘本,一个故事,在晨间谈话、课间休息、阅读课堂等美好的时光里,随处可见孩子们精心阅读的身影:或是独自沉浸在书的世界里,或是三三两两围读书籍,或是老师带着共读……所读的书也丰富多样,有经典的绘本故事,有著名的童话神话,还有奇妙的科普作品。

板块二是童手绘插画,挥洒天地,方寸之间,融创意无限。孩子们用各种颜色涂一涂,画一画,巧手自制绘本故事,或为自己喜欢的故事绘制插画,一幅幅作品尽显同学们对书籍的理解。插画绘制,动手动脑,体验着不一样的"悦"读时光,感受阅读的美好,也提高了小纵子们的动手能力。

板块三是童心讲故事,为读书活动增添了几分灵动。小纵子们年纪虽小,气场却十足,站在台前,他们用稚嫩的声音传达着自己熟悉的故事,自信大方,声情并茂,赢得评委老师和现场观众一阵阵热烈的掌声。阅读,不仅读进心里,也讲给更多人听,让校园弥漫着书香之气,让更多同学感受着阅读的魅力。

板块四是童言荐好书,让小纵子们与书籍的故事走到更远的地方。书是人类的好朋友,以书会友更是中华民族的传统美德,各个班级的优秀荐书官录制了精彩的好书推荐视频来介绍自己喜欢的书。视频一经发布,在学校的视频号平台中得到广泛传播,清晰大方的表达赢得了老师、家长及社会各界人士的喜爱与认可,累计点赞超过 4 万次。

板块五是童声诵经典,响亮"悦"读。我校组织以"童声阅动,书香人生"为主题的世界读书日童声朗诵会,利用优谷朗读亭的资源,引导学生自信朗读、展现自我。全校261 名学生共提交了超过 300 份作品。同时,举办班级朗读大赛,展现各班的朗读风采,一场场精彩的表演让观众们感受到了孩子们的热情。

第三阶段：评比总结。读书月闭幕之际，在读书月闭幕式上进行颁奖，奖项分为："优秀荐书官"，"童手绘插画"一、二、三等奖及参与奖，"书香班级"，"书香家庭"。科组内进行活动总结，要把读书活动作为推行校园文化建设、促进学生全面发展、促进学校特色形成的一项重要举措，切实落实读书月各项活动。全校师生要多读书，读好书，会读书，勤读书，充分调动学生和家长的积极作用，为活动提供各方面的支持和保障，让校园时时充满勃勃生机，处处洋溢浓浓书香。

4. 行思阅读之跨学科阅读课程

基于学生全面发展的需要，学科融通成为必然，学科关系越发紧密，跨学科阅读可以帮助学生运用综合知识解决真实场景中的问题。我校将跨学科阅读学习与中国传统节日相结合，强化基础性、个性化、分层弹性作业设计，加强综合性、项目式、主题式、大单元作业设计，以及科学探究、体育锻炼、艺术欣赏、社会与劳动实践等非书面作业设计。如结合中秋节、劳动节开展项目式作业，引导学生将各学科知识融会贯通。

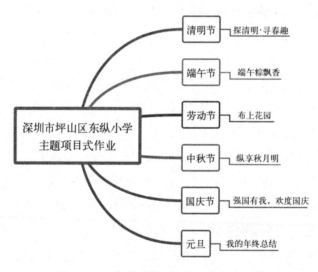

图 15-1　东纵小学主题项目式作业安排

三　"阅读纵队"的实践成效

（一）学生成长

最是书香能致远，腹有诗书气自华。阅读的幸福之处就在于，它以"润物细无声"的方式给予孩子无形的精神食粮，浸润在孩子一生的成长中。本学年以来，一年级学生在经典诗词讲解、吟诵等区级比赛中获奖 5 次,校内获奖超过 500 次。

(二) 教师发展

教师结合自己的教学实践,吸收并消化他人先进的教育经验,不断练好自身的语文教学"内功";加强三笔字和个人朗诵技能训练,不断锤炼自身语文教学"外功"。经过实践和努力,语文科组的老师有了长足进步,在省市各级赛事中喜获佳绩。

经过努力建设,学校纵语课程初成体系,开发的《经典诵读》系列读本初具规模,班级响起琅琅书声,校园飘散浓浓书香,师生一起做快乐读书人。

"阅读不能改变人生的长度,但它可以改变人生的宽度"。只要行动就有收获,只有坚持才有奇迹。相信坚持和努力一定会让书香文化成为我校最亮丽的底色!

(撰稿者:深圳市坪山区东纵小学 苏红梅 黄奕敏 邓瑞琳)

第十六章

分级阅读： 让梦想触手可及

分级阅读按照儿童的智力和心理发育程度为儿童提供科学的阅读计划，为不同孩子提供不同的读物，让梦想触手可及。分级阅读模式奏响"导读、自读、深读、展读"四部曲，让阅读之花绽放在校园的每一个角落。

深圳市坪山区外国语文源学校于 2019 年 9 月正式开办,是坪山区政府高标准打造的九年一贯制公办学校。学校配有整套数字校园系统项目,其中包含智慧教学、智慧环境等。将学校办成特色鲜明、令人向往的品牌学校是我校孜孜以求的办学目标,力求达成学生的"德、智、体、美、劳"五育融通以及为每一位学生的自主发展奠基。

坪山区外国语文源学校重视阅读,图书馆馆藏丰富,各类书籍近十万册,充裕的藏书能满足师生的学习、研究需求,保障阅读活动顺利开展。为了打造书香校园,我校开展不同的阅读活动,让全校师生走近书籍,在校园内形成"爱读书、读好书、善读书"的阅读氛围,以达成我校的办学目标。

一 造分级阅读之梦

分级阅读,就是按照儿童不同年龄段的智力和心理发育程度为儿童提供科学的阅读计划,为不同的孩子提供科学性和有针对性的阅读图书,让吸收知识变得容易,让梦想触手可及。

(一) 符合时代发展要求

进入 21 世纪后,分级阅读逐渐进入国内出版界和部分专家、学者的视野。如中华女子学院教育学院进行了相关的科研探索,华东师范大学开展的分级阅读研究已成为教育部课题;现代教育出版社、石油工业出版社等出版机构都纷纷推出了自己的"桥梁书""阶梯阅读""大语文分级阅读"产品;南方分级阅读研究中心在分级阅读产品出版、分级阅读标准制定方面也取得了一些区域性成果。

(二) 契合学校办学特色

坪外文源的办学特色是打造无界学习空间,打破学科界限,进行"融"教育,全面提升学生的学习品质和生命品质,分级阅读是达成我校办学目标的有效途径。

分级阅读是针对不同年龄、不同阅读水平的学生设计的阅读方式,能为每一个孩子选择适合阅读的书籍。让学生在不同的年龄阶段有适合自己的阅读梦想和求知目标,能为学生的发展打下坚实的基础,最终让学生与书为友,与智慧同行。该模式符合当下我校推进全民阅读、师生共读、亲子共读,创建书香校园的目标。

(三) 尊重学生发展规律

少年儿童在不同的成长时期,阅读性质和阅读能力是完全不同的,分级阅读概念就产生于对少年儿童生理和心理特征的科学分析。基于此,分级阅读的意义在于:促进阅读兴趣,学生选择适合自己水平的书籍,可以提高阅读自信心和兴趣;提高阅读能力,学生逐步提高阅读难度,阅读能力和理解能力也在不断攀升;培养阅读习惯,学生在不同年龄段尝试阅读不同的书籍,持续阅读,可逐步养成阅读习惯;满足不同需求,不同年龄和阅读水平的学生有不同的阅读需求,分级阅读可以满足这些需求,让学生更好地享受阅读。

二 搭分级阅读之梯

我校开展的分级阅读指的是以引导阅读、主题讨论、衍生问题为核心,为学生搭建通往深入阅读的台阶,通过"导读、自读、深读、展读"四步走的方式展开阅读活动。

(一) 第一阶:教方法——导读

"导读"即教师对学生进行引导性阅读。导读具有纲领性作用,内容包括向学生介绍学习模块的安排以及对学生应掌握的知识技能的要求,让学生清楚应感受的文本内涵及情感体验。通过导读让学生充分了解教学内容、学习要求、学习重点和学习方法。

我校各年级都开设了阅读课,为学生推荐书籍或者对语文教材中"快乐读书吧"的相关书目进行导读。阅读课导读主要是为了辅助学生阅读,可以帮助学生更好地理解书籍内容。我们在使用这种模式时,通常会将一本书分成多个部分,并为每个部分提供一系列简短的概括式问题以及小测试。学生需要先阅读文本梗概或提问,然后再仔细阅读相关章节进行内容概括或回答问题。这种方法可以帮助学生提高阅读理解能力和注意力集中程度。

例如我校一二年级学生主要以阅读绘本为主，教师设计了阅读记录卡，包括"关于本书""阅读收获"和"评价"三个板块，其中"阅读收获"板块包含排序、创作涂色两部分。图文并茂的形式不仅激发了学生的阅读兴趣，也帮助学生形成有效的逻辑思维和阅读框架，有利于学生记录和回顾书籍内容，提升学生的阅读成效。

(二) 第二阶：养习惯——自读

"自读"即学生课下自主阅读。学生在自读过程中，通过同学间的互助、互促，能充分调动起阅读的积极性，培养学生的自学能力，对于感兴趣的章节学生还能进行更进一步的深度思考。自读更注重学生独立操作和自由体验，最终达到自解自通的学习效果，更能突出学生的主体性与个性化，注重知识与学习方法的迁移、演练和应用，达到触类旁通、开拓创新的目的。

自读时我们要给孩子们充分的自主阅读时间，不开展与自主阅读无关的一切教学活动，如课文阅读、阅读技能训练、阅读指导等，这些活动一律在导读课或者阅读课以外的课时进行。为保障自读活动的质量，我校从以下几个方面进行推进。

1. 图书馆自读活动

学生以班级为单位前往图书馆，到达图书馆后，在3—5分钟的音乐时间内自选想读的图书1—3本，教师对学生选的书不作任何评价。选书期间学生可以自由交谈，鼓励同学互相荐书。

音乐结束后，学生必须选定图书并入座。教师在学生选书的过程中注意观察，留意缺乏阅读兴趣或有阅读困难的同学，可根据学生特点推荐书籍，鼓励学生尝试选择比当前认知水平略高一点的书籍。可在学生中选拔读书多的同学担任"读书小能手"，负责向其他同学推荐书籍。

学生借完书后，看书时可以采取固定座位模式或自选座位模式进行阅读，可以以任何姿势在馆内任何位置看书，且可以轻声地进行简短的交流。读书不需正襟危坐，采取自己舒服的姿势即可。学生如果不喜欢一开始选的书，中途可以起身换书，但不宜过于频繁。

在此期间，教师也要找一本自己感兴趣的书，在学生旁边坐下阅读，但偶尔需要停下来观察学生阅读情况，包括学生阅读的速度和效果。学生读书时遇到不理解的地方，老师可以给他们解答，但尽量不要直接给出回答，可鼓励学生根据上下文猜测意思，或者带着疑问往下读。下课铃响后，学生把阅读完的书放回书架。如果有还没读完的书,鼓励学生借回去看完,也可以在图书馆继续阅读,直到下节课预备铃响。

2. 班级内自读活动

在平时的课后休息和延时服务中,为方便学生阅读,我们利用"漂流书箱"、图书角以及学生自带书,为学生搭建无界阅读空间,开展自主阅读活动。

我们重点推荐学生阅读课本上的"快乐读书吧"提到的图书,学生可以自主购买,也可以以班级为单位统一采购若干套,放在班级图书角,供学生借阅,阅读时长和要求不限,学生自由安排。另外,每个班级每星期有 20 本漂流书,放在指定的书本柜里,学生可以自由地借阅,图书管理员做好借阅登记,鼓励全体同学自主阅读,提高学生整体阅读水平。

3. 辅助型自读活动

低年级学生在开展自读活动时,由于识字量不够,在自主阅读上存在一定的困难,教师在组织学生自读的过程中,要循序渐进,陪伴并辅助学生,帮助学生逐步过渡到自读。

以绘本阅读为例,教师可以事先选好当天要朗读的绘本,通读一遍,找出绘本中学生们可能感到困难的生字词。随后,在图书馆找一个安静的角落,读绘本给学生们听。朗读前,应介绍一下书名、作者和插图作者,请学生们看看封面,通过封面猜测一下这本书是讲什么的(对孩子的回答无需判断对错,请孩子在接下来的阅读中验证自己的猜想)。朗读过程中,教师应充分运用音量、音高、快慢的变化,辅以生动的表情动作,读出书中人物的性格特点和情绪起伏,将学生带入绘本的世界。切忌读得过快,要将每个字音发清楚。朗读中遇到困难的生字词,可以用同义词或图片进行简单讲解。朗读中可经常停下来让学生猜猜后面会发生什么,以提高学生的思维参与度。要经常提醒学生读图,观察图片的细节,尝试从图片中理解不同人物的性格和感情。

绘本朗读开展一段时间后,教师可以自己朗读一部分内容,在学生已经提起兴趣、特别想知道后续情节的时候停下来,指名朗读(可先从识字能力较强的学生开始,逐步普及),每人读一两页,直到读完,培养孩子"我自己能读"的信心。学生读错时教师不必批评,以正确的读法重复一遍即可,鼓励孩子声情并茂地朗读。当大部分孩子能比较流利地朗读时,即可开始自由自主阅读。

读完后,可以和学生聊聊读后感受。老师不要去检测学生对情节的理解,或盘问他们是否听懂了。应以平等交流的姿态,让学生"说来听听",然后再围绕学生自己读完故事后的反应展开讨论。讨论时不要预设标准答案,应接纳和尊重学生的任何想法和感受。

（三）第三阶：练思维——深读

深读即通过阅读获得丰富的知识和学养，能够对文本有透彻的而非浅尝辄止的领悟，并且能够在深思熟虑中进行阅读。我们主要通过以下两种方式开展深读活动。

第一，群文阅读。在语文课堂上，教师可以结合教材及课外读物，以一定议题为依托进行教学。议题可以是人文主题，也可以是作者、体裁、写作风格、表达方式、阅读策略等，以粗读略读为方法，以分享感悟为核心，以探索发现为乐趣，拓展好几篇文本进行阅读。孩子们读完几篇文章后，面对相应的问题、话题或者任务，展开思考、讨论、发现、练习。这样深入的群文阅读不仅可以使学生的阅读更加丰富和多元，也可以训练学生在纷繁复杂的文本信息中提炼最有阅读价值的线索或焦点的能力，规避"眉毛胡子一把抓"的散漫性和盲目性，在深入的阅读实践中培养学生理解、鉴赏文学作品的能力，使他们受到高尚情操与趣味的熏陶，发展个性，丰富自己的精神世界。

第二，探究性阅读。阅读前，教师为学生营造和谐、愉快、轻松的氛围，体察、关注学生迫切的知识需求，提出具有思考性的问题，激发他们对于文章的探究欲望，并且教给学生合适的阅读方法，帮助学生将思维进一步打开，激发学生的阅读热情和探究欲望，为探究性阅读作好准备。然后，学生带着问题去阅读，一边读一边思考。学生阅读完后，给予学生更多展示自我的机会，可以谈谈自身的阅读感悟，或进行简单的交流，让学生产生思维碰撞，感受到阅读的乐趣所在，进一步激发学生进行深度阅读。

（四）第四阶：促成长——展读

展读即展示性阅读。为激励学生积极参与到阅读活动中来，让学生有获得感和成就感，可以通过形式多样的展示活动，调动学生的积极性。

营造良好的班级读书氛围。在班级开辟"阅读天地"专栏，每月根据学生的阅读量评比出"班级阅读之星"，展示学生精彩的阅读笔记、阅读手抄报、思维导图、读书海报等纸质材料。这既是表扬，也是正面示范。

根据兴趣自制读书小报。学生阅读一段时间以后，引导学生根据读书内容选择主题编写读书小报。小报可以介绍书籍的主要内容，也可以谈谈自己的感悟、评价或推荐理由等。制作完成后，将小报悬挂、摆放在班级指定位置进行展示，让学生更加直观地了解书籍的内容和特点，也可以鼓励学生更加积极地阅读。

此外,还可以举办形式多样的活动促进学生阅读。如好书推荐会、读书报告会、主题分享会、"我最喜爱的课外书"大赛、阅读挑战赛、读后感评比、摘抄本评比等。也可以通过戏剧表演、配音等形式进行读书成果的展示,让学生感受到阅读活动带来的乐趣和成就感,扩大学生的知识面,提升学生的阅读能力。

三 开分级阅读之花

1. 案例背景

作为坪外文源校本课程的"国学经典诵读",源于灿烂的文化、悠久的历史,拓展和扩充了国家课程。学校充分利用这些宝贵的资源,培养学生以导读、自读、深读、展读的分级阅读模式探究诗文,促使学生积极接触中华传统经典,养成勤读勤记诗文的良好习惯,全面提高学生的文化素养,充分发挥校本课程的育人功能,让民族文化智慧融入文源学子的血液中。

2. 案例目标

(1)优化语文课程结构,促进学生高品质学习。通过开发"经典诵读"校本课程,凸显教材民族化、现代化的课程理念,丰富课程设计和实施,合理配置学校课程资源,优化完善课程结构,拓宽阅读教学途径,搭建课内外沟通的桥梁,开阔学生视野,丰富学生底蕴,实现学生的高品质学习。

(2)涵养性灵,塑造健全人格。通过诵读古诗文进行文学、思想的积累和熏陶,引领学生感受经典作品的音韵、节奏、趣味、内涵,争取熟读成诵,不断丰富、积累语言,涵养美好的心性,塑造健全人格,培养学生与人为善、内心安适、刚毅坚韧、孝仁礼义等道德品质,促进其语言发展和精神成长。

(3)提升语文教师的课程意识和课程开发能力。文源教师依托国学经典诵读校本课程开发的引领,进一步增强课程意识,树立全新的课程观,建构国学经典诵读的课程资源,掌握课程开发的目标、内容、模式、步骤以及实施要领,不断寻求课程开发的方法与途径。

3. 实施过程

(1)立足学情,明确内容。

我校于2021年在全校范围内开展了"国学经典诵读"课程,凸显了教材民族化、现代化的课程理念,丰富课程设计和实施,合理配置学校课程资源,优化完善课程结构,旨在搭建课内外沟通的桥梁以开阔学生视野,丰富学生底蕴,实现学生的高品质学习。

"国学经典诵读"课程内容选自小学1—6年级《古诗文国学经典诵读丛书》六册,每一册都分为古诗和古文两部分。六册丛书根据学生身心发展特点,遵循从易到难的原则,不仅精选了人教版一到九年级语文教材内的古诗词,还从权威古诗选本中精选了课外优秀古诗词,选篇涵盖了小学生必背古诗七十五首。

在课程内容上,各年级课程模式均设置为上学期学习并背诵古诗,下学期学习并背诵古文,并根据校历按教学周和具体日期细化教学内容。在背诵目标的基础上,学生在一个教学周内背诵两至三篇古诗文,将写满背诵目标的清单粘贴在语文课本内页,让经典诵读自然融入学生的学习生活。

(2)制订措施,丰富形式

"记背于少年,受益于终身"。学生在学校有多种诵读方式,比如晨诵、课前诵、课后诵,甚至下课也积极找"小考官"和老师背诵,整个校园充满了琅琅的读书声!不仅如此,文源学子回到家中也不忘诵读。形式多样的诵读措施,让学生在强化记忆力训练、丰富文化底蕴的同时,逐渐养成每日诵读的习惯。

"欢乐中诵读,趣味中欣赏"是我们实行本课程的宗旨,为了帮助文源学子充分感受到诗词之美,我们做了以下几方面的探索。第一,搜集、整理经典诵读课程朗读音频和视频资源,形成经典诵读课程资源包,让孩子每天"听"经典,培养语感,接受传统文化的熏陶。第二,优化校园环境,让孩子时刻"看"经典。在班级板报、教室过道等空间展示经典作品。第三,争取家长支持,让孩子随时"践"经典。引导、鼓励学生家长积极参与、开设"家庭经典时刻",倡导孩子的父母或其他监护人每天在孩子放学后、睡觉前,抽出一定时间,与孩子一起学习,家校合作,共同引导孩子进入经典作品的殿堂。第四,举办形式多样的诵读活动,让孩子"现"经典。如每学年开展"吟诵比赛""古诗背诵比赛"展示孩子们的学习成果,激发孩子们的诵读兴趣。

(3)巧设目标,趣味考核

第一,细化背诵目标,分段分层考评。根据学生的年龄和认知水平,把期末考核内容分为六个级别。每学期初确定考核目标和考级目标,将目标细化为每月背诵目标、每周背诵目标,各班语文老师严格落实,每周、每月、学期末及时进行考核评价,达标率须达到90%。在学期末,考核过关的同学可获得背诵小达人荣誉奖状,考级通关的学生可获得对应的等级证书。小达人荣誉仿照古代读书人通过科考取得的名称设立,从古诗古文诵读小秀才、诵读小举人、诵读小贡士、诵读小进士、诵读小探花、诵读小榜眼到诵读小状元,让文源学子直面经典,让古韵浸润他们的童心。

第二,定期进行考评。本课程采取了不同考评形式,对学生进行每日考评、每周考评、每月考评、期末考评,由语文老师和学生组成的经典诵读学习推进小组进行考评,将国学经典诵读课程学习落到了实处,激发了学生的学习动力。

第三,各班成立了经典诵读课程学习推动小组。领读员负责早上、课前3分钟领读,书写背诵任务;背诵小组长检查并督促组内同学背诵;背诵小班长检查背诵小组长背诵任务、统计并汇报每周背诵情况,给背诵通关的同学加分。通过生生互助、生生互促的方式,培养了学生坚持学习经典诵读篇目、达成每期目标的习惯,增强学生语文学习的内驱力。

4. 案例评析

文源学校通过国学经典诵读活动,依托分级阅读和诵读的模式,提高学生的文化素养,涵养学生性灵,激发孩子的诵读热情,让校园充满琅琅书声。在熟读背诵中,学生汲取了传统文化的精华,丰富了经典储备,扎下了语文学习的厚实功底,提升了对祖国语言文字的兴趣和热情。

"读史书使人明智,读诗书使人灵秀",国学经典诵读课程不仅有效提升了学生的文化素养,也提升了教师的教研能力。

四 结分级阅读之果

经过一段时间的探索,文源学校采取的分级阅读教学模式已经取得了初步成效。

从学生层面看,阅读已经逐渐成为一种生活方式。当下语文阅读教学的难题就是如何增加学生阅读的主动性,在电子产品的冲击下,能够主动进行阅读的学生其实不多,大多时候都是为了完成教师的任务而去读书,带着任务和目的进行阅读并不利于培养学生的阅读习惯和兴趣。而以导读、自读、深度、展读四种模式展开的"分级阅读",让阅读变成一种易于让学生接受并喜爱的事物。在一系列有趣有味的活动中,学生们可以化身小小设计师,创作自己的书签;可以化身小小宣传员,从阅读家乡有关的书籍资料中,感受到自己的归属和与世界的联系。唯有自发地进行自读和深度,去理解文章,并对阅读的内容产生相应的情感共鸣,根据文章的表达进行反思和应用,才能到达"展读"的彼岸。

从教师层面看,分级阅读模式在持续的尝试体验中,通过引发开展一系列的活动激发全校师生的阅读兴趣，营造了书香校园的氛围。除了学生，教师对阅读的兴趣也不断提升，将阅读融入生活和教学。此外，教师在对分级阅读模式的探索中不断改进阅读课程的教学设计、探索群文阅读的方式、开发校本课程等，也提升了教研能力。学生和教师之间相辅相成，不断成长。

从学校层面看，文源学校打造书香校园的目标已经取得一定进展。在分级阅读模式的探索中，校园内的书籍变得随处可见，正向的成果展示也逐渐增多，一系列读书活动让全校师生走近书籍，校园内形成了"爱读书、读好书、善读书"的阅读氛围。2022年，文源学校成功申办"中华诗教深圳示范区"试点学校，在市、区级举办的读书系列活动中也取得了不错的成绩。

综上，分级阅读中的导读、自读、深度和展读通过逐层递进，逐步深入的方式打破了阅读的空间和界限，让知识变得易得，让学生和教师梦想变得触手可及，逐步实现文源学校打造书香校园的目标。未来，文源学校还将在分级阅读这条道路上不断深耕，让阅读之花开在文源的每一个角落，让中华优秀传统文化的基因深植于每一个文源人的血脉里。

（撰稿人：深圳市坪山区外国语文源学校　李　亚　唐玲玲　邹艾琪）

第十七章

主题悦读：点亮智慧人生

　　"主题悦读"模式旨在给学生提供舒适、便捷的阅读环境和多样化的阅读资源，实现"悦纳自我"的精神追求。学校通过各年级分主题阅读的形式，以丰富的阅读活动培养学生的阅读兴趣，使"书香班级"与"书香家庭"的理念逐渐深入人心，共同构筑学校独特的校园文化风貌。

坪山第二小学成立于 1999 年 3 月，是由原沙垦、岭脚、田头、竹坑四所村办小学合并而成。学校占地 65 079 平方米，建筑面积 13 887 平方米，校园环境优美，绿树成荫，是深圳市园林式、花园式单位。

坪山第二小学秉承"悦纳你我，和合共进"的办学理念，以提升学生综合素养，促进学生的科学发展为核心任务，把"为学生的生活准备而教育；为学生的幸福人生奠基而教育；为社会培养合格公民而教育；为国家培养优秀人才而教育"作为全体二小人的责任和使命，坚持小学教育致力为人的终身发展"固本强基"，积极构建"悦纳课程"，努力提升学生的综合素养，促进学生全面协调的可持续发展。深圳城市的重新定位也为教育的发展带来新机遇。

一 "主题悦读"模式的背景与意义

学校理念文化及课程哲学

坪山第二小学的办学理念是：悦纳你我，和合共进。培养目标是：培养具有"家国情怀、世界眼光、创新精神"的时代少年。以此为基础，我校开发了"悦纳"系列课程。

"悦纳"出自人本主义心理学家罗杰斯的理论体系，它与"以人为本"的课程理念是一脉相承的，两者的哲学基础都源于古希腊时期的人本主义哲学。人本主义反对社会各个领域的专制与不平等。在教育领域，遵循人本主义哲学理念意味着发展学生的自由、平等、互助、包容的品质，这是新时期教育理念与人本主义的契合与创新。"悦纳教育"在强调学生权利与个性发展的同时，更侧重于实现学生的全面发展，创造适合学生发展的教育环境、教育师资、学校课程和教育理想。1994 年 6 月 10 日在西班牙萨拉曼卡召开的世界特殊需要教育大会上通过的一项宣言中提出了一种新的教育理念和教育过程，即"全纳教育"。它作为一种教育思潮，倡导容纳所有学生，反对歧视排斥，促进积极参与，注重集体合作，满足不同需求。"全纳教育"的出现进一步丰富了悦纳教育的内涵及实践经验。

"主题悦读"模式正是为了推广"悦纳"教育而设计的。通过提供舒适、便捷的阅读环境，多样化的阅读资源，以及丰富的阅读活动，"主题悦读"模式鼓励学生热爱阅读，享受阅读，意在引入国际先进教育理念，树立积极向上、乐观豁达的教育心态，通过推广阅读，帮助学生和教师更好地悦纳自己和他人，以及生活中的一切美好事物。教师怀着一种平静而虔诚的态度欣赏学生、尊重学生、包容学生、教育学生、发展学生。

二　"主题悦读"课程实践操作

（一）悦读润心，为人生充能

阅读是对心灵的滋养和提升，通过阅读，我们可以开阔视野，拓展思维，丰富情感，从而让我们的内心更加充实和愉悦，点亮学生人生的灯塔，驱散人生路上的迷茫。本着活动育人的目的，每年的 11 月我校都举办以"书香浸润童心，阅读点亮童年"为主题的校园文学节，各年级分小主题举行各种丰富多彩的活动，为学生搭建展示阅读成果的平台，为悦读人生加油充能。一年级主题是"走进拼音王国"，二年级主题是"走进绘本世界"，三年级主题是"走进趣味童话"，四年级主题是"走进奇幻神话"，五年级主题是"走进经典诗词"，六年级主题是"走进文学名著"。

一年级的学生在学习完了汉语拼音后，兴趣盎然地参加了"走进拼音王国"文学节设计的活动，如：设计拼音头套、制作拼音小报、参加拼音游戏游园会等。这些活动都展示了拼音的实用性和趣味性，让学生更加深入地了解拼音的世界，为阅读兴趣的培养奠定了基础。

二年级的"走进绘本世界"主题通过各种活动带领学生进入一个充满想象力和创造力的世界，如：邀请一些著名的绘本作家举办讲座和分享，让他们介绍自己创作过程和心得体会；老师带领学生品读绘本，制作精美的书签；指导学生进行绘本故事朗读，进行角色扮演，开展讲故事比赛、阅读记录卡展示。这些与绘本相关的互动活动，让学生更加直观地了解绘本中的情节和人物形象，同时也可以让他们感受到读绘本带来的创意和乐趣。

三年级的"走进趣味童话"主题能够带领学生进入一个充满奇幻和想象的世界。我们安排了一些与童话相关的活动，如：童话故事朗读、绘制故事插图、"我最喜爱的故事书"分享会、童话道具制作展览会、童话故事续写等。通过这一系列与童话相关的活动,可以让学生更加深入地了解童话的艺术魅力,同时也能激发他们的想象力和创造力。

四年级的"走进奇幻神话"主题是一个充满惊奇和神秘的主题。结合四年级语文上册课本的内容,在文学节中,这个主题设计了一系列与奇幻神话相关的活动,如:小小神话故事家、神话插画展、神话角色扮演、解谜游戏等。通过这些活动让学生主动去阅读中外神话故事,领略神话的神秘魅力。

五年级的主题"走进经典诗词"富有文化气息和历史价值,它带领学生进入一个充满诗意和美的世界。在文学节中,学生参与了我们设计的一系列活动,如:诗词朗诵、诗词演唱、诗词书法展、经典诗词插画展、诗词填空比赛等。这些活动让学生更加深入地了解经典诗词的历史、发展和意义,同时也能激发他们的学习兴趣和热情。

六年级的主题"走进文学名著"充满智慧和启迪,它带领学生进入一个充满经典和魅力的世界。学生在参加与文学名著相关的活动,如:名著片段朗诵、绘制名著思维导图、名著知识问答比赛、名著阅读分享会、课本剧表演等时,更深入地了解到文学名著的历史、人物形象和情节,同时也让他们感受到名著带来的启迪和感悟。

"主题悦读"系列活动之"校园文学节"利用丰富有趣的阅读活动搭建展示平台,展现学生平日的阅读积累。

(二) 悦读启智,为人生储能

"主题悦读"模式旨在让学生通过阅读启发智慧,形成独特的思考方式和解决问题的能力。为了让学生在当下和未来能更好地应对生活中的挑战和困难,增强自信心和自我悦纳的能力,我校开展了"小蝌蚪的成长之旅""图说名著""阅读'六连线'"等阅读活动,通过培养阅读习惯、提升思维层次、激发创造能力,让学生在快乐阅读中全面成长。

1. "小蝌蚪的成长之旅"——培养习惯

学校通过制作《小蝌蚪恒心阅读》手册,建设"4＋3＋N"的阅读体系,打造阅读全过程生命周期,培养学生持续阅读、终身阅读的习惯。

(1) 4个读书工程:"一天一诵""一日一读""一书同读""一条书廊"。

"一天一诵":每日课前3分钟诵读国学经典,吐露书香芬芳,感受古人情怀。

"一日一读":每日阅读30分钟,引导全校学生开展课外读物自主阅读。

"一书同读":每周的阅读课上要求老师要与学生同读一本书,并在阅读课上一起交流读书体会,互相讲述故事情节。

"一条书廊":学校架空层的闲置空间改造成了开放式的"阅享时光"书吧。师生随手都可以拿起自己喜爱的书,美美读上几句、几段,让阅读随时发生。

(2)3个走近:"走近作家""走近经典""走近书展"。

"走近作家":每学年邀请一位著名儿童文学作家来校举行讲座,向师生讲述阅读的快乐,分享名家的成功喜悦。同时给学生创造与名人面对面的机会,走近作家,感受作家的朴实风采,聆听作家对书的热爱、对书的执着。近几年来,学校曾邀请过著名儿童作家伍美珍、商晓娜、王一梅、管家琪等到学校作讲座,坚持以书香熏陶孩子们幼小心灵,使他们从小爱读书、读好书。

"走近经典":开展经典阅读,倡导读背古诗,让学生阅读《三字经》《弟子规》《论语》等;推广阅读著名童话故事,如《一千零一夜》《安徒生童话》等;鼓励学生阅读历史故事,如《中国上下千年》《世界上下五千年》《三国演义》《水浒传》等。此外,开展古诗等级考试等活动,让师生走近经典,感受经典之魅力,感受文学之美。

"走近书展":邀请新华书店等大型书店到学校举办小型书展活动。精选书目,丰富书源,为学生创造购书便利,让学生购买自己心爱的书籍,拥有个人书籍,独享书香情趣。

(3)"N"多元评价。

小蝌蚪成长评比:鼓励学生利用《小蝌蚪恒心阅读》手册,记录自己的阅读过程,通过考察积累阅读量等多个维度,评选出成长为不同阶段的"小蝌蚪"并颁发奖章,鼓励学生争取成为"会飞的金色大青蛙"。通过榜样示范作用,带动更多的学生以书为友,养成良好的读书习惯,营造浓浓的书香校园文化氛围。

"以赛促读":学校经常围绕读书主题,开展"识字能手""'推荐一本书'演讲比赛""'我手写我心'现场作文大赛""东纵故事我来讲""中华诗词大会"等活动。各项活动采用竞赛的方式,激发了学生的参与热情,使学生在体验成功喜悦的同时,也真正体验到了读书的乐趣。

2."图说名著"——指导阅读方法

《全国青少年学生读书行动实施方案》(以下简称《方案》)通知中明确,义务教育学校要将读书行动纳入"双减"工作,为学生阅读创造空间,重视"整本书"阅读、沉浸式阅读。

为了提高学生自主阅读能力,我校开展了"图说名著"整本书阅读活动。该活动注重"课堂习得"与"课外生成"相结合,通过在日常教学中开展思维导图教学,帮助学生将知识从课内延伸课外,学会在课外阅读中运用思维导图来更好地把握名著的故事情节、角色关系等要素,表达观点或信息。再让学生根据自己的实际情况,开展为期一个月的整本名著深度阅读,使用思维导图工具绘制出以下内容。

(1)"图"说情节。整理和梳理名著中的故事情节,以主要事件为支点,构建分支来呈现各个事件的发展,同时也标注出事件的先后顺序。例如在阅读《西游记》后,根据情节绘制师徒四人取经"路线图"。通过此类活动,学生可以更好地理解名著的故事情节和主线发展,培养他们的归纳总结和逻辑思维能力。

(2)"图"说人物。整理和梳理名著中的人物关系。学生可以以主要人物为支点,构建分支来标注人物之间的关系和互动。通过这个活动,学生可以更好地理解名著中人物之间的复杂关系,培养他们的分析和推理能力。

(3)"图"说主题。制定一个主题给学生,学生可以以主题为中心,构建分支来归纳和整理与主题相关的事件、对话、句子等。通过这个活动,学生可以更深入地思考名著中的主题和思想,培养他们的批判性思维和创造性思维。

3. "阅读'六连线'"——创新思维

跨学科阅读素养是指为完成跨学科学习任务以及实现个人发展目标,理解、运用和反思多学科文本,进行独立学习或参与共同体学习所应具备的学科文本阅读和泛文本阅读的基本素养。

学校要求各个班级围绕经典名著,立足深度阅读和系统阅读,通过艺术连线、科技连线、职业连线、媒体连线、健康连线、社会连线的途径,让名著阅读与现代社会相关联,培养学生的审美素养、生命意识、人文情怀、科学精神、职业品格、合作精神等,培养学生的学习和创新技能、信息媒体数字技能、生活和职业技能等。

阅读"六连线"跨学科学习课程分三步走:第一步是阅读与理解,掌握阅读的基本方法,学会把握文章的主要内容;第二步是关联文学与生活,设计并开展"项目探究",依据项目提出的任务,通过融合名著中的艺术、科技、职业、媒体、健康等知识,焕发名著的现代活力;第三步是成果汇报,围绕探究成果,学生进行展示、交流和评价。

(三) 悦读共长,为人生赋能

"主题悦读"模式鼓励家长和孩子共同参与阅读活动,分享阅读经验,从而增进彼此之间的感情和沟通。悦读共长强调通过阅读来实现家长和孩子共同成长,家长和孩子一起阅读、讨论、思考，不断拓宽知识面和视野，为人生赋能，增加家庭的凝聚力和向心力。

1. "书香家庭"之亲子共读计划

阅读是孩子成长的基石，是启迪孩子心智，培养其语言表达能力、想象力和创造力的重要途径。然而，随着社会的快速发展，电子产品普及，很多家庭忽视了阅读的重要性，导致孩子阅读能力不足，影响其全面发展。因此，坪山二小提出"亲子共读计划"，旨在通过亲子共同阅读，提高孩子阅读能力，促进家庭和谐，提升孩子综合素养。

在实施过程中，要根据孩子的实际情况和需求进行计划的调整与优化，确保其有效性。同时，家长要积极参与、共同努力，为孩子创造一个愉快、有趣的阅读体验，陪伴其快乐成长。

(1) 亲子共读目标。

① 提高孩子的阅读能力、语言表达能力、想象力、创造力。

② 加强家庭亲子沟通，增进亲子间的感情。

③ 培养孩子良好的阅读习惯和兴趣，拓宽孩子的知识面和视野。

④ 提升孩子的综合素养，促进其全面发展。

(2) 实施内容。

第一，营造阅读环境。

① 创造良好的阅读环境：为孩子提供一个安静、舒适、温馨的阅读环境，可以是书房、客厅角落等。确保阅读环境安静无干扰，光线适宜，氛围温馨舒适。

② 设置固定的阅读时间：在家庭中设置固定的阅读时间，如每天晚上30分钟的阅读时间。家庭成员放下手机等电子产品，共同参与阅读活动，形成良好的阅读氛围。

③ 丰富阅读资源：为孩子准备足够数量的适合其年龄段的图书、绘本、电子书等阅读材料。定期带孩子去图书馆或书店选购新的阅读材料，让孩子保持对阅读的新鲜感和兴趣。

第二，亲子共读活动。

① 共同选择书籍：家长与孩子一起挑选适合其年龄段阅读的书籍，让孩子参与到选择书籍的过程中，激发孩子对阅读的兴趣和主动性。

② 共同阅读：家长与孩子一起阅读同一本书，采用朗读、默读、角色扮演等多种形式进行。在阅读过程中，鼓励孩子提问、发表观点，及时给予指导和支持。

③ 讨论与分享：阅读结束后，鼓励孩子分享阅读心得、对故事情节的见解以及从

书中学习到的知识和道理。同时,家长可以提出问题,引导孩子深入思考和讨论,激发其想象力和创造力。

④ 创作延伸:根据所读书籍的内容,鼓励孩子进行绘画、手工、戏剧表演等创作延伸活动。这有助于孩子更好地理解和应用所读书籍的内容,同时也能培养其创造力和实践能力。

第三,多样化阅读方式。

① 纸质书籍与电子书籍结合:除了传统的纸质书籍外,可以适时引入电子书、绘本等多样化的阅读方式。利用电子设备可以方便地获取丰富的阅读资源,同时也能满足孩子不同的阅读需求。

② 音频伴读:对于年龄较小的孩子,可以尝试音频伴读的方式,让孩子在听音频的过程中感受到阅读的乐趣。家长可以挑选合适的音频书籍,如儿童故事、绘本等,陪伴孩子一起听读。

③ 自主阅读与亲子共读结合:随着孩子年龄的增长,可以培养其自主阅读能力。家长可以引导孩子选择合适的书籍进行自主阅读,同时也可以与孩子一起阅读同一本书,共同探讨和分享读书心得。

第四,阅读记录与总结。

① 建立阅读记录本。记录本包括以下内容:阅读时间、书名、作者、阅读心得、家长评语等。通过定期总结和回顾记录本的内容,可以及时调整阅读计划和策略。

② 观察与评估。通过观察孩子的阅读状态、语言表达能力、想象力等方面的表现,评估亲子共读的效果。如果发现孩子对某些书籍不感兴趣或阅读能力较弱,可以适时调整书单和阅读方式。

每隔一段时间,家长和孩子一起回顾计划的实施情况,评估孩子的阅读进步、亲子共读的成效等。根据评估结果,及时调整计划,确保其有效性。

③ 反馈与改进。鼓励孩子对亲子共读活动提出意见和建议,及时收集并采纳合理的建议,不断完善和优化计划。同时,家长要以身作则,积极参与并引导孩子形成良好的阅读习惯。定期与其他家长分享经验,互相学习和借鉴好的做法,共同提高亲子共读的效果。

④ 建立阅读奖励机制,为了激励孩子参与阅读和激发其对阅读的兴趣,可以建立阅读奖励机制。例如,每读完一定数量的书籍后,可以给予孩子一些小奖励或表扬,肯定其阅读成果和努力。

（3）亲子共读成效。

通过"悦读赋能"亲子共读计划的实施，孩子的阅读能力、语言表达能力、想象力、创造力得到显著提升。孩子养成了良好的阅读习惯和兴趣，拓宽了知识面和视野。家庭亲子关系更加和谐，增进家长与孩子之间的情感联系。活动既提升了孩子的综合素养，促进了其全面发展，也培养了孩子独立思考、自主学习的能力，为其未来的发展奠定坚实基础。

2."书香班级"之班级图书角建设

对于学生来说，阅读不仅能提高语文素养，拓展知识面，还能培养良好的思维习惯和审美能力。因此，建立一个方便实用、充满书香的班级图书角，对于营造良好的班级阅读氛围、促进学生阅读有着极大的意义。在当前的学校教育中，许多班级已经建立了图书角，但在使用和管理上存在着一些问题。一些图书角存在书籍数量不足、品质不高、种类单一等问题，无法满足学生的阅读需求。同时，部分图书角缺乏有效的管理和维护，导致书籍摆放混乱，更新不及时，影响了学生的阅读体验和学习效果。因此，"书香班级"项目旨在解决这些问题，为班级创建一个理想的阅读环境。

（1）"书香班级"之班级图书角建设目标。

① 创建一个环境优雅、氛围浓厚的班级图书角，满足学生对图书的需求。

② 通过开展多样化的读书活动，激发学生的阅读兴趣，培养他们的阅读习惯。

③ 建立一个能展示学生个性和才华的平台，提高学生的综合素质。

④ 与家长、学校合作，共同促进学生的阅读成长。

⑤ 提高班级的阅读水平，提升学生的语文素养和综合素质。

⑥ 促进班级之间的交流与合作，增强班级凝聚力。

⑦ 培养学生的阅读兴趣和阅读能力，提高他们的知识水平和综合素质。

⑧ 营造班级良好的阅读氛围和文化氛围，促进班级学生的相互交流和学习。

⑨ 丰富学生的课余文化生活，缓解学生的学习压力。

（2）实施过程。

① 图书角位置及布置。选择班级中明亮、安静且靠近电源插座的地方作为班级图书角的地点，在图书角摆放一些绿植、装饰画等。在布置图书角时要注意保持整洁、美观和舒适，营造出宜人的阅读环境。

② 图书来源与管理。鼓励学生捐赠图书，让图书角有更多的书籍供大家选择。这不仅可以丰富图书角的内容，还能培养学生的分享精神。班级的"小小管理员"对于

捐赠的书籍进行分类和登记,确保每一本书都能得到合理的使用和管理。班级设置捐赠记录本,记录每位捐赠学生的姓名和捐赠书籍的信息,以便于后期的管理。

与学校图书室合作。定期从学校图书室借阅书籍放到班级图书角,确保图书角的书籍种类丰富、更新及时。同时邀请学校图书馆管理员来班级进行书籍管理培训,提高学生图书分类和管理的技能。

自主购买图书。根据学生的需求和兴趣,定期购买新书,以确保图书角的书籍与时俱进,能满足学生的阅读需求。

建立图书管理制度。为确保图书的借阅与归还秩序,建立一套合理完善的班级图书管理制度。降低书籍的损坏率,对于书籍的存放也要注意分类摆放、整洁有序,并及时进行清理和维护。

③ 读书分享活动。教师在每周的"阅读课"中鼓励学生在图书角分享自己正在阅读的书籍,与同学们分享读书心得和感悟。提高学生的阅读能力,培养学生的表达和交流能力。定期组织读书分享会或读书沙龙等活动进行读书分享,学生自愿报名参加,分享自己的读书经历和感受;在班级微信群或其他平台上开设读书分享板块,鼓励学生发表自己的读书感悟和推荐语句;学校定期邀请专家来学校进行读书分享或讲座活动,引导学生深入了解某一本书或某一主题的内容。

④ 开展阅读竞赛。为了激发学生的阅读兴趣和动力,我校每月评选班级"阅读之星"。通过竞赛的形式,让学生在阅读中更加深入地思考和理解作品内容,同时也能增强学生的竞争意识和团队合作精神。

⑤ 与家长合作。班级图书角的建设也需要家长的参与和支持。学校邀请家长参与图书角的建设和管理工作,如捐赠书籍、参加读书活动等;同时也邀请家长来校为学生们讲述一些与书籍相关的故事或经历,以拓宽学生的视野和知识面。通过与家长的沟通和合作,可以增强家校之间的联系和互动,也能让学生更加感受到家长的支持和关注。

建设班级图书角对于学生的阅读和学习具有积极的意义和深远的影响。班级图书角提供了丰富多样的图书资源,可以满足不同学生的阅读需求。让学生们能够在其中找到自己感兴趣的、适合自己年龄段和知识水平的书籍。这不仅有助于拓宽学生的视野,增长知识,还能够提高他们的阅读能力和自主学习能力。

同时,班级图书角营造了一个良好的阅读氛围,能够激发学生的阅读兴趣和动力。在一个充满书香的环境中,学生们更容易受到阅读氛围的感染,产生对书籍的热爱和渴望。通过与家长的合作和互动，还可以增强家校之间的联系和理解，形成家校共育的良好局面。

3. "书香传递"之志愿活动计划

随着教育的进步和文化的普及，图书馆已成为人们获取知识、提升素质的重要场所，我校借助节日契机，开展教师去图书馆讲故事志愿活动，传递文化之音。不仅有助于学生拓宽阅读视野、提高阅读能力，同时也有利于提升教师的社会责任感和职业素养。希望通过活动，我们能够搭建起图书馆与学校之间的桥梁，让文化的种子在孩子们心中生根发芽，也让教师们有更好的机会展示自己的才能和锻炼自己的能力，同时可以培养儿童良好的阅读习惯，让他们感受到阅读的乐趣，从而更加热爱阅读和学习。

三 "主题悦读"模式的实践案例

案例一：阅读"六连线"跨学科学习课程

（一）背景

从课程标准中可以看出，文学作品的文体意识启蒙、独立阅读能力、阅读方法指导、阅读情感体验和表达、阅读兴趣、阅读审美等，都是小说教学目标的应有之义。

在教授五年级下册小说单元中的《草船借箭》《景阳冈》《猴王出世》《鲁滨逊漂流记》等篇目时，教师发现学生在阅读名著时存在认为"名著离我们的生活太遥远，不爱读，不会读，不想读"等想法以及"阅读兴趣不浓、阅读目标不明、阅读方法缺失，名著阅读脱离生活"等问题，在学习名著的情节、名著的艺术手法、名著的人文主题等方面时均存在较大的困难，主动探究的少，被动接受、人云亦云的多，不利于培养语文学科核心素养，更不利于提升学生的综合素养。

（二）学习目标

1. 学科核心目标

培养名著阅读兴趣。鼓励学生多读书，好读书，读好书，读整本书。引导学生通过多种媒介阅读，鼓励学生选择优秀的阅读材料，营造人人爱读书的良好氛围。加强对课外名著阅读的指导，开展各种课外阅读活动，创造展示与交流的机会，鼓励有深度地阅读。在潜移默化中培养语言建构与运用、思维发展与提升、审美鉴赏与创造、文化传承与创新的语文学科核心素养。

2. 跨学科核心能力目标

围绕经典名著,立足深度阅读和系统阅读,通过艺术连线、科技连线、职业连线、媒体连线、健康连线、社会连线的途径,让名著阅读与现代社会合拍,培养学生的审美素养、生命意识、人文情怀、科学精神、职业品格、合作精神等,培养学生的学习和创新技能、信息媒体数字技能、生活和职业技能等。

(三) 实施过程

《三国演义》"六连线"跨学科课程案例中根据不同的课时设置了不同的探究目标。

1. 第一课时目标

(1) 通读作品,知道《三国演义》的一些情节,以及故事中的人物特点和形象。

(2) 让学生学会运用多种阅读方法和常见的语言表达方式,善于把自己独特的思维内容用规范的语言进行加工和表述。

2. 教学过程

(1) 导入。

① 欣赏《三国演义》的片头曲激发阅读兴趣。

② 过渡:听了这一首雄浑的歌曲,让我们带着感慨"走近三国"。

③ 教师朗读故事梗概,边读边理解。

(2) 说一说。

说情节:教师询问谁能向同学们说说《三国演义》里的情节故事;点名讲一讲《草船借箭》《刘备借荆州》的故事。

说英雄:《三国演义》情节曲折,人物众多,它描绘了一个动荡不安的年代、一个产生英雄的年代。同学们,你心目中的三国英雄是谁? 用一两句话说出你敬佩他什么?

(3)《三国演义》沙龙座谈会

"刘备借荆州,有借无还。"请你评价一下刘备的做法? 如果是你借荆州给刘备的话,你会要求刘备怎么做呢?

(4) 理解文本,发挥创造力。

同学们都熟知《三国演义》里的孔明(诸葛亮先生)。他足智多谋,深受广大读者喜爱,《三国演义》里的草船借箭更是无人不知,无人不晓。那么同学们,如果你是诸葛亮,除了用稻草人,还能用什么来"借箭"呢?有什么好方法能够收集到更多的箭呢?请你动动手设计出一款能够收集更多箭的船。

我的"草船借箭"

船只名字:_____

船只的材质:_____

船只特殊功能:_____

其他方面介绍:_____

船只设计图:

---

3. 第二课时目标

通过引导学生联系《三国演义》中七步成诗的故事,结合音乐、健康等知识,创作出"七步洗手法"歌曲,让学生运用音乐学科上的知识,学习卫生健康知识。

4. 教学过程

一是观看影片,激趣导入。通过观看"七步成诗"的影视片段,了解故事情节。由此激发学生创作"七步洗手法"歌曲的浓厚兴趣。

二是想一想,创作"七步洗手法"歌曲。引导学生思考:创作出"七步洗手法"歌曲有哪些方面的意义?什么样的作品更受人青睐呢?针对不同年龄阶段是否可以设计出不同的作品呢?能否大胆创作出融入方言的"七步洗手法"歌曲呢?请你拿出导学单,把你的想法写下来,列出创作"七步洗手法"歌曲的意义,并把有可能遇到的知识难点写下来。

三是教师释疑,对相关的创作知识进行指导。根据学生在导学单中提出的问题,教师给予相应的帮助,可以对学生进行提问:说一说,你认为创作"七步洗手法"歌曲有哪些意义?在创作"七步洗手法"歌曲时,你希望老师给予你哪些方面的知识指导?

四 "主题悦读"模式的实践成效

学生们的阅读兴趣日益浓厚,自主阅读能力得到了显著提升。学生们开始积极向老师和同学分享自己阅读的书籍和心得体会,非常期待每周一节的阅读课和课后"大阅读"时间。阅读成为学生们日常学习和生活中不可或缺的一部分。

通过大量的阅读,学生们的知识面得到了拓宽,对于学科知识的理解更加深入。阅读使学生们了解了不同领域的知识,从而帮助他们形成了全面综合的知识体系。我校共四位同学在 2023 年暑假分别获得第三届深圳市中小学自然笔记评比活动小学组三等奖,他们将语文知识融入科学学科,提升了理解和应用语言文字的能力。

阅读使得学生们的认知水平得到了提高,看待问题更加全面客观。

阅读提高了学生们的阅读理解能力和表达能力,进而提高了他们的学科成绩。学生们在各项学科竞赛中屡获佳绩,如:我校严同学等在坪山区第十一届文学节品质课程"阳光阅读"暨第二十二届深圳读书月小学师生"经典诗词进校园"比赛活动中获经典诗词诵读大赛学生组一等奖;陆同学在参加深圳市坪山区教科院 2023 年举行的小学生"三味"数学创新素养嘉年华大赛活动中,获二年级巧拼七巧板三等奖;吴同学在坪山区第十二届文学节品质课程"阳光阅读"暨第二十三届深圳读书月小学师生"经典诗词进校园"经典诗词诵读大赛(学生组)中获二等奖等。

阅读对于学生的能力提升起到了重要作用。阅读使得学生们能够更好地掌握学习方法和技巧,提高了他们的学习效率,帮助他们接触到更多的信息和知识,拓宽了他们的视野和认知,促进了他们德智体美劳的全面发展。最终,阅读成为了学生们生活中不可或缺的一部分,丰富了他们的精神世界。

教师们积极参与阅读课程和教研活动,探索阅读路径和方法。在过去的一年里,我校罗思兰老师的论文《小学语文阅读教学的基本模式》发表在《速读》杂志,并荣获全国教研成果一等奖;陈雪莲老师撰写的《东纵红歌资源诗乐画融合学习设计》荣获坪山区"优秀案例奖";陈嘉儿老师主持的区级课题《小学语文阅读教学中思维导图的应用研究》成功结题。老师们在教研中寻发展,不断探索,更新教学观念,注重培养学生的阅读兴趣和能力。教师们的教学方法和手段得到了丰富和完善,提高了教学效果。

学校积极倡导阅读文化,引领全校师生深入开展阅读活动。校园里形成了浓厚的书香氛围,读书成为了师生们日常生活中的重要组成部分。学校通过开展阅读活动,促进了全校师生文化素养的提高。阅读与学科知识、生活实际相结合,丰富了校园文化的内涵和外延。学校通过开展多元化的阅读活动,促进了全校师生文化素质的提高。学校积极推动校园文化的繁荣发展,为全校师生提供了丰富多彩的文化体验。学校注重创新性思维在阅读领域中的应用,推动了校园教育模式的变革与创新。通过引进新的阅读教育理念和方法,学校不断改进教育教学体系与结构,在不断探索与创新中塑造独特的校园文化风格和教育模式典范,进而引领校园走向更加卓越的教育前沿阵地。

（撰稿人：深圳市坪山区坪山第二小学　陈嘉儿　麦雪华　吉奕薇）

后记

　　《阳光阅读的校本设计与特色创建》一书的成稿历经三年的实践和两年的总结、提炼、打磨。2019 年，坪山区开始尝试开展区域性的阅读课程探索；2022 年，课程完成1.0 版本的阶段性验收。

　　在三年的实践中，我们深入走进坪山区每一所小学，探讨了如何在校园里落实和深化阳光阅读，如何结合学校的实际情况和特色，打造属于每所学校自己的阅读文化和阅读品牌。坪山区虽然作为行政区仅成立七年，但这片土地历史悠久，有两所学校建校已逾百年。行政区成立后，基于地区发展需求，在七年间有多所高标准、高规格的现代化建设学校拔地而起。多元的校园文化定位以及参差的校园建设条件，给我们推广区域性阅读课程都带来不小挑战。但我们立足于阅读的重要性这一个共识，并成功推进了课程实施，得到了坪山区各校师生的广泛支持。

　　在学校教育中，阅读承载着提高学生阅读能力、提升学生综合素养的重要使命。但我们期待阳光阅读不仅仅是一种学习方式，更是一种生活态度。希望师生在课程中、在阅读中都能寻找乐趣，发现自我，实现共生，真正实现让阅读如阳光般普照大地、润泽每一个生命的普及性价值。

　　然而，我们也意识到，坪山区阳光阅读"亮"课程的深化实践、品牌建立和成果推广仍然面临着许多挑战和困难。阅读的重要性已经成为语文教育乃至全民意识的公共认知，各地也对阅读课程、阅读活动进行独具特色的探索。深圳市坪山区的地域特点是什么？如何开发具有坪山特色的阅读项目？如何深挖本土师生的发展需求，定制出有针对性的课程内容及活动项目？人工智能时代来临，未来公民需要的又是怎样的阅读？这些都是我们在未来需深入思考的问题。

　　最后，感谢上海市教育科学研究院杨四耕教授对本书的指导，感谢坪山区所有学校对本书的编写提供的支持与帮助，感谢坪山区教育科学研究院王琦老师对本书的撰写提供的指导和帮助，感谢所有支持和关心本书编写的领导和同事。我们希望本书不仅成为坪山区阳光阅读"亮"课程实践的阶段性总结，更是推广有效经验的参考资料，为更多的学校和教育工作者提供参照。

在未来的日子里，我们将继续探索和创新，为学生的全面发展提供一份光亮。同时，我们也期待与更多的教育同仁共同交流、学习和合作，共同推动阳光阅读事业的发展。

王旭信　房　蓓

2024 年 5 月